개인정보 유출·누설 바로 잡아내는 실무지침서

개인정보 유출
고소장 작성
고소방법

편저 : 대한법률콘텐츠연구회

(콘텐츠 제공)

 법문북스

개인정보 유출·누설 바로 잡아내는 실무지침서

개인정보 유출 고소장 작성 고소방법

편저 : 대한법률콘텐츠연구회

(콘텐츠 제공)

법문북스

머 리 말

지금 이 시간에도 영문도 모르는 중요한 내 개인정보가 돌아다니고 내 소중한 개인정보로 누군가가 회원을 등록하고 어떤 물건을 구입하거나 심하게 말해서 범죄수단에 동원될 수 있다고 가정하면 소름이 끼치도록 무섭고 끔찍한 일입니다.

개인정보는 개인의 성명, 주민등록번호 등 인적사항에서부터 사회, 경제적 지위와 그 상태, 교육, 건강 및 의료, 재산, 문화 활동 및 정치적 성향과 같은 내면의 비밀에 이르기까지 그 종류가 매우 다양하고 폭이 아주 넓습니다.

또한, 사업자의 서비스에 이용자가 직접 회원으로 가입하거나 등록할 때 사업자에게 제공하는 정보뿐만 아니라, 이용자가 서비스를 이용하는 과정에서 생성되는 통화내역, 로그기록, 구매내역 등도 개인정보가 될 수 있습니다.

하물며 통신정보 E-Mail주소, 전화통화 내역, 로그파일, 쿠키 등, 위치정보 GPS 및 휴대폰에 의한 개인의 위치정보를 비롯하여 습관 및 취미정보로 흡연여부, 음주량, 선호하는 스포츠 및 오락, 여가활동, 도박성향 등 다양합니다.

개인정보가 누군가에 의하여 악의적인 목적으로 이용되거나 개인정보가 유출될 경우 개인의 사생활에 말로 표현할 수 없을 만큼 큰 피해를 줄 뿐만 아니라 개인의 안정과 그 재산에 막대한 피해를 줄 수 있습니다.

한편 유출된 개인정보는 (1)스팸메일 (2)불법 텔레마케팅 등에 악용되기도 하기 때문에 개인에게 원치 않는 광고성 정보가 끊임없이 전송되기도 하고 대량의 스팸메일 발송을 위한 계정으로 도용당하거나 보이스 피싱 등 범죄에 악용될 우려가 다분히 있습니다.

개인정보는 ①살아 있는 ②개인에 관한 ③정보로서 ④개인을 알아볼 수 있는 정보이며, 해당 정보만으로는 특정 개인을 알아볼 수 없더라도 ⑤다른 정보와 쉽게 결합하여 알아볼 수 있는 정보를 포함 ⑥살아 있는 자에 관한 정보이어야 하므로 사망한 자, 자연인(사람)이 아닌 법인, 단체 또는 사물 등에 관한 정보는 개인정보에 해당하지 않습니다.

또는 개인을 알아볼 수 있는 정보 또는 다른 정보와 쉽게 결합하여 알아볼 수 있는 정보를 가명처리 함으로써 원래 상태로 복원을 위한 추가 정보의 사용, 결합 없이 특정 개인을 알아볼 수 없는 정보인 가명정보도 개인정보에 해당합니다.

우리 법문북스에서는 내 소중한 개인정보의 유출 또는 누설로 인한 피해가 생기지 않도록 법적으로 대비하고, 개인정보가 유출되거나 누설되었다면 즉각적으로 법적대응은 물론이고 혼자서도 해결할 수 있도록 하기 위하여 실제 있었던 사례를 자세히 분석하고 이에 맞게 고소장을 작성하는 방법과 스스로 개인정보 보호법으로 고소하는 방법을 자세히 알려드리고 내 소중한 개인정보를 보호할 수 있도록 하는 지침서를 적극 권장하고 싶습니다.

2023.02.
편저자 드림

개인정보 유출 고소장 작성 · 고소방법

개인정보 유출
고소장 작성 · 고소방법

제1장. 개인정보 보호법 위반

개인 정보보호법은 개인정보보호에 관해 규정한 일반법이므로 (1)개인정보의 유출 (2)개인정보의 오용 (3)개인정보의 남용으로부터 사생활의 비밀 등을 보호함으로써 국민의 권리와 이익을 증진하고 개인의 존엄과 가치를 구현하기 위하여 개인정보의 처리에 관한 사항을 규정하고 있습니다.

1. 개인정보에 대하여

개인정보보호법의 법 정의에도 나와 있듯이 '개인정보'는 살아 있는 개인에 관한 정보를 말합니다. 예컨대 (1)성명 (2)주민등록번호 (3)휴대전화번호 (4)영상 등을 통하여 개인을 알아볼 수 있는 정보 (5)해당 정보만으로 특정 개인을 알아볼 수 없다 하더라도 다른 정보와 결합하여 쉽게 알아볼 수 있는 정보 (6)가명처리를 함으로써 원래의 상태로 복원하기 위한 추가 정보의 사용, 결합 없이는 특정 개인을 알아볼 수 없는 가명정보가 이에 해당합니다.

개인정보의 주체는 자연인(사람)이어야 하며, 법인 또는 단체의 정보는 개인정보에 해당하지 않습니다. 그러므로 법인의 상호, 영업 소재지, 임원의 정보, 영업실적 등의 정보는 개인정보보호법에서 보호하는 개인정보의 범위에 해당하지 않습니다.

2. 개인정보 해당 여부 판단 기준

개인정보보호법 등 관련 법률에서 규정하고 있는 개인정보의 개념은 다음과 같습니다. 이에 해당하지 않는 경우 개인정보가 아닙니다.

(1)개인정보는 ①살아 있는 ②개인에 관한 ③정보로서 ④개인을 알아볼 수 있는 정보이며, 해당 정보만으로는 특정 개인을 알아볼 수 없더라도 ⑤다른 정보와 쉽게 결합하여 알아볼 수 있는 정보를 포함 ⑥살아 있는 자에 관한 정보이어야 하므로 사망한 자, 자연인(사람)이 아닌 법인, 단체 또는 사물 등에 관한 정보는 개인정보에 해당하지 않습니다.

(2)또는 개인을 알아볼 수 있는 정보 또는 다른 정보와 쉽게 결합하여 알아볼 수

있는 정보를 가명처리 함으로써 원래 상태로 복원을 위한 추가 정보의 사용, 결합 없이 특정 개인을 알아볼 수 없는 정보인 가명정보도 개인정보에 해당합니다.

3. 개인정보의 중요성

개인정보는 (1)전자상거래 (2)고객관리 (3)금융거래 등 사회의 구성 (4) 유지 및 발전을 위한 필수적인 요소로서의 기능을 다하고 있습니다.

컴퓨터 데이터경제 시대를 맞이하여 이제 3세 된 영아도 인터넷을 능수능란하게 하는 시대로 개인정보와 같은 데이터는 기업이나 행정기관의 입장에서도 부가가치를 창출하는 자산 적 가치로 높게 평가되고 있습니다.

개인정보가 누군가에 의하여 악의적인 목적으로 이용되거나 개인정보가 유출될 경우 개인의 사생활에 말로 표현할 수 없을 만큼 큰 피해를 줄 뿐만 아니라 개인의 안정과 그 재산에 막대한 피해를 줄 수 있습니다.

유출된 개인정보는 (1)스팸메일 (2)불법 텔레마케팅 등에 악용되기도 하기 때문에 개인에게 원치 않는 광고성 정보가 끊임없이 전송되기도 하고 대량의 스팸메일 발송을 위한 계정으로 도용당하거나 이른바 '보이스피싱' 등의 범죄에 악용될 우려가 다분히 있습니다.

개인정보가 한번 유출된 경우 개인정보는 회수가 사실상 불가능하기 때문에 그 피해를 더욱 심각한 지경에까지 놓이게 될 수 있습니다.

4. 개인정보의 유형

개인정보는 개인의 성명, 주민등록번호 등 인적사항에서부터 사회, 경제적 지위와 그 상태, 교육, 건강 및 의료, 재산, 문화 활동 및 정치적 성향과 같은 내면의 비밀에 이르기까지 그 종류가 매우 다양하고 폭이 아주 넓습니다.

또한, 사업자의 서비스에 이용자가 직접 회원으로 가입하거나 등록할 때 사업자에게 제공하는 정보뿐만 아니라, 이용자가 서비스를 이용하는 과정에서 생성되는 통화내역, 로그기록, 구매내역 등도 개인정보가 될 수 있습니다.

(1) 인적사항

일반정보 - 성명, 주민등록번호, 주소 연락처, 생년월일, 출생지, 성별 등이 이에 해당합니다.

가족정보 - 가족관계 및 가족구성원 정보 등이 이에 해당합니다.

(2) 신체적 정보

신체정보 - 얼굴, 홍채, 음성, 유전자 정보, 지문, 키 몸무게 등이 이에 해당합니다.

의료 및 건강정보 - 건강상태, 진료기록, 신체장애, 장애등급, 병력, 혈액형, IQ, 약물테스트 증의 신체검사 정보 등이 이에 해당합니다.

(3) 정신적 정보

기호 및 성향 정보 - 도서 및 비디오 등 대여기록, 잡지구독정보, 물품구매내역, 웹사이트 검색내역 등이 이에 해당합니다.

내면의 비밀 정보 - 사상, 신조, 종교, 가치관, 정당 및 노조 가입여부 및 활동내역 등이 이에 해당합니다.

(4) 사회적 정보

교육정보 - 학력, 성적, 출석상황, 기술 자격증 및 전문 면허증 보유내역, 상벌기록, 생활기록부, 건강기록부 등이 이에 해당합니다.

병역기록 - 병역여부, 군번 및 계급, 제대유형, 근무부대, 주특기 등이 이에 해당합니다.

근로정보 - 직장, 고용주, 근무처, 근로경력, 상벌기록, 직무평가 기록 등이 이에 해당합니다.

법적정보 - 전과, 범죄 기록, 재판 기록, 과태료 납부내역 등이 이에 해당합니다.

(5) 재산적 정보

소득정보 - 봉급 액, 보너스 및 수수료, 이자소득, 사업소득 등이 이에 해당합니다.

신용정보 - 대출 및 담보설정 내역, 신용카드번호, 통장계좌번호, 신용평가 정보 등이 이에 해당합니다.

부동산 정보 - 소유주택, 토지, 자동차, 기타소유차량, 상점 및 건물 등이 이에 해당합니다.

기타 수익 정보 - 보험(건강, 생명 등)가입현황, 휴가, 병가 등이 이에 해당합니다.

(6) 기타 정보

통신정보 - E-Mail주소, 전화통화 내역, 로그파일, 쿠키 등이 이에 해당합니다.

위치정보 - GPS및 휴대폰에 의한 개인의 위치정보 등이 이에 해당합니다.

습관 및 취미정보 - 흡연여부, 음주량, 선호하는 스포츠 및 오락, 여가활동, 도박성향 등이 이에 해당합니다.

5. 개인정보 적용대상

분야별 개별법에 따라 시행되던 개인정보보호의무 적용대상을 공공 또는 민간 부분의 모든 개인정보처리자로 확대 적용하고 있습니다.

6. 개인정보보호 범위

주민 센터 등의 민원신청서류 등 종이문서에 기재된 개인정보 외에 컴퓨터 등에 의하여 처리되는 정보, 그리고 가명처리 된 개인정보도 보호대상으로 하고 있습니다.

7. 개인정보 수집·이용·제공 기준

개인정보를 수집할 때에는 (1)정보주체의 동의가 필요하고, (2)수집·이용 목적·수집 항목·보유 및 이용기간·동의에 관한 거부권 등을 정보주체에게 알려야 하며, (3)개인정보를 수집할 때는 필요 최소한으로 수집하여야 하고, (4)개인정보를 제3자에게 제공할 때는 정보주체의 동의를 받아야 하고, (5)개인정보를 수집한 목적의 범위를 초과하여 이용하거나 제3자에게 제공할 수 없습니다.

8. 개인정보의 처리 제한

사상 · 신념 · 노동조합 · 정당의 가입 · 탈퇴, 정치적 견해 · 건강 · 성생활 등 정보주체의 사생활을 침해할 우려가 있는 정보처리가 금지되어 있고, 고유 식별정보는 법령에서 구체적으로 처리를 요구한 경우를 제외하고 원칙적으로 처리할 수 없습니다.

9. 영상정보 처리기기의 규제

공개된 장소에 설치 · 운영하는 영상정보처리기기 규제를 민간까지 확대하고, 설치목적을 벗어난 카메라(CCTV) 임의조작이나 다른 곳을 비추는 행위나 녹음을 금지하고 있습니다.

10. 유출 통지 및 신고제

개인정보 유출 시 정보주체에게 사실을 통지하여야 하고, 대규모 개인정보 유출 시 개인정보보호위원회 또는 전문기관에 신고하여야 합니다.

11. 정보주체의 권리 보장

정보주체는 개인정보처리 자에게 자신의 개인정보에 대한 열람, 정정 · 삭제, 처리장치 등을 요구할 수 있고, 개인정보처리자의 고의 또는 중대한 과실로 인하여 개인정보가 분실 · 도난 · 유출 · 위조 · 변조 또는 훼손된 경우 손내배상을 청구할 수 있습니다.

12. 안전조치 의무

개인정보처리 자는 개인정보가 분실·도난·유출·위조·변조 또는 훼손되지 않도록 내부관리계획 수립, 접속기록보관 등 안전성 확보에 필요한 기술적·관리적 및 물리적 조치를 하여야 합니다.

제2장. 개인정보보호법 처벌규정

개인정보보호법 제70조(벌칙) 다음 각 호의 어느 하나에 해당하는 자는 10년 이하의 징역 또는 1억 원 이하의 벌금에 처하도록 돼 있습니다.

1. 공공기관의 개인정보 처리업무를 방해할 목적으로 공공기관에서 처리하고 있는 개인정보를 변경하거나 말소하여 공공기관의 업무 수행의 중단·마비 등 심각한 지장을 초래한 자

2. 거짓이나 그 밖의 부정한 수단이나 방법으로 다른 사람이 처리하고 있는 개인정보를 취득한 후 이를 영리 또는 부정한 목적으로 제3자에게 제공한 자와 이를 교사·알선한 자

개인정보보호법 제71조(벌칙) 다음 각 호의 어느 하나에 해당하는 자는 5년 이하의 징역 또는 5,000만 원 이하의 벌금에 처하도록 돼 있습니다.

1. 제17조(개인정보의 제공) 제1항 제2호에 해당하지 아니함에도 같은 항 제1호를 위반하여 정보주체의 동의를 받지 아니하고 개인정보를 제3자에게 제공한 자 및 그 사정을 알고 개인정보를 제공받은 자

2. 제18조(개인정보의 목적 외 이용·제공 재한) 제1항·제2항(제39조의 14에 따라 준용되는 경우를 포함한다), 제19조(개인정보를 제공받은 자의 이용·제공 제한), 제26조(업무위탁에 따른 개인정보의 처리 제한) 제5항, 제27조 (영업양도 등에 따른 개인정보 이전 제한) 제3항 또는 제28조의2(가명정보의 처리 등)를 위반하여 개인정보를 이용하거나 제3자에게 제공한 자 및 그 사정을 알면서도 영리 또는 부정한 목적으로 개인정보를 제공받은 자

3. 제23조(민간정보의 처리 제한) 제1항을 위반하여 민간정보를 처리한 자

4. 제24조(고유식별정보의 처리 제한) 제1항을 위반하여 고유 식별 정보를 처리한 자

4의2. 제28조의3(가명정보의 결합 제한)을 위반하여 가명정보를 처리하거나 제3자에게 제공한 자 및 그 사정을 알면서도 영리 또는 부정한 목적으로 가명정보를 제공받은 자

4의3. 제28조의5(가명정보 처리 시 금지의무 등) 제1항을 위반하여 특정 개인을 알아보기 위한 목적으로 가명정보를 처리한 자

4의4. 제36조(개인정보 정정·삭제) 제2항(제27조에 따라 정보통신서비스 제공자 등으로부터 개인정보를 이전받은 자와 제39조의14에 따라 준용되는 경우를 포함한다)을 위반하여 정정·삭제 등 필요한 조치(제38조 제2항애 따른 열람 등사요구에 따른 필요한 조치를 포함한다)를 하지 아니하고 개인정보를 이용 하거나 이를 제3자에게 제공한 정보통신서비스 제공자 등

4의5. 제31조 제1항(제39조의14에 따라 준용되는 경우를 포함한다)을 위반하여 이용자의 동의를 받지 아니하고 개인정보를 수집한 자

4의6. 제39조의3(개인정보의 수집·이용 동의 등에 대한 특례) 제4항(제39조의14 에 따라 준용되는 경우를 포함한다)을 위반하여 법정대리인의 동의를 받지 아니하거나 법정대리인이 동의하였는지를 확인하지 아니하고 만 14세 미만인 아동의 개인정보를 수집한 자

5. 제59조(금지행위) 제2호를 위반하여 업무상 알게 된 개인정보를 누설하거나 권한 없이 다른 사람이 이용하도록 제공한 자 및 그 사정을 알면서도 영리 또는 부정한 목적으로 개인정보를 제공받은 자

6. 제59조(금지행위) 제3호를 위반하여 다른 사람의 개인정보를 훼손·멸실·변경· 위조 또는 유출한 자

개인정보보호법 제72조(벌칙) 다음 각 호의 어느 하나에 해당하는 자는 3년 이하 의 징역 또는 3,000만 원 이하의 벌금에 처하도록 돼 있습니다.

1. 제25조(영상정보처리기기 설치·운영 제한) 제5항을 위반하여 영상정보처리기 기의 설치 목적과 다른 목적으로 영상정보처리기기를 임의로 조작하거나 다 른 곳을 비추는 자 또는 녹음기능을 사용한 자

2. 제59조(금지행위) 제1호를 위반하여 거짓이나 그 밖의 부정한 수단이나 방법 으로 개인정보를 취득하거나 개인정보 처리에 관한 동의를 받는 행위를 한 자 및 그 사정을 알면서도 영리 또는 부정한 목적으로 개인정보를 제공받은 자

3. 제60조(비밀유지 등)를 위반하여 직무상 알게 된 비밀을 누설하거나 직무상 목적 외에 이용한 자

개인정보보호법 제73조(벌칙) 다음 각호의 어느 하나에 해당하는 자는 2년 이하의 징역 또는 2,000만 원 이하의 벌금에 처하도록 돼 있습니다.

1. 제23조(민감정보의 처리 제한) 제2항, 제24조(고유식별정보의 처리 제한) 제3항, 제25조(영상정보처리기기 설치·운영 제한) 제6항, 제28조의4(가명정보에 대한 안전조치의무 등) 제1항 또는 제29조(안전조치의무)를 위반하여 안전성 확보에 필요한 조치를 하지 아니하여 개인정보를 분실·도난·유출·위조·변조 또는 훼손을 당한 자

1의2. 제21조(개인정보의 파기) 제1항(제39조의14에 따라 준용되는 경우를 포함한다)을 위반하여 개인정보를 파기하지 아니한 정보통신서비스 제공자 등

2. 제36조(개인정보의 정정·삭제)제2항을 위반하여 정정·삭제 등 필요한 조치를 하지 아니하고 개인정보를 계속 이용하거나 이를 제3자에게 제공한 자

3. 제37조(개인정보의 처리장치 등) 제2항을 위반하여 개인정보의 처리를 정지하지 아니하고 계속 이용하거나 제3자에게 제공한 자

개인정보보호법 제74조(양벌규정) 제1항 법인의 대표자나 법인 또는 개인의 대리인, 사용인, 그 밖의 종업원이 그 법인 또는 개인의 업무에 관하여 제70조에 해당하는 위반행위를 하면 그 행위자를 벌하는 외에 그 법인 또는 개인을 7,000만 원 이하의 벌금에 처한다. 다만 법인 또는 개인이 그 위반행위를 방지하기 위하여 해당 업무에 관하여 상당한 주의와 감독을 게을리 하지 아니한 경우에는 그러하지 아니하다. 제2항 법인의 대표자나 법인 또는 개인의 대리인, 사용인, 그 밖의 종업원이 그 법인 또는 개인의 업무에 관하여 제71조부터 제73조까지의 어느 하나에 해당하는 위반행위를 하면 그 행위자를 벌하는 외에 그 법인 또는 개인에게도 해당도조문의 벌금형을 과한다. 다만, 법인 또는 개인이 그 위반행위를 방지하기 위하여 해당 업무에 관하여 상당한 주의와 감독을 게을리 하지 아니한 경우에는 그러하지 아니하다. 고 규정하고 있습니다.

제3장. 개인정보보호법 위반 고소방법

개인정보보호법은 과거 전송치 주의에 의하여 얼마 전까지만 해도 개인정보 보호법 위반 고소장을 경찰서나 검찰청에 접수하면 대부분 경찰에서 수사하고 사법경찰관이 피의자에 대한 범죄혐의 인정되면 기소의견으로 검찰에 송치하였고, 피의자에 대한 범죄혐의 인정되지 않는다고 판단하면 사법경찰관이 불기소의견으로 검찰에 송치했었습니다.

검사가 최종적으로 수사한 결과 피의자에 대한 범죄혐의 유죄로 인정되면 법원으로 피의자를 기소하고, 피의자에 대한 범죄혐의 인정되지 않는다고 판단하면 불기소처분을 하였습니다.

검경수사권조정으로 2021. 1. 1.부터 개인정보보호법 위반 고소사건의 1차적 수사권, 수사종결권은 경찰에 있습니다. 그러므로 개인정보보호법 위반 고소장은 피고소인의 주소지를 관할하는 경찰서에 접수하여야 합니다.

개인정보보호법 위반 고소장은 최소한 (1)피고소인의 현 거주지 또는 거주지 (2)범죄지 (3)고소인의 주소지를 관할하는 경찰서의 순위에 따라 개인정보 보호법 위반 고소장을 접수하는 것이 고소인에게 훨씬 유리합니다.

왜냐하면 개인정보보호법 위반 고소사건의 고소장이 고소인의 주소지를 관할하는 경찰서에 접수되면 사법경찰관이 피고소인에게 출석을 요구하고 피고소인이 이에 불응하면 대개 개인정보보호법 위반 고소사건은 피고소인의 주소지를 관할하는 경찰서로 사건을 인계하기 때문에 이렇게 되면 오고가는 시일이 상당히 더 오래더 걸리고 개인정보보호법 위반 고소사건은 즉시 피고소인을 출석시켜 범행을 추궁하지 못하고 시일이 흐르면 피고소인이 개인정보 보호법 위반으로 고소가 접수된 사실을 눈치 채고 바로 증인을 매수하거나 증거를 얼마든지 조작할 수 있으므로 이러한 폐단을 없애기 위해서는 개인정보보호법 위반 고소장은 피고소인의 주소지를 관할하는 경찰서에 접수하는 것이 고소인에게 유리합니다.

경찰서에 개인정보보호법 위반 고소장이 접수되면 가장 먼저 사법경찰관이 고소인을 상대로 고소보충진술을 듣고 피해사실을 조사한 다음 피고소인을 출석시켜 진술조서를 받는 등 수사한 결과 피의자에 대한 범죄혐의 인정된다고 판단하면 피의자를 1차적 수사권에 의하여 기소의견으로 검찰에 송치하고, 피의자에 대한 범죄혐의 인정되지 않는다고 판단하면 수사종결권에 의하여 불송치(사법경찰관이 개인정보 보호법 위반 고소사건에 대하여 피의자를 기소의견으로 검찰에 송치하지 아니하고 경찰에서 자체적으로 종결처리 한다는 뜻입니다) 결정을 할 수 있습니다.

불송치 결정을 할 때는 사법경찰관은 7일 이내에 서면으로 고소인에게 개인정보보호법 위반 고소사건을 기소의견으로 검찰에 송치하지 아니한 취지와 그 이유를 통지하여야 합니다.

통지를 받은 고소인은 그 사법경찰관 소속 관서의 장(경찰서장)에게 이의신청을 할 수 있습니다.

이의신청을 받은 사법경찰관은 지체 없이 고소인이 제출한 이의신청서와 사법경찰관이 개인정보보호법 위반 고소사건에 대하여 지금까지 수사한 수사기록과 함께 검사에게 송부하여야 합니다.

검사는 고소인이 제출한 이의신청서와 사법경찰관이 작성한 수사기록을 비교, 검토하여 사법경찰관이 작성한 수사기록에 의하여 미흡한 수사가 있거나 기소를 위한 보완수사가 필요하다고 인정되는 경우 다시 사법경찰관에게 보완수사를 하게 하여 기소 여부를 결정하거나, 사법경찰관이 작성한 수사기록에 의하여 피의자에 대한 범죄혐의 유죄로 인정되어 기소의견으로 송치하지 않고 불송치 결정을 한 것이 위법 또는 부당한 때에는 검사는 사법경찰관에게 재수사를 요청할 수 있습니다.

개인정보보호법 위반 고소장은 사법경찰관이 수사한 결과 불송치 결정이 나오지 않도록 범죄혐의 인정될 수 있도록 고소장을 그만큼 잘 작성하여야 하며, 사법경찰관이 불송치 결정을 하였더라도 검사에게 이의신청을 통하여 사법경찰관이 불송치 결정이유로 삼은 법적근거는 무엇 때문에 왜 잘못됐다는 것인지 검사가 이의신청을 읽고 이의신청을 받아들여지도록 잘 작성하여야 목적을 달성할 수 있습니다.

제4장. 개인정보 유출 사례

1. 개인정보 유출

피고소인은 ○○○법에 따라 설치된 비영리단체이고, 고소인은 피고소인의 회원으로 가입한 자입니다.

피고소인의 소속 직원이 전산시스템에서 가입 회원의 성명, 성별, 생년월일, 전화번호, 휴대전화번호, 주소(이하 "이 사건 개인정보"라고 하겠습니다)를 내려 받아 ○○선거에 유출하였고, 유출된 정보는 ○○선거에 이용되었습니다.

피고소인이 ○○선거에 유출한 고소인의 성명, 성별, 생년월일, 전화번호, 휴대전화번호, 주소는 개인을 알아볼 수 있는 정보이므로 「개인정보 보호법」 제2조 제1호에 따른 개인정보에 해당합니다. 피고소인이 고소인의 개인정보를 유출한 행위는 「개인정보 보호법」 제29조(안전조치의무) 및 같은 법 시행령 제30조에서 개인정보처리 자는 개인정보가 분실·도난·유출·위조·변조 또는 훼손되지 아니하도록 내부 관리계획 수립, 접속기록 보관 등 개인정보의 안전성 확보에 필요한 기술적·관리적 및 물리적 조치를 하여야 한다고 규정하고 있습니다.

대법원 2014. 5. 16. 선고, 2011다24555 판결에 의하면 '개인정보 유출'은 개인정보가 해당 개인정보처리자의 관리·통제권을 벗어나 제3자가 그 내용을 알 수 있는 상태에 이르게 된 것을 의미한다고 밝히고 있고 개인정보는 피고소인의 관리·통제권을 벗어나 제3자인 ○○선거 사무실로 전달되었고, ○○선거 사무실은 ○○선거 기간 중 고소인에게 선거운동 문자메시지를 전송하였으므로 이는 개인정보 유출에 해당합니다.

피고소인은 「개인정보 보호법 시행령」 제30조 및 「개인정보 안전성 확보조치 기준」에 따라 개인정보의 안전한 처리를 위한 내부관리계획의 수립·시행 개인정보 처리시스템에 대한 접근 권한을 업무 수행에 필요한 최소한의 범위로 업무 담당자에 따라 차등 부여하는 등 전산시스템에 대한 접근 권한의 제한 및 관리, 전산시스템의 접속기록 등을 월 1회 이상 점검하고, 개인정보를 다운로드한 것이 발견되었을 경우에는 그 사유를 반드시 확인하는 등 주기적인 접속기록 점검 등을 하지 않았습니다.

따라서, 피고소인은 개인정보가 유출되지 않도록 개인정보 안전성 확보에 필요한 기술적·관리적 주의의무를 다하지 않았으므로 「개인정보 보호법」 제29조(안전조치의무)를 위반하였습니다.

피고소인은 「개인정보 보호법」 제34조(개인정보 유출 통지 등) 제1항에서 개인정보처리 자는 개인정보가 유출되었음을 알게 되었을 때에는 지체 없이 해당 정보주체(고소인)에게 유출된 개인정보의 항목, 유출된 시점과 그 경위 등 각호의 사실을 알려야 한다고 규정하고 있고, 같은 법 시행령 제40조 제1항에서 통지는 '서면 등의 방법'으로 하여야 한다고 규정하고 있습니다. 이와 같이 개인정보 유출 사실을 서면 등의 방법으로 개별적으로 통지하도록 한 것은 정보주체가 개인정보 유출 사실을 정확히 인지하게 하기 위한 목적 외에도 개인정보 유출에 신속하고 적절하게 대응할 수 있게 하는 목적도 있는 것임에도 불구하고 피고소인은 개인정보가 유출되었다는 사실을 인지하였으므로 고소인에게 이를 통지하여 고소인이 개인정보 유출에 신속하고 적절하게 대응할 수 있는 기회를 상실하게 하여 「개인정보 보호법」 제34조(개인정보 유출 통지 등)에서 규정하고 있는 개인정보 유출 통지 의무를 위반하였으므로 피고소인을 철저히 수사하여 법에 준엄함을 절실히 깨달을 수 있도록 엄벌에 처하여 주시기 바랍니다. 라고 기재하시면 됩니다.

2. 개인정보를 무단으로 열람

고소인은 ○○○○. ○○. ○○. 통신서비스제공자인 피고소인과 계약을 체결하고 휴대전화 서비스를 이용해 왔습니다. 피고소인은 초고속인터넷·인터넷TV 등의 설치 업무를 원활하게 수행하기 위하여 외부 전문업체인 A대리점과 업무위탁 계약을 체결하였고, A대리점 직원(이하 "대리점 직원"이라 하겠습니다)은 서비스 가입 및 AS 등을 위해 고객과 직접 상담하는 홈 영업을 담당하고 있습니다.

고소인은 ○○○○. ○○. ○○.대리점 직원의 불친절 등 불화로 인해 관계가 나빠지자 사전에 알고 있던 고소인의 개인정보(성명, 휴대전화번호, 생년월일)를 피고소인의 전산망에 입력하여 고소이 가족 5명의 성명, 휴대전화번호, 집주소를 추가로 알게 되었고, 고소인에게 이를 이용할 것이라는 내용의 문자메시지를 전송하였습니다. 이후 고소인은 피고소인에게 자신의 휴대전화번호 조회내역을 요청하였고, 그 결과 대리점 직원이 자신의 개인정보를 3회 열람한 사실을 알게 되었습니다.

피고소인이 수집한 고소인의 성명, 주소 등은 서로 결합하여 고소인을 식별할 수 있는 「개인정보 보호법」 제2조 제1호에 따른 개인정보에 해당합니다. 개인정보 보호법 제3조(개인정보 보호 원칙) 제2항에서는 개인정보처리 자는 개인정보의 처리 목적에 필요한 범위에서 적합하게 개인정보를 처리하여야 하며, 그 목적 외의 용도로 활용하여서는 아니 된다고 규정하고 있습니다. 같은 법 제3조 제1항에서는 개인정보처리 자는 개인정보의 처리 목적을 명확하게 하여야 하고 그 목적에 필요한 범위에서 최소한의 개인정보만을 적법하고 정당하게 수집하여야 한다고 규정하고 있습니다.

대리점 직원은 고객서비스 업무를 목적으로 수집한 고소인의 개인정보를 사적인 목적으로 열람하였는바, 이는 개인정보 보호법 제3조(개인정보 보호 원칙) 제2항 및 제1항을 위반한 것입니다. 또한, 고소인은 대리점 직원으로부터 고소인 가족의 성명, 휴대전화번호, 집 주소 정보를 취득하여 이용하겠다는 내용의 문자메시지를 수신함으로써, 자신의 개인정보가 유출되거나 불법적으로 이용될 수 있다는 불안감을 느꼈습니다.

「개인정보 보호법」 제26조(업무위탁에 따른 개인정보의 처리 제한) 제6항 수탁자가 위탁받은 업무와 관련하여 개인정보를 처리하는 과정에서 이 법을 위반한 경우 수탁자를 개인정보처리자의 소속 직원으로 본다고 규정하고 있습니다. 피고소인으로부터 업무를 위탁 받은 대리점 직원이 고소인의 개인정보를 불법적으로 이용하였으므로 피고소인을 철저히 수사하여 법에 준엄함을 깨달을 수 있도록 엄벌에 처하여 주시기 바랍니다. 라고 기재하시면 됩니다.

3. 게임계정을 본인 확인 없이 제3자에게 이전

고소인은 피고소인이 제공하는 모바일 ○○○게임(이하 '게임' 이라 하겠습니다)을 고소인 ○○○ 계정으로 접속하여 이용하였습니다. 피고소인은 게임을 이용하면 누구나 알 수 있는 고소인의 별명(닉네임)과 서버 명을 제시하면서 고소인 게임계정을 이전해 달라는 제3자의 요청에 따라, 제3자가 게임계정의 소유자인지 본인확인하지 않고 고소인 게임계정을 제3자에게 이전하였습니다. 피고소인은 본인을 확인하지 않고 고소인 게임계정을 제3자에게 이전하여 개인정보 보호법을 위반하였습니다.

고소인은 ○○○ 계정을 통해 피고소인이 제공하는 게임을 이용하였습니다. 피고소인이 제공하는 게임의 게임계정에는 별명, 서버 명, 재화, 아이템, 결제내역, 충전금액, 접속시간, 마지막 로그인 시간 등의 정보가 포함되어 있는 개인정보입니다. 고소인이 동의한 이용약관 제2조에는 "닉네임 : 회원의 식별과 서비스 이용을 위해 회원이 선정한 데이터 값을 의미합니다." 고 기재되어 있으며, 고소인은 게임계정의 별명을 ○○○으로 설정하였습니다. 고소인 게임계정이 자신의 것이라고 주장하는 제3자는 ○○○를 통하여 게임계정을 새로 생성하고 별명을 ×××으로 설정한 후 피고소인에게 고소인의 게임계정에 포함된 정보 중 별명과 서버 명을 제외한 모든 정보(이하 '게임계정 정보'라고 합니다)를 자신의 게임계정으로 이전해 줄 것을 3차례 요청하였습니다.

　　피고소인은 ○○○○. ○○. ○○.게임계정 정보를 제3자에게 이전시켜 주었습니다. 「개인정보 보호법」 제29조(안전조치의무) 개인정보처리 자는 개인정보가 분실·도난·유출·위조·변조 또는 훼손되지 아니하도록 내부 관리계획 수립, 접속기록 보관 등 대통령령으로 정하는 바에 따라 안전성 확보에 필요한 기술적·관리적 및 물리적 조치를 하여야 한다고 규정하고 있고, 「개인정보의 기술적·관리적 보호조치 기준」 제1조 제1항은 정보통신서비스 제공자 등이 이용자의 개인정보를 취급함에 있어 개인정보가 분실·도난·누출·위조·변조·훼손 등이 되지 아니하도록 기술적·관리적 보호조치를 취하도록 규정하고 있습니다.

　　고소인 게임계정 정보는 개인을 알아 볼 수 있거나 다른 정보와 쉽게 결합하여 개인을 알아 볼 수 있는 정보이므로 「개인정보 보호법」 제2조 제1호에 따른 개인정보에 해당합니다. 게임계정 정보를 이전하는 경우 개인정보가 게임계정 소유자가 아닌 제3자에게 유출될 위험이 있으므로, 「개인정보 보호법」 제29조(안전조치의무)에 의하여 피고소인은 개인정보가 분실·도난·유출·위조·변조 또는 훼손되지 아니하도록 내부 관리계획 수립, 접속기록 보관 등 대통령령으로 정하는 바에 따라 안전성 확보에 필요한 기술적·관리적 및 물리적 조치를 하여야 하므로 피고소인은 게임계정의 소유자인지 여부를 확인할 의무가 있다할 것입니다. 그러나 피고소인은 본인확인 조치 없이 고소인 게임계정 정보를 제3자에게 이전하여 「개인정보 보호법」 제29조(안전조치의무)에 의하여 누출을 방지하기 위한 기술적·관리적 조치 의무를 위반하였으므로 피고소인을 철저히 수사하여 범에 준엄함을 깨달을 수 있도록 엄벌에 처하여 주시기 바랍니다. 라고 기재하시면 됩니다.

4. 동의 없이 민원 정보를 제3자에게 제공

고소인은 A사 소속으로 피고소인 B지점에 파견되어 근무하다 ○○○○. ○○. ○○.퇴직한 직원의 어머니입니다. 고소인은 ○○○○. ○○. ○○.금융감독원에 피고소인이 경비원 교육 미 이수 등의 잘못이 있는 용역업체와 도급계약을 맺고 적절한 관리·감독을 하지 않았으며, 경비원에 대해 부당한 처우를 하고 있다는 내용의 민원을 신청하였습니다. 민원을 접수한 금융감독원은 피고소인에게 고소인의 성명, 전화번호, 민원내용 등을 첨부하여 민원을 이첩하였고, 피고소인은 A사에게 고소인의 성명과 민원제기 사실 등을 통지하였습니다.

「개인정보 보호법」 제18조 제1항은 같은 법 제17조 제1항 및 제3항에 따른 범위를 초과하여 제3자에게 개인정보를 제공할 수 없다고 규정하면서, 같은 조 제2항에서 정보주체 또는 제3자의 이익을 부당하게 침해할 우려가 있을 때를 제외하고는 각 호의 사유에 해당하는 경우 개인정보를 제3자에게 제공할 수 있다고 규정하고 있습니다. 고소인의 성명과 민원제기 사실 등은 고소인을 알아볼 수 있는 「개인정보 보호법」 제2조 제1호에 따른 개인정보에 해당합니다. 피고소인은 위 규정에 따라 정보주체의 별도 동의를 받은 경우, 다른 법률에 특별한 규정이 있는 경우 등 각 호의 사유에 해당하는 경우에 고소인의 개인정보를 제3자에게 제공할 수 있습니다. 그러나 피고소인은 고소인의 개인정보를 A사에게 제공하기 위하여 고소인에게 동의를 받지 않았고, 이 밖에 본 사안과 관련하여 개인정보를 제3자 제공의 근거가 될 수 있는 다른 법률의 특별한 규정이나 별도의 예외 사유도 존재하지 않습니다.

이에 대하여 피고소인은 A사와의 도급계약에 따라 '피고소인에 민원이 야기된 경우' A사에 대한 평가점수에 반영하므로, 공정한 평가를 위해 A사에 민원인의 개인정보를 통지하는 것이 불가피하다는 주장을 하고 있습니다. 그러나 A사에 대한 공정한 평가가 필요하다는 사정만으로 민원의 내용 등에 상관없이 A사에 고소인의 개인정보를 일률적으로 통지하는 것이 불가피하다거나 정당화 된다고 할 수는 없습니다.

결국, 피고소인의 행위는 정당한 사유 없이 고소인의 개인정보를 제3자에게 제공한 것으로써 「개인정보 보호법」 제18조(개인정보의 목적 외 이용·제공 제한)에 위반됩니다. 이에 고소인은 피고소인을 개인정보 보호법 제18조에 따라 고소하오니 피고소인을 철저히 수사하여 법에 준엄함을 깨달을 수 있도록 엄벌에 처하여 주시기 바랍니다. 라고 기재하시면 됩니다.

※ 동의 없이 휴대전화번호를 수집하여 광고 문자를 전송 실제 사례

피고소인은 주식 관련 정보의 온라인 제공, 유사투자 자문 등의 사업을 영위하는 개인사업자로서, 휴대전화번호 생성 프로그램을 이용하여 무작위로 휴대전화번호를 생성하여 고소인에게 ○○○○. ○○. ○○.주식투자 관련 광고 문자를 2회 전송하였습니다.

고소인의 성명, 휴대전화번호는 다른 개인정보와 결합되어 개인을 알아 볼 수 있는 정보이므로 「개인정보 보호법」 제2조 제1호에 따른 개인정보에 해당합니다. 개인정보처리 자는 이용자의 개인정보를 이용하려고 수집하는 경우에는 개인정보의 수집·이용 목적, 수집하는 개인정보의 항목, 개인정보의 보유·이용 기간 등을 이용자에게 알리고 동의를 받아야 한다고 규정하고 있습니다. 또한, 누구든지 전자적 전송매체를 이용하여 광고성 정보를 전송하려면 그 수신자의 명시적인 사전 동의를 받아야 한다고 규정하고 있고, 전자적 전송매체를 이용하여 영리목적의 광고성 정보를 전송하는 자는 숫자·부호 또는 문자를 조합하여 전화번호·전자우편주소 등 수신자의 연락처를 자동으로 만들어 내는 조치를 하여서는 아니 된다고 규정하고 있습니다.

피고소인은 고소인이 휴대전화번호 수집 및 광고문자 활용에 동의한 사실이 없음에도 불구하고 휴대전화번호 생성 프로그램을 이용하여 생성된 고소인의 휴대전화번호로 주식투자 관련 영리목적의 광고성 문자를 전송하였으므로 개인정보 보호법을 위반하였습니다.

고소인은 피고소인에게 하고 사과를 요구하였으나 이에 아랑곳하지 않고 고소인의 휴대전화번호를 삭제하지도 않았습니다.

이에 피고소인을 개인정보 보호법 위반으로 고소하오니 피고소인을 철저히 수사하여 법에 준엄함을 절실히 깨달을 수 있도록 엄벌에 처하여 주시기 바랍니다. 라고 기재하시면 됩니다.

5. 개인정보 유출

고소인은 ○○○○. ○○. ○○.피고소인의 행정○○센터에 방문하여 사회복지급여(주거급여) 신청을 하면서 사회복지급여 신청(변경)서, 금융정보 등(금융 ·신용·보험정보) 제공 동의서, 소득·재산 신고서, ○○아파트전세계약서 사본과 주민등록증 사본, 가족관계증명서를 제출하였습니다.

고소인이 제출한 사회복지급여 신청(변경)서에는 고소인의 가족들의 성명, 주민등록번호, 취업상태(직업) 및 세대주와의 관계 등이 기재되어 있고, 금융정보 등(금융·신용·보험정보) 제공 동의서에는 고소인의 성명, 주민등록번호, 세대주와의 관계가 기재되어 있으며, 소득·재산 신고서에는 고소인의 소득사항과 재산사항 등이 각 기재되어 있었습니다.

피고소인 행정○○복지센터는 ○○○○. ○○. ○○.사회복지 급여 업무를 담당하는 공무원(이하 "담당공무원" 이라 합니다) ○○○이 사회복지업무 행정보조원(일자리 참여자)에게 복지센터에 비치된 복합기를 사용하여 고소인이 제출한 민원서류를 스캔하도록 지시하였습니다. 해당 행정보조원은 민원서류를 스캔하는 과정에서 복합기의 스캔 버튼이 아닌 팩스 버튼을 눌렀고 잠시 후 복합기 버튼을 잘못 누른 것을 알게 되어 전송을 중지하였습니다. 이 과정에서 민원서류는 피고소인이 관리하는 관내 ○○개 아파트 관리사무소 중 ○○개 아파트 관리사무소에 팩스로 전송되었습니다.

고소인은 피고소인이 자신의 민원서류를 아파트 관리사무소에 팩스로 전송한 사실을 알게 되어 당일 피고소인에게 전화로 항의하였습니다. 피고소인은 고소인의 연락을 받고, 고소인이 제출한 민원서류가 팩스로 전송된 사실을 알게 됨에 따라 팩스가 전송된 ○○개 아파트 관리사무소를 직접 찾아가 잘못 전송된 팩스자료를 회수하고 파기 하였으며, ○○○○. ○○. ○○.해당 아파트 관리사무소로부터 민원서류를 복사하거나 다른 곳에 팩스 전송한 내용이 없다는 개인정보유출방지 확인서를 받았습니다.

피고소인이 제3자인 인근지역 아파트 관리사무소에 팩스로 전송하였던 민원서류에 포함된 고소인과 가족들의 성명과 주민등록번호, 가족관계 정보, 취업상태, 소득사항과 재산사항(이하 "이 사건 개인정보"라고 하겠습니다) 등에 관한 정보는 살아있는 개인에 관한 정보로서 「개인정보 보호법」 제2조 제1호에 따른 개인정보에 해당합니다. 「개인정보 보호법」 제17조 제1항 제2호는 개인정보처리 자가 법률에 특별한 규정이 있거나 법령상 의무를 준수하기 위하여 불가피한 경우 등 제15조 제1항 제2호·제3호 및 제5호에 따라 개인정보를 수집한 목적 범위에서 개인정보를 제공하는 경우 정보주체의 개인정보를 제3자에게 제공할 수 있다고 규정하고 있습니다. 또한, 같은 법 제18조 제1항은 개인정보처리 자가 제17조 제1항에 따른 범위를 초과하여 제3자에게 제공하여서는 아니 된다고 규정하고 있습니다. 또한, 「사회보장급여의 이용·제공 및 수급권자 발굴에 관한 법률」(이하 "사회보장급여법"이라고 합니다) 제7조 제1항 내지 제3항에 따르면 보장기관의 장은 사회보장급여의 신청을 받으면 지원대상자와 그 부양의무자에 대하여 사회보장급여의 수급자격 확인을 위하여 인적사항 및 가족관계 확인에 관한 사항(제1호), 소득·재산·근로능력 및 취업상태에 관한 사항(제2호) 등의 자료 또는 정보를 제공받아 조사하고 처리할 수 있으므로, 사회보장급여신청서류에 기재된 개인정보는 사회보장급여의 수급자격 확인을 위한 목적 범위에서만 제공될 수 있습니다.

한편, 사회보장급여법 제31조 제2호 및 제4호에 따르면 누구든지 사회보장정보를 처리할 때 정당한 사유 없이 사회보장정보를 위조·변경·훼손·말소·유출하는 등의 행위를 하거나 정당한 권한이 없거나 허용된 권한을 초과하여 사회보장정보를 처리하는 행위를 하여서는 아니 됩니다. 따라서 사회보장급여 업무를 담당하는 자는 그 개인정보를 조사·처리하는 과정에서 해당 개인정보가 사회보장급여의 수급자격 확인을 위하여만 처리될 수 있도록 충분한 주의를 기울여야 함에도 불구하고 피고소인의 업무를 수행하는 담당공무원 또는 이를 보조하는 직원 ○○○이 이러한 주의의무를 다 하지 않아 고소인 및 가족들의 개인정보를 그 수집 목적을 벗어나 관내 ○○개 아파트 관리사무소에 전송하였습니다.

고소인은 주민등록번호, 주소, 연락처, 직업, 소득·재산사항, 주민등록증 사본(주민등록번호, 주소, 사진, 발급일자), 소득·재산사항, 아파트 전세계약서 사본(주민등록번호, 주소, 연락처, 임대금액), 통장사본(대출이자)이 포함되어 있습니다. 이와 같이, 고소인의 개인정보가 고소인이 거주하는 아파트 관리사무소는 물론 인근 지역 ○○개 아파트 관리사무소에 까지 개인정보가 유출되었으므로 고소인은 피고소인을 개인정보 보호법 위반으로 고소하오니 피고소인을 철저히 수사하여 법에 준엄함을 깨달을 수 있도록 엄벌에 처하여 주시기 바랍니다. 라고 기재하시면 됩니다.

6. 보험관련 민원 제기 사실을 직장 동료에게 유출

피고소인은 손해보험 업을 영위하는 주식회사로서 보험거래 업무를 목적으로 고객의 개인정보파일을 운용하면서 스스로 또는 다른 사람을 통하여 개인정보를 처리하는 법인이고, 고소인은 피고소인과 보험계약을 체결한 자입니다. 고소인은 ○○○○. ○○. ○○.피고소인에게 진단 비를 청구하여 4일 후 보험금을 지급받았으나, 일부 질환에 대해 심사가 누락되었다는 사유로 같은 날 추가 지급 요청을 하였습니다.

이 과정에서 피고소인 담당 직원이 교체되었고 고소인은 보험금 심사 과정에 불만을 느끼고 ○○○○. ○○. ○○.금융감독원에 민원을 제기하였습니다. 피고소인 담당 직원은 고소인의 직장 정보를 확인한 후 고소인과 같은 직장에 다니는 자신의 지인에게 연락하여 고소인이 피고소인의 전화를 받아줄 것과 금융감독원에 제기한 민원의 취하를 요청해달라고 부탁하였고, 해당 지인은 고소인의 같은 부서 동료에게 연락하여 동일한 내용으로 부탁하였습니다.

피고소인 담당 직원이 제3자에게 알린 고소인의 성명, 금융감독원 민원 제기 사실 등(이하 "이 사건 개인정보"라고만 줄여 쓰겠습니다)은 특정한 개인을 알아볼 수 있거나 다른 정보와 결합하여 특정한 개인을 알아볼 수 있는 정보로서 「개인정보 보호법」 제2조 제1호의 개인정보에 해당됩니다. 피고소인 담당 직원이 민원 취하를 권유하기 위하여 그의 지인에게 이 사건 개인정보를 알린 행위는 「개인정보 보호법」 제29조에서 개인정보처리 자는 개인정보가 분실·도난·유출·위조·변조 또는 훼손되지 아니하도록 내부 관리계획 수립, 접속기록 보관 등 대통령령으로 정하는 바에 따라 안전성 확보에 필요한 기술적·관리적 및 물리적 조치를 하여야 한다고 규정하고 있습니다.

여기에서 '개인정보의 유출'은 개인정보가 해당 개인정보처리자의 관리·통제권을 벗어나 제3자가 그 내용을 알 수 있는 상태에 이르게 되는 것을 의미한다(대법원 2014. 5. 16. 선고, 2011다24555·24562 판결 등 참조). 피고소인 담당 직원은 금융감독원에 제기된 피고소인 상대의 민원 해결을 위하여 관련 민원절차에 따른 연락방식이 아닌 사적으로 자신의 지인에게 이 사건 개인정보를 알렸는바, 이는 피고소인이 계약자에 대한 개인정보가 분실·도난·유출·위조·변조 또는 훼손되지 않도록 관리해야 할 개인정보처리자의 주의의무를 소홀히 함으로써 그 직원에 의

해 제3자에게 이 사건 개인정보가 유출된 것이므로 「개인정보 보호법」 제29조를 위반하였습니다.

한편 「개인정보 보호법」 제18조 제1항에서 개인정보처리 자는 개인정보를 제15조 제1항에 따른 범위를 초과하여 이용하여서는 아니 된다고 규정하였습니다. 피고소인 담당 직원이 고소인과 같은 직장에 다니는 자신의 지인에게 연락한 점에 비추어 해당 직원이 피고소인이 수집하여 보관중인 고소인의 직장정보를 확인 및 이용한 것을 쉽게 추단할 수 있고도 남습니다. 이와 같이 피고소인이 사적인 연락을 취할 목적으로 고소인의 직장 정보를 이용한 행위는 해당 보험계약의 체결 및 이행 등에 필요한 범위를 벗어나 당초 수집 목적 외로 개인정보를 이용한 행위에 해당되므로 「개인정보 보호법」 제18조 제1항을 위반한 것입니다.

고소인은 피고소인을 「개인정보 보호법」 제29조, 제18조 제1항, 제15조 제1항에 따른 개인정보 보호법 위반으로 고소하오니 피고소인을 철저히 수사하여 법의 준엄함을 깨달을 수 있도록 엄벌에 처하여 주시기 바랍니다. 라고 기재하시면 됩니다.

7. 성명, 주민등록번호 등 개인정보 유출

고소인은 ○○○○. ○○. ○○,피고소인 여행상품을 구매하기 위해 피고소인이 운영하는 홈페이지에서 고소인의 성명, 주민등록번호, 전자우편주소, 휴대전화번호가 포함된 신청서를 작성하였습니다.

피고소인은 ○○○○. ○○. ○○.제3자에 의한 해킹으로 ○○○○. ○○. ○○.부터 ○○○○. ○○. ○○.까지 중 수집한 고객정보를 유출 당하였고, 유출된 고객정보에는 고소인 개인정보가 포함되어 있었습니다.

고소인은 피고소인의 개인정보 유출사고를 신문을 통해 알게 되어 사실관계를 확인하기 위해 피고소인 홈페이지에 접속하였습니다. 홈페이지에는 개인정보유출 사실에 대한 안내문이 게재되어 있었으며, 고소인은 피고소인 고객센터에 유선으로 문의하여 고소인 자신의 개인정보가 유출되었음을 최종적으로 확인하였습니다.

피고소인은 여행을 희망하는 고객이 회원 가입 후 주소, 연락처 등이 포함된 여행신청서를 작성하여 홈페이지에 등록하면 고객정보를 확인한 뒤 여행상품을 제공하는 방식으로 사업을 운영하고 있습니다. 피고소인은 해킹당한 파일에 개인정보가 포함되어 있지 않은 것으로 인식하고 있었기 때문에 특별한 보호조치를 취하지 아니하였습니다. 해당 개인정보 파일을 개인정보의 수집·이용 목적을 달성한 뒤 파기했어야만 했으나 파기하지 아니하였습니다. 피고소인 홈페이지가 해킹당하여, 피고소인이 ○○○○. ○○. ○○.부터 ○○○○. ○○. ○○.까지 수집하여 보유하고 있는 성명, 주민등록번호, 전자우편주소, 휴대전화번호 등 고객정보가 유출되었습니다.

고소인이 여행상품을 구매하기 위해 피고소인에게 제공한 성명, 주민등록번호, 전자우편주소, 휴대전화번호 등은 특정한 개인을 알아볼 수 있거나 다른 정보와 쉽게 결합하여 특정한 개인을 알아볼 수 있는 정보로서 「개인정보 보호법」 제2조 제1항 가,목에 규정된 개인정보에 해당됩니다. 피고소인은 개인정보를 처리하는 경우 「개인정보 보호법」 제29조(안정조치의무)에 따라 개인정보의 분실·도난·유출·위조·변조 또는 훼손을 방지하고 개인정보의 안전성을 확보하기 위하여 대통령령으로 정하는 기준에 따라 기술적·관리적 조치를 하여야 합니다.

피고소인은 관리중인 파일에 개인정보가 포함되어 있지 않은 것으로 오인하고 필요한 조치를 취하지 아니하여 「개인정보 보호법」 제29조(안전조치의무)를 위반하였습니다. 피고소인은 「개인정보 보호법」 제21조(개인정보의 파기)에 따라 보유기간의 경과, 개인정보의 처리 목적달성 등 수집한 개인정보가 불필요하게 되었을 때에는 다른 법령에 따라 보존하여야하는 경우를 제외하고 지체 없이 그 개인정보를 파기하여야 합니다.

피고소인은 관리중인 파일에 개인정보가 포함되어 있지 않은 것으로 오인하고 보유기간이 지난 고소인의 개인정보를 파기하지 아니하여 「개인정보 보호법」 제21조(개인정보의 파기)를 위반하였습니다ㅑ.

유출된 개인정보 중 특히 주민등록번호는 그 자체로 특정한 개인을 알아볼 수 있으며 다른 정보와 결합하여 쉽게 사용되는 정보라는 점, 유출된 개인정보로 충분히 고소인이 식별될 수 있는 점, 유출된 개인정보를 제3자가 열람하거나 열람할 수 있는 가능성이 매우 높은 점, 유출된 개인정보가 불법적으로 이용되어 추가적인 법익침해 가능성이 매우 높은 점 등을 고려할 때 고소인은 피고소인을 개인정보 보호법 제29조(안정조치의무) 제21조(개인정보의 파기) 위반으로 고소하오니 피고소인을 철저히 수사하여 법에 준엄함을 절실히 깨달을 수 있도록 엄벌에 처하여 주시기 바랍니다. 라고 기재하시면 됩니다.

8. 수신동의 철회 및 회원탈퇴 후에도 광고성 문자를 발송

고소인은 ○○○○. ○○. ○○.피고소인이 운영하는 쇼핑몰 홈페이지에 회원으로 가입하면서 광고성 정보 수신에 동의하였습니다. 이후, 피고소인의 광고성 문자가 여러 차례 수신되어 고소인은 피고소인 홈페이지 회원정보에서 수신동의를 철회하였습니다. 그러나 이후에도 계속 광고성 문자가 수신되자 ○○○○. ○○. ○○.피고소인 홈페이지에서 회원 탈퇴하였습니다. 피고소인은 홈페이지 운영을 위한 호스팅 사이트를 이용하고 있었습니다. 이용자가 홈페이지 회원을 탈퇴하면 구매정보 등 피고소인이 별도 관리해야 하는 정보를 제외한 나머지 회원정보는 호스팅 사 서버에서 모두 삭제됩니다.

한편, 피고소인은 광고성 문자 발송을 위해 호스팅 사 서버에 있는 회원정보 중 광고성 정보 수신에 동의한 회원의 이름과 아이디, 휴대전화번호, 가입일을 다운받은 엑셀파일(이하 "문자발송 파일"이라 합니다)을 별도 관리하고 있으며, 해당문자발송 파일에 있는 회원을 상대로 광고성 문자를 전송하고 있습니다.

피고소인은 광고성 문자발송 전에 기존 문자발송 파일에서 이전 발송일부터 현시점까지의 수신동의 철회 자 및 탈퇴회원을 삭제하는 과정을 거치고 있습니다. 그 과정에서 고소인과 같이 홈페이지를 통해 동의 철회한 회원을 식별하여 삭제하여야 함에도 불구하고 이를 인지하지 못한 채 고객센터로 직접 연락하여 동의 철회를 요구한 회원만을 삭제한 후 광고성 문자를 발송해 왔습니다.

또한 피고소인 담당 직원의 실수로 ○○○○. ○○. ○○.이후 탈퇴회원의 개인정보를 문자발송 파일에서 삭제하지 않아 고소인이 회원탈퇴한 후에도 광고성 문자를 다섯 차례 발송하였습니다.

피고소인은 온라인쇼핑몰 사업자로서 「개인정보 보호법」 제2조 제1항 제5호에 따른 개인정보처리 자이며, 피고소인의 문자발송 파일에 저장된 고소인의 이름과 아이디, 휴대전화번호, 가입일은 다른 정보와 쉽게 결합하여 개인을 알아볼 수 있는 정보로서 제2조 제1항 나, 목에 따른 개인정보에 해당합니다.

정보통신망법 제50조 제1항은 누구든지 전자적 전송매체를 이용하여 영리목적의 광고성 정보를 전송하려면 그 수신자의 명시적인 사전 동의를 받아야 한다고 규정하고 있고, 같은 조 제2항은 제1항에도 불구하고 수신자가 수신거부의사를 표시하거나 사전 동의를 철회한 경우에는 영리목적의 광고성 정보를 전송하여서는 아니 된다고 규정하고 있습니다. 같은 조 제4항 제2호는 전자적 전송매체를 이용하여 영리목적의 광고성 정보를 전송하려는 자는 수신자가 광고성 정보에 수신의 거부 또는 수신동의의 철회 의사표시를 쉽게 할 수 있는 조치 및 방법에 관한 사항을 구체적으로 밝혀야 한다고 규정하고 있습니다.

피고소인은 광고성 정보 수신동의를 철회한 고소인에게 영리 목적의 광고성 정보를 전송하였으므로 정보통신망법 제50조 제2항을 위반하였습니다. 또한 피고소인은 광고성 문자 내용에 수신거부 방법을 안내하지 않아 고소인의 수신거부 의사표시를 어렵게 하였으므로 정보통신망법 제50조 제4항도 위반하였습니다. 개인정보 보호법 제21조(개인정보의 파기) 제1항은 개인정보처리 자는 동의를 받은 개인정보의 수집·이용 목적을 달성한 경우에는 지체 없이 해당 개인정보를 파기하여야 한다고 규정하고 있습니다. 고소인 회원정보는 회원탈퇴와 함께 호스팅 사 서버에서는 삭제되었으나, 피고소인 담당직원의 실수로 문자발송 파일에는 고소인을 포함한 ○○○○. ○○. ○○.이후 탈퇴회원 정보를 삭제하지 않고 계속 보유하고 있었으므로 개인정보 보호법 제21조(개인정보의 파기)를 위반하였습니다.

이에 고소인은 피고소인을 개인정보 보호법 제21조(개인정보의 파기) 위반으로 고소하오니 피고소인을 철저히 수사하여 법에 준엄함을 깨달을 수 있도록 엄벌에 처하여 주시기 바랍니다. 라고 기재하시면 됩니다.

9. 동의 없이 제3자에게 개인 신용정보를 제공

피고소인1은 피고소인2와 개인정보 보안 관리 약정을 체결하고 처리업무 중 일부를 피고소인2에게 위탁함으로써 피고소인1의 회원들이 피고소인2의 지점에서도 피고소인1과의 거래를 처리할 수 있도록 하였고, 이를 위하여 피고소인2가 전산망의 일정 부분을 열람 이용할 수 있도록 피고소인2에게 제공하고 있습니다. 고소인은 의정부시 소재 A아파트 입주자대표회의(이하 "A아파트" 라고 합니다)로부터 원격 전산보수 작업을 의뢰받아 처리하였고 이에 대한 댓가로 고소인의 개인 계좌로 현금을 이체 받았습니다. 그 후 약 1개월이 경과하여 A아파트 담당자는 이체 사유를 확인코자 피고소인2에게 고소인의 직장 정보 제공을 요청하였고, 피고소인2의 담당 직원은 피고소인1의 전산망을 열람하여 고소인의 직장명과 연락처 정보를 알아내어 그 내용을 A아파트에 제공하였습니다.

피고소인2가 피고소인1의 전산망을 열람 후 A아파트에 제공한 직장명, 연락처 등은 개인의 신용도와 신용거래능력 등을 판단할 때 필요한 정보로서「신용정보의 이용 및 보호에 관한 법률」(이하 "신용정보법"이라 합니다) 제2조 제2호의 개인 신용정보에 해당합니다.

신용 정보법 제32조 제1항에서는 개인 신용정보를 타인에게 제공하는 경우는 개인 신용정보를 제공할 때마다 정보주체의 동의를 받아야 하는 것으로 규정하였고, 같은 조 제6항에서는 이에 대한 예외 사유를 열거하면서 제2호에 계약의 이행에 필요한 경우로서 제17조 제2항에 따라 신용정보의 처리를 위탁하기 위하여 제공하는 경우를 규정하고 있습니다.

피고소인1은 고소인을 비롯한 피고소인1의 고객들이 편리하게 서비스를 이용할 수 있도록 이용 가능한 범위를 넓히기 위하여, 개인정보 보안 관리약정을 통해서 신용정보의 처리를 포함한 각종 거래 업무의 일부를 피고소인2에게 위탁하여 고객들에게 서비스를 제공하고 있습니다. 피고소인1이 피고소인2에게 전산망을 제공하여 개인 신용정보의 처리를 맡긴 것은 정보주체의 개별적인 동의가 없더라도 신용정보법 제32조 제6항 제2호에 따라 적법한 것으로 판단됩니다.

신용 정보법 제17조 제6항에서는 신용정보 처리 업무의 수탁자는 위탁받은 업무 범위를 초과하여 제공받은 신용정보를 이용하여서는 아니 된다. 라고 규정하고 있습니다. 따라서 피고소인2는 피고소인1로부터 위탁받은 업무의 처리를 위해서만 피고소인1의 전산망을 이용하고 개인 신용정보를 처리해야 할 의무가 있습니다. 피고소인2는 고소인에 관한 개인 신용정보를 열람하거나 처리하도록 고소인 또는 피고소인1로부터 요청받은 바가 없음에도 불구하고 제3자인 A아파트를 위해서 임의로 피고소인1의 전산망을 통하여 고소인에 관한 개인 신용정보를 열람함으로써 피고소인1과 체결한 위탁약정을 위반하였습니다.

이는 신용 정보법 제17조 제6항을 위반한 것입니다. 또한, 피고소인2가 열람하여 취득한 고소인의 개인 신용정보를 다시 A아파트에 제공한 것은 피고소인1이 보관하고 있던 타인의 신용정보를 업무 목적 외로 누설한 것으로서 이로써 피고소인2는 신용 정보법 제42조 제1항을 위반하습니다.

이에 고소인은 피고소인1과 피고소인2를 신용 정보법 제17조 제6항 위반으로 고소하오니 피고소인들을 철저히 수사하여 법에 준엄함을 깨달을 수 있도록 엄벌에 처하여 주시기 바랍니다. 라고 기재하시면 됩니다.

10. 고소인의 위임 범위를 벗어나 진료정보를 수집

고소인은 자동차 추돌 사고의 피해자로서 손해보험사인 피고소인에게 사고로 인한 치아 손상을 주장하면서 '치아파절'이 기재된 진단서를 근거로 합의금 지급을 요구하였습니다.

피고소인은 해당 사고 처리를 ○○보상센터로 이첩하였고, 당해 센터 담당자 A가 고소인을 방문하여 면담을 진행하면서 개인정보 처리에 대한 동의와 별도로 '보험금 청구를 위한 개인정보 수집·이용 동의서'(이하, '보호법 상 별도 동의서'라 하겠습니다)를 제시하고 항목별 고소인의 동의와 서명 날인을 받았습니다. 담당자 A는 해당 동의서 외에「의료법」에 따른 '진료기록 열람 및 사본발급 위임장'과 '진료기록 열람 및 사본발급 동의서'(이하, '의료법상 위임장 및 동의서'라고만 합니다)을 작성 요청합니다. 수임인, 의료기관 명칭, 발급 범위 등 작성 란은 모두 공란으로 비운 채 고소인의 서명 날인만 받아 수령하였습니다.

피고소인의 ○○보상센터 담당자 중 A 외에 담당자 B가 서울 □□치과에 방문하여 고소인의 진료기록을 발급받았고, 또 다른 담당자인 C가 ××치과를 방문하여 고소인의 과거 진료기록을 발급받았습니다.

피고소인이 수집한 고소인의 진료기록은 고소인의 다른 정보와 결합하여 고소인을 식별할 수 있는 정보로서「개인정보 보호법」제2조 제1호의 개인정보 및 제23조 제1항의 민감정보에 해당합니다.

피고소인이「보험업법 시행령」규정이나 별도 동의서만으로 고소인의 진료기록을 수집할 수 있는 지 여부와 관련하여「개인정보 보호법」제23조 제1항에서 개인정보처리 자는 법령에서 민감정보의 처리를 허용하는 경우와 다른 개인정보의 처리에 대한 동의와 별도로 동의를 받은 경우에는 정보주체의 건강 등에 관한 정보(이하, "민감정보"라 합니다)를 처리할 수 있다고 규정하고 있습니다.

피고소인은「보험업법 시행령」제102조 제5항에서 제3자에게 배상 책임이 있는 자는 해당 사무를 수행하기 위하여 민감정보를 처리할 수 있다고 규정하였고, 진료내역 등 민감정보 항목이 포함된 보호법 상 별도 동의서를 받았으므로 피고소인이 이 사건 개인정보를 수집한 것은 그 자체만으로 적법하다고 주장하고 있습니다. 그러나 「개인정보 보호법」 제6조에서 개인정보 보호에 관하여는 다른 법률에 특별한 규정이 있는 경우를 제외하고는 이 법에서 정하는 바에 따른다고 규정함으로써 개인정보 보호와 관련하여 다른 법률에 특별한 규정이 있는 경우에는 다른 특별법이 우선한다고 보아야 합니다.

이와 관련하여, 「의료법」 제21조의 위임을 받은 「의료법 시행규칙」 제13조의3에서 환자의 지정 대리인이 진료 기록을 요구할 때에는 환자가 자필 서명한 별지서식의 위임장 및 동의서를 제출하여야 한다. 라고 규정하고 있습니다. 이에 따르면, 피고소인이 고소인의 진료기록을 수집하기 위해서는 의료법상 위임장 및 동의서의 제출이 필수적인 절차이므로 「보험업법 시행령」 규정이나 보호법 상 별도 동의서만으로 고소인의 진료기록을 수집할 수 있다는 피고소인의 주장은 받아들이기 어렵습니다.

고소인이 내용 기재 없이 날인한 동의서 및 위임장으로 고소인의 진료정보를 수집한 것이 위임 범위를 벗어난 행위로서 위법한 지 여부와 관련하여 의료법상 위임장 및 동의서에는 수임인, 의료기관 명칭, 발급 범위 등 구체적인 기재항목이 포함되어 있고, 특히 발급 범위에 대하여는 환자 본인이 직접 작성하도록 규정되어 있습니다. 그럼에도 피고소인은 해당 서류에 고소인의 서명 날인만 받은 채 다른 기재 란을 공란으로 하여 수령하였습니다. 이는 고소인의 진료정보를 수집하기 위한 「의료법」 상 요건과 절차를 준수하지 않은 것입니다.

설령 피고소인이 민감정보 확인이 필요한 진료기관 등을 특정하기 어려워 각 기재 란을 공란으로 하는 것이 불가피하였더라도 이에 대하여 고소인에게 충분히 설명할 필요가 있었습니다. 그럼에도 피고소인은 이러한 사전 안내 없이 공란으로 수령한 의료법상 위임장 및 동의서에 기초하여 임의로 2개 의료기관의 진료기록을 열람한 것은 「의료법」 상 요건을 흠결시킴으로써 개인정보를 침해하였습니다.

의료법상 위임장 및 동의서의 항목들을 공란으로 비워둔 채 서명 날인만 받은 것은 고소인이 의도한 위임의 범위를 벗어나 과도한 개인정보를 수집할 우려가 있으므로 이에 고소인은 피고소인을 「의료법」 제21조, 「개인정보 보호법」 제2조 제1호의 개인정보 및 제23조 제1항 위반으로 고소하오니 철저히 수사하여 법에 준엄함을 깨달을 수 있도록 엄벌에 처하여 주시기 바랍니다. 라고 기재하시면 됩니다.

11. 고소인의 전신 모습을 촬영 배우자에게 제공하여 개인정보를 침해

피고소인은 자동차 책임보험을 영위하는 보험회사이고, 고소인은 교통사고 처리와 관련하여 사고 당시의 동승자이면서 사고 차량 소유자의 배우자입니다.

피고소인은 피고소인의 자동차보험 가입자와 고소인 사이에서 발생한 교통사고 처리과정에서 피고소인 소속 현장담당자가 사고 현장 사진을 촬영하던 중 고소인의 전신 모습이 포함된 사진을 동의 없이 촬영하였습니다.

고소인 배우자가 차량 수리를 위하여 피고소인에게 현장 사진 제공을 요청하였고, 이에 피고소인은 차량 파손 부위만을 편집하여 제공하였으나 해상도 문제로 원본 사진을 추가 요청함에 따라 고소인의 전신 모습이 포함된 원본 사진을 개인정보 보호 조치 없이 제공하였습니다.

이후 동의 없는 개인정보 수집과 제3자 제공에 대한 고소인의 항의에 피고소인은 원본 사진에서 고소인의 얼굴을 마스킹처리하고 원본 사진은 파기하였으며, 고소인이 본 사건을 금융감독원에 민원을 제기하여 피고소인은 고소인에게 구두와 서면으로 동의 없는 개인정보 수집과 제3자 제공에 대하여 사과하였습니다.

피고소인이 수집한 고소인의 전신 모습이 포함된 사진("이 사건 개인정보" 라 줄여 쓰겠습니다.)은 고소인을 알아볼 수 있는 정보로서 「개인정보 보호법」 제2조 제1호의 개인정보에 해당합니다.

피고소인이 동의 없이 이 사건 개인정보를 수집한 것이 위법한지 여부와 관련하여 「개인정보 보호법」 제15조 제1항 제2호에서 개인정보처리 자는 법률에 특별한 규정이 있거나 법령 상 의무를 준수하기 위하여 불가피한 경우에는 개인정보를 수집할 수 있으며 그 수집 목적의 범위에서 이용할 수 있다고 규정하고 있습니다.

이와 관련하여 「상법」 제719조에서 책임보험 계약의 보험자는 피보험자가 보험기간 중의 사고로 인하여 제3자에게 배상할 책임을 진 경우에 이를 보상할 책임이 있다고 규정하였습니다.

고소인은 피고소인이 동의 없이 이 사건 개인정보를 수집한 것은 「개인정보 보호법」을 위반한 것입니다.

피고소인이 동의 없이 이 사건 개인정보를 고소인 배우자에게 제공한 것이 위법한지 여부와 관련하여 「개인정보 보호법」제18조 제2항에서는 정보주체의 동의를 받거나 다른 법률에 특별한 규정이 있는 경우 등에 해당하는 경우에만 개인정보를 제3자에게 제공할 수 있도록 규정하고 있습니다. 이와 관련하여, 「표준 개인정보 보호지침」(개인정보보호위원회 고시 제2020-1호) 제7조제2항은 법 제17조의 "제3자란" 정보주체와 정보주체에 관한 개인정보를 수집·보유하고 있는 개인정보처리자를 제외한 모든 자를 의미하며, 정보주체의 대리인과 법제26조 제2항에 따른 수탁자는 제외한다고 규정하고 있습니다.

이 사건에서 고소인 배우자는 사고 차량 소유자로서 자신의 차량 파손 부분에 대한 사진을 요구한 것으로 고소인의 대리인의 지위에서 이 사건 개인정보를 제공 요청한 것으로는 볼 수 없으므로 피고소인은 이 사건 개인정보를 제3자에게 제공한 것에 해당합니다. 또한 피고소인이 손해배상 등을 위하여 수집한 이 사건 개인정보를 제3자인 고소인 배우자에게 제공하기 위해서는 고소인의 동의를 받거나 다른 법률에 특별한 규정이 있어야 하나, 이 사건의 경우 이에 해당하지 않습니다.

따라서 고소인의 전신 모습이 포함된 사진을 최소한의 개인정보 보호조치 없이 제3자인 고소인 배우자에게 제공한 것은 「개인정보 보호법」제18조를 위반한 것입니다.

피고소인을 「개인정보 보호법」제18조를 위반하였으므로 고소인은 피고소인을 「개인정보 보호법」제18조에 따라 고소하오니 피고소인을 철저히 수사하여 법에 준엄함을 절실히 깨달을 수 있도록 엄벌에 처하여 주시기 바랍니다. 라고 기재하시면 됩니다.

12. 아파트 관리사무소가 개인영상정보를 동의 없이 제3자에게 제공

고소인은 A아파트 공동주택에 거주하는 아파트 단지 주민입니다. 피고소인은 고소인이 거주하는 아파트 자치관리규약에 따라 관리사무소장으로 임명된 자로, 단지 내 방범 및 화재예방, 시설안전관리를 목적으로 아파트 출입구 및 주차장 등에 설치되어 있는 영상정보처리기기를 관리·운영하고 있습니다.

피고소인은 아파트 선거관리위원회 위원인 주민 B가 ○○○○. ○○. ○○.부터 ○○○○. ○○. ○○.까지 네 차례에 걸쳐 고소인이 촬영된 영상정보에 대해 열람 신청을 하자, 주민 B를 관리사무소에 방문하게 하여 고소인이 촬영된 영상정보를 열람하게 하였습니다.

영상정보처리기기에 촬영된 고소인 영상정보는 고소인 개인을 알아볼 수 있는 정보에 해당하므로 「개인정보 보호법」 제2조 제1호에 따른 개인정보에 해당합니다.

「개인정보 보호법」 제18조 제1항 및 제2항에서는 개인정보처리 자가 정보주체로부터 동의를 받거나 다른 법률에 특별한 규정이 있는 경우 등 제2항 각 호의 사유에 해당하는 경우 외에는 개인정보를 제17조 제1항에 따른 범위를 초과하여 제공하여서는 아니 된다고 규정하고 있습니다.

같은 취지로, 「공동주택관리법 시행규칙」 제8조 제3항은 관리주체가 영상정보처리기기의 촬영 자료를 보안 및 방범 목적 외의 용도로 활용하거나 타인에게 열람하게 하거나 제공하여서는 아니 된다고 규정하면서, 정보주체에게 열람 또는 제공하는 경우, 정보주체의 동의가 있는 경우, 범죄의 수사와 공소의 제기 및 유지에 필요한 경우, 범죄에 대한 재판업무 수행을 위하여 필요한 경우, 다른 법률에 특별한 규정이 있는 경우에 해당하는 경우에는 촬영 자료를 열람하게 하거나 제공할 수 있다고 규정하고 있습니다.

피고소인이 제출한 통화 녹음파일에는 피고소인이 "이런 건 보여줘도 되는 겁니까?" 라고 질문하자, 경찰관이 "본인 관련된 일이고", "보여주세요. 자기가 자기 꺼 보겠다는데, 아파트 주민인데" 라고 대답한 내용 등 정보주체 본인의 영상정보를 열람할 수 있다는 취지의 내용만 포함되어 있을 뿐, 제3자인 고소인의 영상정보를 제공하라는 내용은 포함되어 있지 않습니다.

또한, 관리사무소장은 「공동주택관리법」 에 따라 자치관리 중인 공동주택의 관리주체이자 영상정보처리기기에 관한 개인정보처리자로서, 「개인정보 보호법」 및 「공동주택관리법」 관련 규정에 따라 정보주체의 동의를 받은 경우 또는 특별한 규정이 있는 경우 등 예외적인 경우에 한하여 고소인이 촬영된 영상정보를 타인에게 제공하게 할 수 있는바, 피고소인이 주장하는 사정은 이와 같은 예외 사유에 해당하지 않습니다.

따라서 피고소인이 고소인이 촬영된 영상정보를 주민 B에게 열람시켜 준 것은 고소인의 개인정보를 제3자에게 제공한 것으로서 「개인정보 보호법」 제18조를 위반하였습니다.

이에 고소인은 피고소인을 「개인정보 보호법」 제18조에 따라 고소하오니 피고소인을 철저히 수사하여 범에 준엄함을 깨달을 수 있도록 엄벌에 처하여 주시기 바랍니다. 라고 기재하시면 됩니다.

13. 아파트 선거관리위원회에서 CCTV 영상정보를 동의 없이 수집·이용

고소인은 A아파트 거주자로 ○○○○. ○○. ○○.예정이었던 아파트 동별 대표자 선거에 출마하였습니다. 피고소인1은 공동주택관리법 제7조에 따라 입주자대표회의와 위탁계약을 체결하여 관리업무를 맡고 있는 B사이며, 관리사무소장을 고용하여 단지 내에 설치된 영상정보처리기기(이하 "CCTV"라고만 하겠습니다)의 관리책임을 맡고 있습니다.

피고소인2는 입주자대표회의로 A아파트 동별 대표자들로 구성된 자치 의결기구이며 산하에 선거관리위원회를 두어 입주자대표회의 회장 및 동별 대표자 선거를 관리하고 있습니다. ○○○○. ○○. ○○. 고소인은 엘리베이터 내에 상대 후보가 부착한 홍보물이 불법이라며 피고소인2에게 이의를 제기하였으나, 피고소인2는 고소인도 홍보물을 제작하여 붙일 수 있다는 사실만 통보하고 별다른 조치를 취하지 않자 고소인은 상대방 후보의 부착물을 임의로 제거하였습니다.

상대 후보는 이를 문제 삼아 피고소인2에게 이의를 제기하였고, 고소청인2는 고소인1에게 해당 사진자료의 제출을 요청하였으며, 피고소인1은 CCTV를 검색하여 고소인이 상대방 홍보물을 제거하는 사진자료(이하 "이 사건 사진자료"라 합니다)를 발췌하여 피고소인2에게 제공하였습니다.

당해 동별 대표자 선거가 투표인 부족으로 무효 처리된 후 피고소인2는 선관위 회의를 열어 재선거에서 고소인의 후보 자격을 박탈한다는 내용을 의결하였고 그 회의 결과를 고소인의 성명, 거주지 동, 이 사건 사진자료 등을 첨부하여 아파트게시판에 최소 1주일 이상 공고하였습니다.

CCTV에 촬영된 고소인의 사진 정보는 고소인의 성명, 거주지 동 등과 결합되어 개인을 식별할 수 있는 정보로서 「개인정보 보호법」 제2조 제1호에 따른 개인정보에 해당합니다.

피고소인1이 이 사건 사진자료를 피고소인2에게 제출한 행위와 관련하여 「개인정보 보호법」 제18조에서는 제2항 각 호의 사유에 해당하는 경우 외에는 개인정보를 제17조 제1항에 따른 범위를 초과하여 제3자에게 제공하여서는 아니 된다고 규정하고 있고, 같은 취지로 「공동주택관리법 시행규칙」 제8조 제3항은 관리주체가 영상정보처리기기의 촬영 자료를 보안 및 방범 목적 외의 용도로 활용하거나 타인에게 열람하게 하거나 제공하여서는 아니 된다고 규정하고 있습니다.

상기 규정에 따르면 A아파트와 위탁계약을 체결한 피고소인1은 관리주체로서 CCTV를 관리하면서 관련 자료를 타인에게 열람하거나 제공하여서는 아니 됩니다. 피고소인2가 이 사건 사진자료를 공개한 행위는 「개인정보 보호법」 제18조 제1항은 개인정보를 제15조 제1항에 따른 범위를 초과하여 이용하거나 제17조 제1항에 따른 범위를 초과하여 제3자에게 제공하여서는 아니 된다고 규정하고 있습니다. 같은 법 제15조 제1항 제2호 및 제17조 제1항 제2호에 따르면 개인정보처리자는 법률에 특별한 규정이 있거나 법령상 의무를 준수하기 위하여 불가피한 경우 개인정보를 수집하고 그 수집 목적의 범위에서 이용 및 제공할 수 있습니다.

이와 관련하여, 「공동주택관리법」 제15조 제3항, 같은 법 시행령 제52조 제4항내지 제5항, 관리규약 제34조 제8항에 의하면 선거에 관한 사항은 「공동주택관리법」에 위임의 근거를 두고 시행령, 관리규약, 선거관리위원회 규정에 의하여 준수하여야 할 의무가 규정되어 있습니다. 이러한 공동주택관리법령의 위임을 받아 마련된 「A아파트 선거관리위원회 규정」(이하 "선거관리 규정"이라 한다) 제24조 제6호에서는 선거 벽보를 훼손하는 등 선거사무를 방해하는 행위를 금지하고 있으며, 제61조 내지 제62조에서는 선거규정 위반행위에 대하여 선관위의 관계인에 대한자료 제출 요구 권 및 위반행위에 대한 조치 및 선거구별 공고 의무를 규정하고 있습니다. 결국, 선거관리규정에 따라 위반행위를 조사하기 위한 자료를 확인하거나 제재 조치를 결정하고 그 결과를 공고하는 것은 공동주택관리법령상의 의무를 준수하기 위하여 불가피한 것으로서 그 목적 내에서 개인정보를 이용하거나 제공하는 것이 허용됩니다.

그러나 개인정보 보호법은 정보주체의 사생활 침해를 최소화하는 방법으로 개인정보를 처리하도록 하는 최소처리의 원칙을 규정하고 있는바, 피고소인2는 공동주택관리법령에 따른 회의결과 공고 시에도 해당 원칙에 따라 회의결과 공고에 필요한 범위 내에서 개인정보를 공개하여야 합니다. 그런데도 피고소인2는 고소인의 성명, 제재조치 등의 회의결과와 더불어 고소인의 초상 및 행위사실이 담긴 사진자료까지 첨부하여 게시판에 공개하였는바. 이러한 행위는 법령 준수를 위하여 반드시 필요한 범위 내의 최소한의 처리 행위라고 할 수 없습니다.

따라서 피고소인2는 공동주택관리법령이 예정하고 있는 범위를 초과하여 이 사건 사진자료를 제공하여 「개인정보 보호법」 제18조 제1항을 위반하였습니다. 이에 고소인은 피고소인을 「개인정보 보호법」 제18조 제1항에 따라 고소하오니 피고소인을 철저히 수사하여 범에 준엄함을 깨달을 수 있도록 엄벌에 처하여 주시기 바랍니다. 라고 기재하시면 됩니다.

14. 압류예정통보서를 제3자에게 잘못 발송

피고소인은 국내에 거주하는 국민을 대상으로 보험료의 부과·징수 등의 업무를 수행하는 공공기관입니다. 피고소인은 ○○○○. ○○. ○○. 고소인이 음주운전으로 교통사고가 발생하여 보험을 적용하여 병원치료를 받은 사실을 확인하고, 음주운전으로 인한 교통사고는 보험이 적용되지 않아 ○○○○. ○○. ○○.고소인에게 법에 따른 기타징수금을 그달 말까지 납부할 것을 고지하였습니다.

그러나 고소인은 기타징수금을 기한 내 납부하지 않아 체납처리 되었습니다. 피고소인은 고소인의 기타징수금이 체납되자, ○○○○. ○○. ○○.부터 ○○○○. ○○. ○○.까지 수십 차례 전화와 납부독려 문자를 발송하고, 매월 고소인 주소로 독촉우편을 발송하였습니다.

○○○○. ○○. ○○. 고소인과 ○○○○. ○○. ○○.까지 기타징수금을 완납하는 조건으로 분할납부(매월 6만원 내외 입금)를 약속하였으나 고소인은 약속을 지키지 않았습니다.

고소인은 그동안 피고소인의 독촉안내에 따라 ○○○○. ○○. ○○.이후 ○○○○. ○○. ○○.같은 ○○○○. ○○. ○○.기타징수금 일부를 납부한 상태였습니다. 피고소인은 직원의 착오로 고소인 부모의 주소로 ○○○○. ○○. ○○.독촉고지서를, ○○○○. ○○. ○○.압류예정통보서를 등기우편으로 발송하였고, 고소인은 피고소인의 압류예정통보서 발송 후 ○○○○. ○○. ○○. ○만원 그리고 ○○○○. ○○. ○○.기타징수금 전액을 납부하였습니다.

피고소인이 고소인 부모에게 발송한 압류예정통보서에는 고소인의 성명, 생년월일, 주소, 체납금액이 포함되어있으며 이는 고소인을 알아볼 수 있는 정보에 해당하므로 「개인정보 보호법」 제2조 제1호에 따른 개인정보에 해당합니다.

「개인정보 보호법」 제23조 제1항은 민감정보를 '사상·신념, 노동조합·정당의 가입·탈퇴, 정치적 견해, 건강, 성생활 등에 관한 정보, 그 밖에 정보주체의 사생활을 현저히 침해할 우려가 있는 개인정보로서 대통령령으로 정하는 정보'라고 규정하고 있고, 「개인정보 보호법 시행령」 제18조는 유전자검사 등의 결과로 얻어진 유전정보, 「형의 실효 등에 관한 법률」 제2조 제5호에 따른 범죄경력 자료에 해당하는 정보를 추가적으로 규정하고 있습니다.

압류예정통보서를 제3자인 고소인 부모의 주소로 발송한 행위는 「개인정보 보호법」 제29조는 개인정보처리 자는 개인정보가 분실·도난·유출·위조·변조 또는 훼손되지 아니하도록 내부 관리계획 수립, 접속기록 보관 등 대통령령으로 정하는 바에 따라 안전성 확보에 필요한 기술적·관리적 및 물리적 조치를 하여야 한다고 규정하고 있습니다.

여기에서 '개인정보의 유출'은 개인정보가 해당 개인정보처리 자의 관리·통제권을 벗어나 제3자가 그 내용을 알 수 있는 상태에 이르게 되는 것을 의미합니다 (대법원 2014. 5. 16. 선고, 2011다24555·24562 판결 등 참조).

피고소인은 기타징수금 납부를 독촉하기 위해 압류예정통보서를 발송하는 경우 체납자의 주민등록표상 주소로 발송하고 있고, 체납자가 다른 주소로 송달을 원하는 경우에만 해당 주소로 발송하고 있습니다. 그런데 피고소인 직원이 다른 체납자가 본인 부모의 주소로 발송해달라는 요청을 고소인이 요청한 것으로 착각하여 이 사건 개인정보가 포함된 압류예정통보서를 고소인 부모의 주소로 발송하였는바, 이는 이 사건 고소인의 개인정보가 피고소인 직원의 부주의로 유출된 것입니다.

따라서 피고소인은 개인정보가 유출되지 않도록 기술적·관리적 조치를 하여야하나 이를 소홀히 하여 고소인의 개인정보가 포함된 압류예정통보서를 고소인 부모의 주소로 발송하였고 이는 「개인정보 보호법」 제29조 안전조치의무를 위반하였습니다.

이에 고소인은 피고소인을 「개인정보 보호법」 제29조에 따라 고소하오니 피고소인을 철저히 수사하여 범에 준엄함을 깨달을 수 있도록 엄벌에 처하여 주시기 바랍니다. 라고 기재하시면 됩니다.

15. 연락대상을 혼동하여 배우자에게 체납사실을 알린 행위

피고소인은 국세청 산하 지방 국세청에 소속되어 관할 구역의 내국세 부과·감면·징수에 관한 사무를 담당하는 세무행정기관이고, 고소인1은 피고소인 관할 구역에서 일부 국세를 체납한 개인사업자이며, 고소인2는 고소인1의 배우자입니다.

피고소인 소속 체납담당 공무원(이하 "조사관"이라 하겠습니다)은 고소인1과 연락하기 위하여 고소인1의 연락처를 확인하는 과정에서 국세정보시스템 상 세대원 연락처가 함께 보이는 가구정보 화면을 조회하였습니다.

조사관은 먼저 고소인2에게 연락하여 고소인1의 연락처를 문의하였고, 이 과정에서 고소인2에게 고소인1의 체납사실을 알렸습니다. 이에 대하여, 고소인1은 조사관이 고소인2의 개인정보를 무단 조회하여 알아낸 휴대전화번호로 연락하여 체납사실을 누설하였습니다.

이후 조사관은 고소인1과 통화하여 체납액 납부를 독려하였으나 문제가 해결되지 않아, 같은 날 고소인1이 보유한 채권을 압류하기 위해 금융기관에 채권압류통지서를 발송하였습니다. 개인사업자인 고소인1의 국세 체납사실과 고소인1의 연락처를 문의하기 위해 이용한 고소인2의 휴대전화번호는 해당 정보만으로 특정 개인을 알아볼 수 없더라도 이름 등 다른 정보와 쉽게 결합하여 특정 개인을 식별할 수 있는 정보로서 「개인정보 보호법」 제2조 제1호의 개인정보에 해당합니다.

피고소인이 고소인2에게 고소인1의 체납사실을 알린 행위는 「개인정보 보호법」 제29조는 개인정보처리 자는 개인정보가 분실·도난·유출·위조·변조 또는 훼손되지 아니하도록 내부 관리계획 수립, 접속기록 보관 등 대통령령으로 정하는 바에 따라 안전성 확보에 필요한 기술적·관리적 및 물리적 조치를 하여야 한다고 규정하고 있습니다.

여기서 '개인정보의 유출'은 개인정보가 해당 개인정보처리자의 관리·통제권을 벗어나 제3자가 그 내용을 알 수 있는 상태에 이르게 되는 것을 의미합니다(대법원 2014. 5. 16. 선고, 2011다24555·24562 판결 등 참조). 피고소인은 국세 체납액 징수를 위하여 체납자 재산의 압류가 필요한 경우 일반적으로 체납자 본인에게 연락하여 독촉을 하거나 관련 통보를 하고 있습니다.

그런데 이 사건 조사관은 체납자 본인인 고소인1의 연락처를 확인하지 않고, 배우자인 고소인2의 휴대전화번호로 연락하여 고소인1의 연락처를 문의하였고, 이 과정에서 고소인2에게 고소인1의 체납사실을 알렸습니다.

한편 피고소인은 이 사건 체납사실을 알린 행위가 「개인정보 보호법」 제17조에 따른 법령 등에서 정하는 소관 업무의 수행을 위하여 불가피하게 수집 목적 범위 내에서 이용한 것으로, 「국세징수법」 제27조 체납자의 재산은닉 혐의자에 대한 질문권·검사권에 따른 행위인 점, 고소인2가 체납처분 관련 서류를 「국세기본법」 제10조에 따라 보충적으로 송달을 받을 수 있는 점, 그동안 고소인들의 거주지로 체납처분 관련 서류를 수차례 송달한 적이 있어 고소인2도 고소인1의 체납사실을 인지했을 가능성, 고소인1과 고소인2는 서로 일상 가사대리권이 있는 배우자인 점 등을 고려할 때 이 사건 체납사실을 알린 행위는 「개인정보 보호법」을 위반한 것이 아니라고 주장하고 있습니다.

그러나 조사관이 체납액의 은닉재산 확보를 위하여 고소인2의 개인정보 확인이 필요하였다 하더라도 고소인1에게 먼저 연락하지 않고 고소인2에게 연락하는 것은 위 목적을 위한 행위였다거나 일반적인 징수업무절차로 보기 어렵습니다. 또한, 조사관은 고소인2에게 은닉재산 여부 등에 대한 질문은 하지 않은 채 고소인1의 연락처만을 확인하였고, 같은 날 고소인1이 보유한 채권을 압류하기 위하여 해당 금융기관에 채권압류 통지서를 발송한 것을 고려할 때, 「국세징수법」 제27조에 따른 질문권 내지 조사권에 해당하는 행위였다고 볼 수 없으므로, 「개인정보 보호법」 제17조 제1항 제2호에 따른 개인정보의 처리에 해당하지 않습니다.

그동안 보충송달 등으로 사실상 고소인2가 이미 알고 있었을 가능성이 높아 위법하지 않다는 피고소인의 주장은 타인이 해당 개인정보를 이미 알았거나 알 수 있었으므로 정보주체의 개인정보 권리에 침해가 없다는 취지로 이해되나, 개인정보자기결정권의 보호대상이 되는 개인정보는 반드시 개인의 내밀한 영역에 속하는 정보에 국한되지 아니하고 공적 생활에서 형성되었거나 이미 공개된 개인정보까지 포함한다(대법원 2014. 7. 24. 선고 2012다49933 판결, 대법원 2016. 3. 10. 선고 2012다105482 판결 등). 아울러, 「민법」상 일상 가사대리권이 있는 배우자라 하더라도 개인정보에 관하여는 독립적인 정보주체로 인정되므로 피고소인의 그러한 주장은 받아들일 수 없습니다.

피고소인은 소속 직원에게 업무절차를 숙지하도록 하는 등 기술적·관리적 주의

의무를 소홀히 하여 고소인2에게 고소인1의 체납사실을 유출하여 「개인정보 보호법」 제29조를 위반하였습니다.

피고소인은 특정된 목적 달성에 직접적으로 필요하지 않은 개인정보를 처리하지 않도록 해야 할 주의의무를 소홀히 하여 「개인정보 보호법」 제3조를 위반하였습니다.

이에 고소인은 피고소인을 「개인정보 보호법」 제3조 및 제29조에 따라 고소하오니 피고소인을 철저히 수사하여 범에 준엄함을 깨달을 수 있도록 엄벌에 처하여 주시기 바랍니다. 라고 기재하시면 됩니다.

16. 휴대전화기 기기변경 과정에서 동의 없이 개인정보를 수집

고소인은 피고소인과 계약을 체결하고 휴대전화 통신서비스를 이용해 왔으며, 단말기의 약정기간이 만료됨에 따라 피고소인으로부터 유선으로 기기변경 제안을 받고 이에 동의하였습니다.

당시 고소인이 병원에 입원하고 있어 피고소인 담당 여자직원이 병원을 방문하여 기기변경 절차를 진행하였으며, 이 과정에서 담당 여직원은 태블릿을 이용하여 기기변경 신청서류를 작성하였고, 개인정보 수집활용 동의서는 대리점에 돌아와 고소인대신 작성하고 서명하였습니다.

그 후 고소인은 신분증 사본이 필요하다는 연락을 받고 피고소인 대리점을 방문하여 신분증을 제출하였고, 그로부터 약 ○○개월 후에 번호이동을 통하여 피고소인과의 통신서비스 계약을 해지하였습니다.

피고소인이 수집한 고소인의 성명, 생년월일, 카드번호 등은 서로 결합되어 고소인을 식별할 수 있는 정보로서 「정보통신망 이용촉진 및 정보보호에 관한 법률」 제2조 제6호의 개인정보에 해당합니다. 개인정보 보호법은 정보통신서비스 제공자는 이용자의 개인정보를 이용하려고 수집하는 경우에는 개인정보의 수집·이용 목적, 수집하는 개인정보의 항목, 개인정보의 보유 및 이용기간 등을 이용자에게 알리고 동의를 받아야한다고 규정하고 있으며, 각 호의 어느 하나의 사항을 변경하는 경우에도 이를 알리고 동의를 받아야 한다고 규정하고 있습니다.

고소인은 사용하던 휴대전화의 약정기간이 만료됨에 따라 피고소인의 기기변경제안에 동의하였고 기기변경을 위한 절차를 밟게 되었습니다. 이 경우 고소인이 통신서비스 가입당시 개인정보 수집·이용에 동의하였다 하더라도 기기변경에 따른 단말기정보 등의 변경이 발생하였으므로 피고소인은 최초 서비스 가입 당시와 동일하게 고소인에게 개인정보 수집항목·이용 목적 등을 알리고 동의를 받아야 합니다.

그러나 피고소인은 요금정산 이외의 서비스 제공 등을 위하여 통상적인 동의를 받는 것이 뚜렷하게 곤란한 경우가 아닌 이상 고소인에게 동의를 받았어야 함에도 법정고지 사항을 안내하지 않았고 동의 의사도 확인하지 않은 채 동의서를 임의로 작성하였으므로 선택적 동의사항에 동의 없이 개인정보를 이용함으로써 고소인의 개인정보자기결정권을 침해한 것이므로 이에 고소인은 피고소인을 「개인정보 보호법」 제3조 및 제29조에 따라 고소하오니 피고소인을 철저히 수사하여 범에 준엄함을 깨달을 수 있도록 엄벌에 처하여 주시기 바랍니다. 라고 기재하시면 됩니다.

17. 학교명, 생년월일·성별의 유출

고소인은 ○○초등학교 행정실장으로 피고소인으로부터 ○○○○. ○○. ○○.실시한 종합감사결과 신분상 처분으로 주의 3건을 받았습니다. 피고소인은 ○○○○. ○○. ○○.피고소인의 홈페이지 감사 공개 방에 첨부파일 형태로 감사결과를 공개하였고, 그 과정에서 3건 중 1건에 대하여 학교명, 생년월일·성별이 노출된 상태로 홈페이지에 게시하였습니다.

한편 고소인은 ○○○○. ○○. ○○. 노출사실을 지인의 연락으로 알게 되었습니다. ○○○○. ○○. ○○.피고소인은 고소인과 통화하여 해당 내용을 확인한 후 업무상 부주의를 인정하고 즉시 학교명, 생년월일·성별을 삭제하고 재게시하였습니다.

피고소인이 홈페이지에 게시한 고소인의 학교명, 생년월일·성별은 고소인을 알아볼 수 있거나 다른 정보와 쉽게 결합하여 고소인을 알아볼 수 있는 정보로서 「개인정보 보호법」 제2조 제1호의 개인정보에 해당됩니다.

고소인의 개인정보인 학교명, 생년월일·성별의 홈페이지 게시한 피고소인의 행위는 「개인정보 보호법」 제29조는 개인정보처리 자는 개인정보가 분실·도난·유출·위조·변조 또는 훼손되지 아니하도록 내부 관리계획 수립, 접속기록 보관 등 안전성 확보에 필요한 기술적·관리적 및 물리적 조치를 하여야 한다고 규정하고 있고, 「개인정보의 안전성 확보조치 기준」 개인정보처리 자가 개인정보를 처리함에 있어서 개인정보가 분실·도난·유출·위조·변조 또는 훼손되지 아니하도록 안전성 확보에 필요한 기술적·관리적 및 물리적 안전조치에 관한 최소한의 기준을 정하는 것을 목적으로 한다고 규정하고 있습니다.

개인정보의 유출은 개인정보가 해당 개인정보처리자의 관리·통제권을 벗어나 제3자가 그 내용을 알 수 있는 상태에 이르게 되는 것을 의미하는바(대법원2014. 5. 16. 선고 2011다24555,24562, 판결 참조), 고소인의 개인정보는 피고소인의 부주의로 유출되었습니다.

고소인의 생년월일·성별이 학교명과 결합하여 고소인임을 특정할 수 있게 하는 개인정보에 해당하게 되어 개인정보를 공개함으로써 실현되는 공익에 비해 고소인의 인격적 이익에 대한 침해가 더 크다고 할 수 있으므로 이에 고소인은 피고소인을 「개인정보 보호법」 제3조 및 제29조에 따라 고소하오니 피고소인을 철저히 수사하여 범에 준엄함을 깨달을 수 있도록 엄벌에 처하여 주시기 바랍니다. 라고 기재하시면 됩니다.

제5장. 개인정보 유출 실제 고소장

【고소장(1)】 개인정보 보호법 위반 탈퇴회원에게 광고성 문자발송 처벌을
요구하는 고소장 최신서식

고   소   장

고 소 인 : ○   ○   ○

피 고 소 인 : ○   ○   ○

경기도 남양주경찰서장 귀중

고　　소　　장

1. 고소인

성　　명	○ ○ ○	주민등록번호	생략
주　　소	경기도 남양주시 ○○로 ○○길 ○○, ○○○호		
직　　업	회사원	사무실 주　소	생략
전　　화	(휴대폰) 010 - 9981 - 0000		
대리인에 의한 고　　소	□ 법정대리인 (성명 :　　　　, 　연락처　　　　　) □ 고소대리인 (성명 : 변호사, 　연락처　　　　　)		

2. 피고소인

성　　명	○ ○ ○	주민등록번호	무지
주　　소	무지		
직　　업	상업	사무실 주　소	무지
전　　화	(휴대폰) 010　4454 - 0000		
기타사항	고소인과의 관계 - 친·인척관계 없습니다.		

3. 고소취지

고소인은 피고소인에 관하여 다음과 같이 정보통신망법 제50조 제1항, 제2항, 제4항 제2호 및 개인정보 보호법 제21조 위반으로 고소하오니, 피고소인을 철저히 수사하여 법에 준엄함을 깨달을 수 있도록 엄벌에 처하여 주시기 바랍니다.

4. 고소내용

(1) 적용법조

1. 정보통신망 이용촉진 및 정보보호 등에 관한 법률 제50조(영리목적의 광고성 정보 전송 제한) 제72조(벌칙) 제1항 2의2.제50조의8을 위반하여 광고성 정보를 전송한 자는 3년 이하의 징역 또는 3,000만 원 이하의 벌금에 처한다.

2. 개인정보 보호법 제21조(개인정보의 파기) 제73조(벌칙) 1의2 개인정보를 파기하기 아니한 자는 2년 이하의 징역 또는 2,000만 원 이하의 벌금에 처한다.

(2) 이 사건의 범죄사실 및 실체

1. 고소인은 ○○○○. ○○. ○○. 피고소인이 운영하는 쇼핑몰 홈페이지에 회원으로 가입하면서 광고성 정보 수신에 동의하였습니다.

2. 이후 피고소인의 광고성 문자가 여러 차례 수신되어 고소인은 피고소인의 홈페이지에 접속하여 회원정보에서 수신동의를 철회하였습니다.

   그러나 그 이후에도 계속 광고성 문자가 수신되어 ○○○○. ○ ○. ○○. 피고소인의 홈페이지에서 회원 탈퇴하였습니다.

3. 피고소인은 홈페이지 운영을 휘한 호스팅 사이트를 이용하고 있었습니다. 이용자가 홈페이지 회원을 탈퇴하면 구매정보 등 피고소인이 별도 관리해야 하는 정보를 제외한 나머지 회원정보는 호스팅 사 서버에서 모두 삭제됩니다.

4. 한편, 피고소인은 광고성 문자 발송을 위해 호스팅 사 서버에 있는 회원 정보 중 광고성 정보 수신에 동의한 회원의 이름과 아이디 휴대전화번호 가입 일을 다운받은 엑셀파일(이하, 앞으로는 '문자발송 파일' 이라고 합니다)을 별도 관리하고 있으며, 해당 문자발송 파일에 있는 회원을 상대로 광고성 문자를 전송하고 있습니다.

5. 피고소인은 광고성 문자발송 전에 기존 문자발송 파일에서 이전 발송일부터 현 시점까지의 수신동의 철회 자 및 탈퇴회원을 삭제하는 과정을 거치고 있습니다.

   그 과정에서 고소인과 같이 홈페이지를 통하여 동의 철회한 회원을 식별하여 삭제하여야 함에도 불구하고 이를 인식하지 못한 채 고객센터로 직접 연락하여 동의 철회를 요구한 회원만 상제한 후 광고성 문자를 발송해 왔습니다.

   또한 피고소인의 담당 직원의 실수로 ○○○○. ○○. ○○.이후 탈퇴회원의 개인정보를 문자발송 파일에서 삭제하지 않아 고소인의 회원탈퇴한 후에도 광고성 문자를 다섯 차례나 발송하였습니다.

6. 피고소인은 온라인 쇼핑몰 사업자로서 '개인정보 보호법' 제2조 제5호에 따른 개인정보처리 자이며, 피고소인의 문자발송 파일에 저장된 고소인의 이름과 아이디, 휴대전화, 가입일은 다른 정보와 쉽게 결합하여 개인을 알아볼 수 있는 정보로서 개인정보 보호법 제2조 제1항 나, 목에 따른 개인정보에 해당합니다.

7. 정보통신망 이용촉진 및 정보보호 등에 관한 법률(이하, 앞으로는 '정보통신망법' 이라고 줄여 쓰겠습니다) 제50조 제1항은 누구든지 전자적 전송매체를 이용하여 영리를 목적으로 광고성 정보를 전송하면 그 수신자의 명시적인 사전 동의를 받아야 한다고 규정하고 있고, 같은 조 제2항에도 불구하고 수신자가 수신거부의사를 표시하거나 사전 동의를 철회한 경우에는 영리목적의 광고성 정보를 전송하여서는 아니 된다고 규정하고 있습니다.

   같은 조 제4항 제2호는 전자적 선송매체를 이용하여 영리목적이 광고성 정보를 전송하려는 자는 수신자가 광고성 정보에 수신의 거부 또는 수신동의의 철회 의사표시를 쉽게 할 수 있는 조치 및 방법에 관한 사항을 구체적으로 밝혀야 한다고 규정하고 있습니다.

8. 피고소인은 광고성 정보 수신동의를 철회한 고소인에게 영리목적의 광고성 정보를 전송하였으므로 정보통신망법 제50조 제2항을 위반하였습니다.

또한 피고소인은 광고성 문자 내용에 수신거부 방법을 안내하지 않아 고소인의 수신거부 의사표시를 어렵게 하였으므로 정보통신망법 제50조 제4항도 위반하였습니다.

9. 개인정보 보호법 제21조(개인정보의 파기) 제1항은 개인정보처리 자는 동의를 받은 개인정보의 수집·이용 목적을 달성한 경우에는 지체 없이 해당 개인정보를 파기하여야 한다고 규정하고 있습니다.

고소인 회원정보는 회원탈퇴와 함께 호스팅 사 서버에서는 삭제되었으나 피고소인 담당 직원의 실수로 문자발송 파일에는 고소인을 포함한 ○○○○. ○○. ○○.이후 탈퇴회원 정보를 삭제하지 않고 계속 보유하고 있었으므로 피고소인은 개인정보 보호법 제21조(개인정보의 파기)를 위반하였습니다.

이에 고소인은 피고소인을 정보통신망법 제50조 제1항, 제2항, 제4항 제2호, 개인정보 보호법 제21조(개인정보의 파기) 위반으로 고소하오니 피고소인을 철저히 수사하여 법에 준엄함을 절실히 깨달을 수 있도록 엄벌에 처하여 주시기 바랍니다.

5. 고소이유

(1) 처벌의 필요성

○ 피고소인은 온라인 쇼핑몰 사업자로서 '개인정보 보호법' 제2조 제5호에 따른 개인정보처리 자이며, 피고소인의 문자발송 파일에 저장된 고소인의 이름과 아이디, 휴대전화, 가입일은 다른 정보와 쉽게 결합하여 개인을 알아볼 수 있는 정보로서 개인정보 보호법 제2조 제1항 나, 목에 따른 개인정보에 해당합니다.

○ 개인정보 보호법 제21조(개인정보의 파기) 제1항은 개인정보처리 자는 동의를 받은 개인정보의 수집·이용 목적을 달성한 경우에는 지체 없이 해당 개인정보를 파기하여야 한다고 규정하고 있음에도 불구하고 삭제하지 않고 계속해서 영리목적의 광고성 문자발송을 하는 것은 엄벌에 처하여 다시는 이런 일이 없도록 하여야 할 것으로 사료되어 이 사건 고소에 이른 것입니다.

6. 증거자료

□ 고소인은 고소인의 진술 외에 제출할 증거가 없습니다.

■ 고소인은 고소인의 진술 외에 제출할 증거가 있습니다.

☞ 제출할 증거의 세부내역은 별지를 작성하여 첨부합니다.

7. 관련사건의 수사 및 재판 여부

① 중복 신고여부	본 고소장과 같은 내용의 진정서 또는 고소장을 다른 검찰청 또는 경찰서에 제출하거나 제출하였던 사실이 있습니다 □ / 없습니다 ■
② 관련 형사사건 수사 유무	본 고소장에 기재된 범죄사실과 관련된 사건 또는 공범에 대하여 검찰청이나 경찰서에서 수사 중에 있습니다 □ / 수사 중에 있지 않습니다 ■
③ 관련 민사소송 유무	본 고소장에 기재된 범죄사실과 관련된 사건에 대하여 법원에서 민사소송 중에 있습니다 □ / 민사소송 중에 있지 않습니다 ■

8. 기타

본 고소장에 기재한 내용은 고소인이 알고 있는 지식과 경험을 바탕으로 모두 사실대로 작성하였으며, 만일 허위사실을 고소하였을 때에는 형법 제156조 무고죄로 처벌받을 것임을 서약합니다.

○○○○ 년 ○○ 월 ○○ 일

위 고소인 : ○ ○ ○   (인)

경기도 남양주경찰서장 귀중

별지 : 증거자료 세부

    (범죄사실 입증을 위해 제출하려는 증거에 대하여 아래 각 증거별로 해당 난을 구체적으로 작성해 주시기 바랍니다)

1. 인적증거

성 명	○ ○ ○		주민등록번호	생략	
주 소	자택 : 남양주시 ○○로 ○○-○○호			직업	주민
	직장 : 남양주시 ○○로 ○○, ○○○호				
전 화	(휴대폰) 010 - 9876 - 0000				
입증하려는 내 용	위 ○○○은 피고소인의 개인정보 보호법위반에 대하여 사실관계를 잘 알고 있으므로 이를 입증하고자 합니다.				

2. 증거서류

순번	증 거	작성자	제출 유무	
1	관련자료	고소인	■ 접수시 제출	□ 수사 중 제출
2			□ 접수시 제출	□ 수사 중 제출
3			□ 접수시 제출	□ 수사 중 제출
4			□ 접수시 제출	□ 수사 중 제출
5			□ 접수시 제출	□ 수사 중 제출

3. 증거물

순번	증 거	소유자	제출 유무	
1	관련자료	고소인	■ 접수시 제출	□ 수사 중 제출
2			□ 접수시 제출	□ 수사 중 제출
3			□ 접수시 제출	□ 수사 중 제출
4			□ 접수시 제출	□ 수사 중 제출
5			□ 접수시 제출	□ 수사 중 제출

4. 기타증거

    추후 필요에 따라 제출하겠습니다.

【고소장(2)】 개인정보 보호법 위반 개인정보를 홈페이지에 유출하여 처벌을
요구하는 고소장 최신서식

고 소 장

고 소 인 : ○ ○ ○

피 고 소 인 : ○ ○ ○

경기도 의정부경찰서장 귀중

고　　소　　장

1. 고 소 인

성　　명	○ ○ ○	주민등록번호	생략
주　　소	경기도 의정부시 ○○로 ○○길 ○○, ○○○호		
직　　업	○○직	사무실 주　소	생략
전　　화	(휴대폰) 010 - 9981 - 0000		
대리인에 의한 고　　소	☐ 법정대리인 (성명 :　　　,　　연락처　　　) ☐ 고소대리인 (성명 : 변호사,　　연락처　　　)		

2. 피고소인

성　　명	○ ○ ○	주민등록번호	무지
주　　소	무지		
직　　업	○○직	사무실 주　소	무지
전　　화	(휴대폰) 010 - 4454 - 0000		
기타사항	고소인과의 관계 - 친·인척관계 없습니다.		

3. 고소취지

고소인은 피고소인에 관하여 다음과 같이 「개인정보 보호법」 제3조 및 제29조에 따라 고소하오니 피고소인을 철저히 수사하여 법에 준엄함을 깨달을 수 있도록 엄벌에 처하여 주시기 바랍니다.

4. 고소내용

(1) 적용법조

1. 개인정보 보호법 제3조(개인정보 보호 원칙) 제4항 개인정보처리 자는 개인정보의 처리 방법 및 종류 등에 따라 정보주체의 권리가 침해받을 가능성과 그 위험 정도를 고려하여 개인정보를 안전하게 관리하여야 한다.

2. 개인정보 보호법 제29조(안전조치의무) 개인정보처리 자는 개인정보가 분실·도난·유출·위조·변조 또는 훼손되지 아니하도록 내부 관리계획 수립, 접속기록 보관 등 대통령령으로 정하는 바에 따라 안전성 확보에 필요한 기술적·관리적 및 물리적 조치를 하여야 한다.

3. 개인정보 보호법 제73조(벌칙) 다음 각 호의 어느 하나에 해당하는 자는 2년 이하의 징역 또는 2천만 원 이하의 벌금에 처한다.

   1. 제23조제2항, 제24조제3항, 제25조제6항, 제28조의4제1항 또는제29조를 위반하여 안전성 확보에 필요한 조치를 하지 아니하여 개인정보를 분실·도난·유출·위조·변조 또는 훼손당한 자

   이하 생략 -

(2) 이 사건의 범죄사실 및 실체

1. 고소인은 경기도 의정부시 ○○로 소재 ○○초등학교 행정실장으로 근무하였는데 피고소인으로부터 ○○○○. ○○. ○○.실시한 종합감사결과 신분상 처분으로 주의 3건을 받았습니다.

2. 피고소인은 ○○○○. ○○. ○○.피고소인의 홈페이지 감사 공개 방에 첨부파일 형태로 감사결과를 공개하였고, 그 과정에서 3건 중 1건에 대하여 학교명, 생년월일·성별이 노출된 상태로 홈페이지에 게시하였습니다.

3. 한편 고소인은 ○○○○. ○○. ○○. 노출사실을 지인의 연락으로 알게 되었습니다. ○○○○. ○○. ○○.피고소인은 고소인과 통화하여 해당 내용을 확인한 후 업무상 부주의를 인정하고 즉시 학교명, 생년월일·성별을 삭제하고 재 게시하였습니다.

(3) 고소인의 개인정보

○ 피고소인이 홈페이지에 게시한 고소인의 학교명, 생년월일·성별은 고소인을 알아볼 수 있거나 다른 정보와 쉽게 결합하여 고소인을 알아볼 수 있는 정보로서 이는 「개인정보 보호법」 제2조 제1호의 개인정보에 해당됩니다.

(4) 개인정보 보호법 위반

1. 고소인의 개인정보인 학교명, 생년월일·성별을 삭제하지 않고 고스란히 피고소인이 운영하는 홈페이지에 게시한 피고소인의 행위는 「개인정보 보호법」 제29조는 개인정보처리 자는 개인정보가 분실·도난·유출·위조·변조 또는 훼손되지 아니하도록 내부 관리계획 수립, 접속기록 보관 등 안전성 확보에 필요한 기술적·관리적 및 물리적 조치를 하여야 한다고 규정하고 있고, 「개인정보의 안전성 확보조치 기준」 개인정보처리 자가 개인정보를 처리함에 있어서 개인정보가 분실·도난·유출·위조·변조 또는 훼손되지 아니하도록 안전성 확보에 필요한 기술적·관리적 및 물리적 안전조치에 관한 최소한의 기준을 정하는 것을 목적으로 한다고 규정하고 있습니다.

2. 개인정보의 유출은 개인정보가 해당 개인정보처리자의 관리·통제권을 벗어나 제3자가 그 내용을 알 수 있는 상태에 이르게 되는 것을 의미하는바 (대법원2014. 5. 16. 선고 2011다24555,24562, 판결 참조), 고소인의 개인정보는 피고소인이 유출하였습니다.

3. 고소인의 생년월일·성별이 학교명과 결합하여 고소인임을 특정할 수 있게

하는 개인정보에 해당하게 되어 개인정보를 공개함으로써 실현되는 공익에 비해 고소인의 인격적 이익에 대한 침해가 더 크다고 할 수 있습니다.

(5) 결론

○ 이에 고소인은 피고소인을 「개인정보 보호법」 제3조 및 제29조에 따라 고소하오니 피고소인을 철저히 수사하여 법에 준엄함을 깨달을 수 있도록 엄벌에 처하여 주시기 바랍니다.

5. 고소이유

(1) 처벌의 필요성

○ 피고소인은 고소인의 생년월일·성별이 학교명과 결합하여 고소인임을 특정할 수 있게 하는 개인정보에 해당하므로 개인정보 보호법 제2조 제1항 나, 목에 따른 개인정보에 해당합니다.

○ 개인정보 보호법 제29조 개인정보처리 자는 개인정보가 분실·도난·유출·위조·변조 또는 훼손되지 아니하도록 내부 관리계획 수립, 접속기록 보관 등 안전성 확보에 필요한 기술적·관리적 및 물리적 조치를 하여야 한다고 규정하고 있습니다.

「개인정보의 안전성 확보조치 기준」에 의하더라도 개인정보처리 자가 개인정보를 처리함에 있어서 개인정보가 분실·도난·유출·위조·변조 또는 훼손되지 아니하도록 안전성 확보에 필요한 기술적·관리적 및 물리적 안전조치에 관한 최소한의 기준을 정하는 것을 목적으로 한다고 규정하고 있습니다.

피고소인의 부주의로 인하여 고소인의 개인정보가 유출되어 심각한 피해가 예상됨에도 즉각적인 조치를 취하지 않은 피고소인을 엄벌에 처하여 다시는 이런 일이 없도록 하여야 할 것으로 사료되어 이 사건 고소에 이른 것입니다.

6. 증거자료

☐ 고소인은 고소인의 진술 외에 제출할 증거가 없습니다.

■ 고소인은 고소인의 진술 외에 제출할 증거가 있습니다.

　　☞ 제출할 증거의 세부내역은 별지를 작성하여 첨부합니다.

7. 관련사건의 수사 및 재판 여부

① 중복 신고여부	본 고소장과 같은 내용의 진정서 또는 고소장을 다른 검찰청 또는 경찰서에 제출하거나 제출하였던 사실이 있습니다 ☐ / 없습니다 ■
② 관련 형사사건 수사 유무	본 고소장에 기재된 범죄사실과 관련된 사건 또는 공범에 대하여 검찰청이나 경찰서에서 수사 중에 있습니다 ☐ / 수사 중에 있지 않습니다 ■
③ 관련 민사소송 유무	본 고소장에 기재된 범죄사실과 관련된 사건에 대하여 법원에서 민사소송 중에 있습니다 ☐ / 민사소송 중에 있지 않습니다 ■

8. 기타

　본 고소장에 기재한 내용은 고소인이 알고 있는 지식과 경험을 바탕으로 모두 사실대로 작성하였으며, 만일 허위사실을 고소하였을 때에는 형법 제156조 무고죄로 처벌받을 것임을 서약합니다.

○○○○ 년 ○○ 월 ○○ 일

위 고소인 : ○　○　○　　（인）

경기도 의정부경찰서장 귀중

별지 : 증거자료 세부

　　(범죄사실 입증을 위해 제출하려는 증거에 대하여 아래 각 증거별로 해당 난을 구체적으로 작성해 주시기 바랍니다)

1. 인적증거

성　명	○ ○ ○	주민등록번호		생략	
주　소	자택 : 의정부시 ○○로 ○○-○○호 직장 : 파주시 ○○로 ○○, ○○○호		직업	주민	
전　화	(휴대폰) 010 - 9876 - 0000				
입증하려는 내　용	위 ○○○은 피고소인의 개인정보 보호법위반에 대하여 사실관계를 잘 알고 있으므로 이를 입증하고자 합니다.				

2. 증거서류

순번	증　거	작성자	제출 유무	
1	캡처 사진 이미지	고소인	■ 접수시 제출	□ 수사 중 제출
2			□ 접수시 제출	□ 수사 중 제출
3			□ 접수시 제출	□ 수사 중 제출
4			□ 접수시 제출	□ 수사 중 제출
5			□ 접수시 제출	□ 수사 중 제출

3. 증거물

순번	증　거	소유자	제출 유무	
1	캡처 이미지	고소인	■ 접수시 제출	□ 수사 중 제출
2			□ 접수시 제출	□ 수사 중 제출
3			□ 접수시 제출	□ 수사 중 제출
4			□ 접수시 제출	□ 수사 중 제출
5			□ 접수시 제출	□ 수사 중 제출

4. 기타증거

　　추후 필요에 따라 제출하겠습니다.

【고소장(3)】 개인정보 보보호법 위반 휴대전화로 처에게 연체사실 통보하여
유출 처벌요구 고소장 최신서식

고 소 장

고 소 인 : ○ ○   ○

피 고 소 인 : ○ ○   ○

천안시 동남경찰서장 귀중

고   소   장

1. 고 소 인

성 명	○ ○ ○	주민등록번호	생략
주 소	천안시 ○○구 ○○로 ○○길 ○○, ○○○호		
직 업	상업	사무실 주 소	생략
전 화	(휴대폰) 010 - 9923 - 0000		
대리인에 의한 고 소	☐ 법정대리인 (성명 : , 연락처) ☐ 고소대리인 (성명 : 변호사, 연락처)		

2. 피고소인

성 명	○ ○ ○	주민등록번호	무지
주 소	무지		
직 업	○○직	사무실 주 소	무지
전 화	(휴대폰) 010 - 4454 - 0000		
기타사항	고소인과의 관계 - 친·인척관계 없습니다.		

3. 고소취지

고소인은 피고소인에 관하여 다음과 같이 「개인정보 보호법」 제3조 및 제29조에 따라 고소하오니 피고소인을 철저히 수사하여 범에 준엄함을 깨달을 수 있도록 엄벌에 처하여 주시기 바랍니다.

4. 고소내용

(1) 적용법조

1. 개인정보 보호법 제3조(개인정보 보호 원칙) 제4항 개인정보처리 자는 개인정보의 처리 방법 및 종류 등에 따라 정보주체의 권리가 침해받을 가능성과 그 위험 정도를 고려하여 개인정보를 안전하게 관리하여야 한다.

2. 개인정보 보호법 제29조(안전조치의무) 개인정보처리 자는 개인정보가 분실·도난·유출·위조·변조 또는 훼손되지 아니하도록 내부 관리계획 수립, 접속기록 보관 등 대통령령으로 정하는 바에 따라 안전성 확보에 필요한 기술적·관리적 및 물리적 조치를 하여야 한다.

3. 개인정보 보호법 제73조(벌칙) 다음 각 호의 어느 하나에 해당하는 자는 2년 이하의 징역 또는 2천만 원 이하의 벌금에 처한다.

   1. 제23조제2항, 제24조제3항, 제25조제6항, 제28조의4제1항 또는 <u>제29조를 위반</u>하여 안전성 확보에 필요한 조치를 하지 아니하여 개인정보를 분실·도난·유출·위조·변조 또는 훼손당한 자

   이하 생략 –

(2) 이 사건의 범죄사실 및 실체

1. 피고소인은 대부업체인바, 금융기관이 소멸시효가 완성되어 사실상 추심을 포기한 카드이용대금채권을 헐값에 매입하여 추심을 하기 위해 연락대상을 혼동하여 배우자에게 체납사실을 알렸습니다. –

2. 고소인1은 ○○카드사의 신용카드이용대금을 체납한 사실이 있고, 고소인2는 고소인1의 배우자입니다.

3. 피고소인은 ○○카드사로부터 고소인1에 대하여 가지는 신용카드이용대금의 채권을 양수받아 고소인1과 연락하기 위하여 고소인1의 연락처를 확인하고 전화를 하였으나 연락이 되지 않자 피고소인은 무단으로 고소인2의 휴대전화를 알아낸 휴대전화번호로 고소인2에게 연락하여 고소인1의 신용카드이용대금의 체납사실을 누설하였습니다.

(3) 개인정보 보호법 위반

1. 이후 피고소인은 고소인1과 통화하여 체납액 납부를 독려하였으나 문제가 해결되지 않아, 같은 날 고소인1이 보유한 채권을 압류하기 위해 독촉장을 발송하였습니다. 고소인1의 연락처를 문의하기 위해 이용한 고소인2의 휴대전화번호는 해당 정보만으로 특정 개인을 알아볼 수 없더라도 이름 등 다른 정보와 쉽게 결합하여 특정 개인을 식별할 수 있는 정보로서 「개인정보 보호법」 제2조 제1호의 개인정보에 해당합니다.

2. 피고소인이 고소인2에게 고소인1의 체납사실을 알린 행위는 「개인정보 보호법」 제29조를 위반하였습니다. 제29조애는 개인정보처리 자는 개인정보가 분실·도난·유출·위조·변조 또는 훼손되지 아니하도록 내부 관리계획 수립, 접속기록 보관 등 대통령령으로 정하는 바에 따라 안전성 확보에 필요한 기술적·관리적 및 물리적 조치를 하여야 한다고 규정하고 있습니다.

3. 여기서 '개인정보의 유출'은 개인정보가 해당 개인정보처리자의 관리·통제권을 벗어나 제3자가 그 내용을 알 수 있는 상태에 이르게 되는 것을 의미합니다(대법원 2014. 5. 16. 선고, 2011다24555·24562 판결 등 참조). 피고소인은 카드이용대금의 채무자인 고소인1에게 독촉을 하거나 관련 통보를 하여야 합니다.

4. 그런데 피고소인은 채무자 본인인 고소인1의 연락처를 확인하지 않고, 배우자인 고소인2의 휴대전화번호로 연락하여 고소인1의 연락처를 문의하였

고, 이 과정에서 고소인2에게 고소인1의 ○○카드사의 신용카드이용대금이 연체된 사실을 알렸습니다.

5. 한편 피고소인이 고소인1에 대한 연체사실을 고소인2에게 알린 행위는 고소인1의 은닉재산 확보를 위하여 고소인2의 개인정보 확인이 필요하였다 하더라도 고소인1에게 먼저 연락하지 않고 고소인2에게 연락하는 것은 일반적인 추심업무로 보기 어렵습니다.

또한, 피고소인은 고소인2에게 은닉재산 여부 등에 대한 질문은 하지 않은 채 고소인1의 연락처만을 확인하였다 하더라도 같은 날 고소인1이 보유한 예금 채권을 가압류하기 위하여 관할법원에 채권가압류신청이 제출된 것을 고려할 때, 정당한 추심행위에 해당하는 행위였다고 볼 수 없으므로, 「개인정보 보호법」 제17조 제1항 제2호에 따른 개인정보의 처리에 해당하지 않습니다.

개인정보자기결정권의 보호대상이 되는 개인정보는 반드시 개인의 내밀한 영역에 속하는 정보에 국한되지 아니하고 공적 생활에서 형성되었거나 이미 공개된 개인정보까지 포함한다(대법원 2014. 7. 24. 선고 2012다49933 판결, 대법원 2016. 3. 10. 선고 2012다105482 판결 등).아울러, 「민법」상 일상 가사대리 권이 있는 배우자라 하더라도 개인정보에 관하여는 독립적인 정보주체로 인정되고 있습니다.

피고소인은 개인정보 보호법을 위반하여 고소인2에게 고소인1의 연체사실을 유출하여 「개인정보 보호법」 제29조를 위반하였습니다.

(4) 결론

이에 고소인은 피고소인을 「개인정보 보호법」 제3조 및 제17조 제29조에 따라 고소하오니 피고소인을 철저히 수사하여 범에 준엄함을 깨달을 수 있도록 엄벌에 처하여 주시기 바랍니다.

5. 고소이유

(1) 처벌의 필요성

○ 피고소인은 고소인2의 휴대전화번호를 결합하여 고소인임을 특정할 수 있게 하는 개인정보에 해당하므로 개인정보 보호법 제2조 제1항 나, 목에 따른 개인정보에 해당합니다.

○ 개인정보 보호법 제29조 개인정보처리 자는 개인정보가 분실·도난·유출·위조·변조 또는 훼손되지 아니하도록 내부 관리계획 수립, 접속기록 보관 등 안전성 확보에 필요한 기술적·관리적 및 물리적 조치를 하여야 한다고 규정하고 있습니다.

고소인1의 고소인2의 개인정보가 유출되어 심각한 피해가 예상됨에도 즉각적인 조치를 취하지 않은 피고소인을 엄벌에 처하여 다시는 이런 일이 없도록 하여야 할 것으로 사료되어 이 사건 고소에 이른 것입니다

6. 증거자료

☐ 고소인은 고소인의 진술 외에 제출할 증거가 없습니다.

■ 고소인은 고소인의 진술 외에 제출할 증거가 있습니다.

     ☞ 제출할 증거의 세부내역은 별지를 작성하여 첨부합니다.

7. 관련사건의 수사 및 재판 여부

① 중복 신고여부	본 고소장과 같은 내용의 진정서 또는 고소장을 다른 검찰청 또는 경찰서에 제출하거나 제출하였던 사실이 있습니다 ☐ / 없습니다 ■
② 관련 형사사건 수사 유무	본 고소장에 기재된 범죄사실과 관련된 사건 또는 공범에 대하여 검찰청이나 경찰서에서 수사 중에 있습니다 ☐ / 수사 중에 있지 않습니다 ■
③ 관련 민사소송 유무	본 고소장에 기재된 범죄사실과 관련된 사건에 대하여 법원에서 민사소송 중에 있습니다 ☐ / 민사소송 중에 있지 않습니다 ■

8. 기타

본 고소장에 기재한 내용은 고소인이 알고 있는 지식과 경험을 바탕으로 모두 사실대로 작성하였으며, 만일 허위사실을 고소하였을 때에는 형법 제156조 무고죄로 처벌받을 것임을 서약합니다.

○○○○ 년 ○○ 월 ○○ 일

위 고소인 : ○ ○ ○ (인)

천안시 동남경찰서장 귀중

별지 : 증거자료 세부

(범죄사실 입증을 위해 제출하려는 증거에 대하여 아래 각 증거별로 해당 난을 구체적으로 작성해 주시기 바랍니다)

1. 인적증거

성 명	○ ○ ○	주민등록번호		생략	
주 소	자택 : 천안시 ○○로 ○○-○○호 직장 : 없음			직업	상업
전 화	(휴대폰) 010 - 7712 - 0000				
입증하려는 내 용	위 ○○○은 피고소인의 개인정보 보호법위반에 대하여 사실관계를 잘 알고 있으므로 이를 입증하고자 합니다.				

2. 증거서류

순번	증 거	작성자	제출 유무
1	휴대전화 문자	고소인	■ 접수시 제출 □ 수사 중 제출
2			□ 접수시 제출 □ 수사 중 제출
3			□ 접수시 제출 □ 수사 중 제출
4			□ 접수시 제출 □ 수사 중 제출
5			□ 접수시 제출 □ 수사 중 제출

3. 증거물

순번	증 거	소유자	제출 유무
1	캡처 이미지	고소인	■ 접수시 제출 □ 수사 중 제출
2			□ 접수시 제출 □ 수사 중 제출
3			□ 접수시 제출 □ 수사 중 제출
4			□ 접수시 제출 □ 수사 중 제출
5			□ 접수시 제출 □ 수사 중 제출

4. 기타증거

추후 필요에 따라 제출하겠습니다.

【고소장(4)】 개인정보 유출 아파트관리소장이 CCTV자료 선거관리위원회에
유출 처벌요구 고소장 최신서식

고　　소　　장

고　소　인 : ○　　○　　○

피 고 소 인 : ○　　○　　○

경기도 파주경찰서장 귀중

고 소 장

1. 고 소 인

성 명	○ ○ ○	주민등록번호	생략
주 소	경기도 파주시 ○○로 ○○길 ○○, ○○○호		
직 업	상업	사무실 주 소	생략
전 화	(휴대폰) 010 - 9923 - 0000		
대리인에 의한 고 소	☐ 법정대리인 (성명 : , 연락처) ☐ 고소대리인 (성명 : 변호사, 연락처)		

2. 피고소인

성 명	○ ○ ○	주민등록번호	무지
주 소	무지		
직 업	○○직	사무실 주 소	무지
선 화	(휴대폰) 010 4454 0000		
기타사항	고소인과의 관계 - 친·인척관계 없습니다.		

3. 고소취지

고소인은 피고소인에 관하여 다음과 같이 「개인정보 보호법」 제18조에 따라 고소하오니 피고소인을 철저히 수사하여 범에 준엄함을 깨달을 수 있도록 엄벌에 처하여 주시기 바랍니다.

4. 고소내용

(1) 적용법조

1. 「개인정보 보호법」 제2조 제1호 개인정보에 해당합니다.

2. 「개인정보 보호법」 제18조 제2항 각 호의 사유에 해당하는 경우 외에는 개인정보를 제17조 제1항에 따른 범위를 초과하여 제3자에게 제공하여서는 아니 된다.

3. 「개인정보 보호법」 제71조(벌칙) 다음 각 호의 어느 하나에 해당하는 자는 5년 이하의 징역 또는 5천만 원 이하의 벌금에 처한다.

   제1호(생략)

   제2호 제18조제1항·제2항(제39조의14에 따라 준용되는 경우를 포함한다), 제19조, 제26조제5항, 제27조제3항 또는 제28조의2를 위반하여 개인정보를 이용하거나 제3자에게 제공한 자 및 그 사정을 알면서도 영리 또는 부정한 목적으로 개인정보를 제공받은 자

   이하 생략 –

(2) 이 사건의 범죄사실 및 실체

1. 고소인은 경기도 파주시 ○○로길 ○○, A아파트 거주자로 ○○○○. ○○. ○○.예정이었던 아파트 동별 대표자 선거에 출마하였습니다.

   고소 외 ○○○은 공동주택관리법 제7조에 따라 입주자대표회의와 위탁계

약을 체결하여 관리업무를 맡고 있는 B사이며, 관리사무소장을 고용하여 단지 내에 설치된 영상정보처리기기(이하 "CCTV" 라고만 하겠습니다)의 관리책임을 맡고 있습니다.

피고소인은 입주자대표회의로 A아파트 동별 대표자들로 구성된 자치 의결기구이며 산하에 선거관리위원회를 두어 입주자대표회의 회장 및 동별 대표자 선거를 관리하고 있습니다.

○○○○. ○○. ○○. 고소인은 엘리베이터 내에 상대 후보가 부착한 홍보물이 불법이라며 피고소인에게 이의를 제기하였으나, 피고소인은 고소인도 홍보물을 제작하여 붙일 수 있다는 사실만 통보하고 별다른 조치를 취하지 않자 고소인은 상대방 후보의 부착물을 임의로 제거하였습니다.

2. 상대 후보는 이를 문제 삼아 피고소인에게 이의를 제기하였고, 피고소인은 고소 외 ○○○에게 해당 사진자료의 제출을 요청하였으며, 고소 외 ○○○은 CCTV를 검색하여 고소인이 상대방 홍보물을 제거하는 사진자료(이하 "이 사건 사진자료" 라 합니다)를 발췌하여 피고소인에게 제공하였습니다.

3. 당해 동별 대표자 선거가 투표인 부족으로 무효 처리된 후 피고소인은 선관위회의를 열어 재선거에서 고소인의 후보 자격을 박탈한다는 내용을 의결하였고 그 회의 결과를 고소인의 성명, 거주지 동, 이 사건 사진자료 등을 첨부하여 아파트게시판에 최소 1주일 이상 공고하였습니다.

(3) 개인정보 유출

1. CCTV에 촬영된 고소인의 사진 정보는 고소인의 성명, 거주지 동 등과 결합되어 개인을 식별할 수 있는 정보로서 「개인정보 보호법」 제2조 제1호에 따른 개인정보에 해당합니다.

2. 고소 외 ○○○이 이 사건 사진자료를 피고소인에게 제출한 행위는 「개인정보 보호법」 제18조에서는 제2항 각 호의 사유에 해당하는 경우 외에는 개인정보를 제17조 제1항에 따른 범위를 초과하여 제3자에게 제공하여서는 아니 된다고 규정하고 있고, 같은 취지로 「공동주택관리법 시행규칙」 제8조 제3항은 관리주체가 영상정보처리기기의 촬영 자료를 보안 및 방범

목적 외의 용도로 활용하거나 타인에게 열람하게 하거나 제공하여서는 아니 된다고 규정하고 있습니다.

3. 상기 규정에 따르면 A아파트와 위탁계약을 체결한 고소 외 ○○○은 관리주체로서 CCTV를 관리하면서 관련 자료를 타인에게 열람하거나 제공하여서는 아니 됩니다. 피고소인이 이 사건 사진자료를 공개한 행위는 「개인정보 보호법」 제18조 제1항은 개인정보를 제15조 제1항에 따른 범위를 초과하여 이용하거나 제17조 제1항에 따른 범위를 초과하여 제3자에게 제공하여서는 아니 된다고 규정하고 있습니다.

4. 개인정보 보호법은 정보주체의 사생활 침해를 최소화하는 방법으로 개인정보를 처리하도록 하는 최소처리의 원칙을 규정하고 있음에도 불구하고 피고소인은 공동주택관리법령에 따른 회의결과 공고 시에도 해당 원칙에 따라 회의결과 공고에 필요한 범위 내에서 개인정보를 공개하여야 합니다. 그런데도 피고소인은 고소인의 성명, 제재조치 등의 회의결과와 더불어 고소인의 초상 및 행위사실이 담긴 사진자료까지 첨부하여 게시판에 공개하였는바. 이러한 행위는 법령 준수를 위하여 반드시 필요한 범위 내의 최소한의 처리 행위라고 할 수 없습니다.

5. 소결

따라서 피고소인은 공동주택관리법령이 예정하고 있는 범위를 초과하여 이 사건 사진자료를 제공하여 「개인정보 보호법」 제18조 제1항을 위반하였습니다.

(4) 결론

이에 고소인은 피고소인을 「개인정보 보호법」 제18조 제1항 및 같은 법 제71조(벌칙) 제2호에 따라 고소하오니 피고소인을 철저히 수사하여 법에 준엄함을 깨달을 수 있도록 엄벌에 처하여 주시기 바랍니다.

5. 고소이유

(1) 처벌의 필요성

○ 피고소인은 고소인의 성명, 제재조치 등의 회의결과와 더불어 고소인의 초상 및 행위사실이 담긴 사진자료까지 첨부하여 게시판에 공개하였으므로 「개인정보 보호법」 제18조 제1항을 위반하였습니다.

○ 「개인정보 보호법」 제18조(개인정보의 목적 외 이용·제공 제한) 제1항 개인정보처리 자는 개인정보를 제15조 제1항 및 제39조의3 제1항및 제2항에 따른 범위를 초과하여 이용하거나 제17조 제1항 및 제3항에 따른 범위를 초과하여 제3자에게 제공하여서는 아니 된다. 라고규정하고 있습니다.

○ 피고소인은 실제 업무에 종사하고 있으므로 개인정보의 보호규칙을 충분히 인식하였음에도 불구하고 의도적으로 고소인의 성명, 제재조치 등의 회의결과와 더불어 고소인의 초상 및 행위사실이 담긴 사진자료까지 첨부하여 게시판에 공개하여 고소인의 개인정보가 유출되어 심각한 피해가 발생하였으므로 즉각적인 조치를 취하지 않은 피고소인을 엄벌에 처하여 다시는 이런 일이 없도록 하여야 할 것으로 사료되어 이 사건 고소에 이른 것입니다.

6. 증거자료

□ 고소인은 고소인의 진술 외에 제출할 증거가 없습니다.

■ 고소인은 고소인의 진술 외에 제출할 증거가 있습니다.

☞ 제출할 증거의 세부내역은 별지를 작성하여 첨부합니다.

7. 관련사건의 수사 및 재판 여부

① 중복 신고여부	본 고소장과 같은 내용의 진정서 또는 고소장을 다른 검찰청 또는 경찰서에 제출하거나 제출하였던 사실이 있습니다 □ / 없습니다 ■
② 관련 형사사건 수사 유무	본 고소장에 기재된 범죄사실과 관련된 사건 또는 공범에 대하여 검찰청이나 경찰서에서 수사 중에 있습니다 □ / 수사 중에 있지 않습니다 ■
③ 관련 민사소송 유무	본 고소장에 기재된 범죄사실과 관련된 사건에 대하여 법원에서 민사소송 중에 있습니다 □ / 민사소송 중에 있지 않습니다 ■

8. 기타

본 고소장에 기재한 내용은 고소인이 알고 있는 지식과 경험을 바탕으로 모두 사실대로 작성하였으며, 만일 허위사실을 고소하였을 때에는 형법 제156조 무고죄로 처벌받을 것임을 서약합니다.

○○○○ 년 ○○ 월 ○○ 일

위 고소인 : ○ ○ ○   (인)

경기도 파주경찰서장 귀중

별지 : 증거자료 세부

　　(범죄사실 입증을 위해 제출하려는 증거에 대하여 아래 각 증거별로 해당
　　난을 구체적으로 작성해 주시기 바랍니다)

1. 인적증거

성　명	○　○　○	주민등록번호		생　략	
주　소	자택 : 파주시 ○○로 ○○○동 ○○○○호 직장 : 없음		직업		상업
전　화	(휴대폰) 010 - 7712 - 0000				
입증하려는 내　용	위 ○○○은 피고소인의 개인정보 보호법위반에 대하여 사실 관계를 잘 알고 있으므로 이를 입증하고자 합니다.				

2. 증거서류

순번	증　거	작성자	제출 유무	
1	캡처사진	고소인	■ 접수시 제출	□ 수사 중 제출
2			□ 접수시 제출	□ 수사 중 제출
3			□ 접수시 제출	□ 수사 중 제출
4			□ 접수시 제출	□ 수사 중 제출
5			□ 접수시 제출	□ 수사 중 제출

3. 증거물

순번	증　거	소유자	제출 유무	
1	캡처 이미지	고소인	■ 접수시 제출	□ 수사 중 제출
2			□ 접수시 제출	□ 수사 중 제출
3			□ 접수시 제출	□ 수사 중 제출
4			□ 접수시 제출	□ 수사 중 제출
5			□ 접수시 제출	□ 수사 중 제출

4. 기타증거

　　추후 필요에 따라 제출하겠습니다.

고　　소　　장

고　소　인 : ○　　○　　○

피　고　소　인 : ○　　○　　○

전라남도 순천경찰서장 귀중

고   소   장

1. 고 소 인

성 명	○ ○ ○	주민등록번호	생략
주 소	전남 순천시 ○○로 ○○길 ○○, ○○○호		
직 업	상업	사무실 주 소	생략
전 화	(휴대폰) 010 - 4456 - 0000		
대리인에 의한 고 소	☐ 법정대리인 (성명 : , 연락처) ☐ 고소대리인 (성명 : 변호사, 연락처)		

2. 피고소인

성 명	○ ○ ○	주민등록번호	무지
주 소	무지		
직 업	○○직	사무실 주 소	무지
선 화	(휴내폰) 010 - 4454 - 0000		
기타사항	고소인과의 관계 - 친·인척관계 없습니다.		

3. 고소취지

고소인은 피고소인에 관하여 다음과 같이 「의료법」 제21조, 「개인정보 보호법」 제2조 제1호의 개인정보 및 제23조 제1항 위반으로 고소하오니 피고소인을 철저히 수사하여 범에 준엄함을 깨달을 수 있도록 엄벌에 처하여 주시기 바랍니다.

4. 고소내용

(1) 적용법조

1. 「의료법」 제21조의2 제5항, 「의료법」 제87조의2(벌칙) 제2항 다음 각 호의 어느 하나에 해당하는 자는 5년 이하의 징역이나 5천만 원 이하의 벌금에 처한다. 2.제12조제2항 및 제3항, 제18조제3항, 제21조의2제5항·제8항, 제23조제3항, 제27조제1항, 제33조제2항(제82조제3항에서 준용하는 경우만을 말한다)·제8항(제82조제3항에서 준용하는 경우를 포함한다)·제10항을 위반한 자. 다만, 제12조제3항의 죄는 피해자의 명시한 의사에 반하여 공소를 제기할 수 없다.

2. 「개인정보 보호법」 제2조 제1호의 개인정보 및 제23조 제1항(민감정보의 처리 제한) 개인정보처리 자는 사상·신념, 노동조합·정당의 가입·탈퇴, 정치적 견해, 건강, 성생활 등에 관한 정보, 그 밖에 정보주체의 사생활을 현저히 침해할 우려가 있는 개인정보로서 대통령령으로 정하는 정보(이하 "민감정보" 라 한다)를 처리하여서는 아니 된다. 다만, 다음 각 호의 어느 하나에 해당하는 경우에는 그러하지 아니하다. 1. 정보주체에게 제15조 제2항 각 호 또는 제17조 제2항 각 호의 사항을 알리고 다른 개인정보의 처리에 대한 동의와 별도로 동의를 받은 경우 「개인정보 보호법」 제71조(벌칙) 다음 각 호의 어느 하나에 해당하는 자는 5년 이하의 징역 또는 5천만 원 이하의 벌금에 처한다. 3.제23조 제1항을 위반하여 민감정보를 처리한 자

(2) 이 사건의 범죄사실 및 실체

1. 피고소인은 자동차보험회사로서 고소인의 위임 범위를 벗어나 진료정보를 수집하였습니다.

2. 고소인은 자동차 추돌 사고의 피해자로서 손해보험사인 피고소인에게 사고로 인한 치아 손상을 주장하면서 '치아파절'이 기재된 진단서를 근거로 합의금 지급을 요구하였습니다.

3. 피고소인은 해당 사고 처리를 ○○보상센터로 이첩하였고, 당해 센터 담당자 A가 고소인을 방문하여 면담을 진행하면서 개인정보 처리에 대한 동의와 별도로 '보험금 청구를 위한 개인정보 수집·이용 동의서'(이하, '보호법상 별도 동의서'라 하겠습니다)를 제시하고 항목별 고소인의 동의와 서명 날인을 받았습니다.

   담당자 A는 해당 동의서 외에「의료법」에 따른 '진료기록 열람 및 사본발급 위임장'과 '진료기록 열람 및 사본발급 동의서'(이하, '의료법상 위임장 및 동의서'라고만 합니다)을 작성 요청하습니다.

   수임인, 의료기관 명칭, 발급 범위 등 작성 란은 모두 공란으로 비운 채 고소인의 서명 날인만 받아 수령하였습니다.

4. 피고소인의 ○○보상센터 담당자 중 A외에 담당자 B가 순천 □□치과에 방문하여 고소인의 진료기록을 발급받았고, 또 다른 담당자인 C가 ○○치과를 방문하여 고소인의 과거 진료기록을 발급받았습니다.

5. 피고소인이 수집한 고소인의 진료기록은 고소인의 다른 정보와 결합하여 고소인을 식별할 수 있는 정보로서「개인정보 보호법」제2조 제1호의 개인정보 및 같은 제23조 제1항의 민감정보에 해당합니다.

(3) 개인정보 보호법 위반

1. 피고소인이「보험업법 시행령」규정이나 별도 동의서만으로 고소인의 진료기록을 수집할 수 있는 지 여부와 관련하여「개인정보 보호법」제23조 제1항에서 개인정보처리 자는 법령에서 민감정보의 처리를 허용하는 경우

와 다른 개인정보의 처리에 대한 동의와 별도로 동의를 받은 경우에는 정보주체의 건강 등에 관한 정보(이하, "민감정보"라 합니다)를 처리할 수 있다고 규정하고 있습니다.

2. 「개인정보 보호법」 제6조에서 개인정보 보호에 관하여는 다른 법률에 특별한 규정이 있는 경우를 제외하고는 이 법에서 정하는 바에 따른다고 규정함으로써 개인정보 보호와 관련하여 다른 법률에 특별한 규정이 있는 경우에는 다른 특별법이 우선한다고 보아야 합니다.

3. 이와 관련하여, 「의료법」 제21조의 위임을 받은 「의료법 시행규칙」 제13조의3에서 환자의 지정 대리인이 진료 기록을 요구할 때에는 환자가 자필 서명한 별지서식의 위임장 및 동의서를 제출하여야 한다. 라고 규정하고 있습니다. 이에 따르면, 피고소인이 고소인의 진료기록을 수집하기 위해서는 의료법상 위임장 및 동의서의 제출이 필수적인 절차이므로 「보험업법 시행령」 규정이나 보호법 상 별도 동의서만으로 고소인의 진료기록을 수집할 수 없습니다.

4. 고소인이 내용 기재 없이 날인한 동의서 및 위임장으로 고소인의 진료정보를 수집한 것이 위임 범위를 벗어난 행위로서 위법한 것입니다. 따라서 의료법상 위임장 및 동의서에는 수임인, 의료기관 명칭, 발급 범위 등 구체적인 기재항목이 포함되어 있고, 특히 발급 범위에 대하여는 환자 본인이 직접 작성하도록 규정되어 있습니다. 그럼에도 피고소인은 해당 서류에 고소인의 서명 날인만 받은 채 다른 기재 란을 공란으로 하여 수령하였습니다.

이것은 피고소인이 고소인의 진료정보를 수집하기 위한 「의료법」 상 요건과 절차를 준수하지 않은 것입니다.

5. 설령 피고소인이 민감정보 확인이 필요한 진료기관 등을 특정하기 어려워 각 기재 란을 공란으로 하는 것이 불가피하였더라도 이에 대하여 고소인에게 충분히 설명할 필요가 있었습니다. 그럼에도 피고소인은 이러한 사전 안내 없이 공란으로 수령한 의료법상 위임장 및 동의서에 기초하여 임의로 위와 같은 2개 치과의원이 보관하는 진료기록을 열람한 것은 「의료법」 상 요건을 흠결시킴으로써 개인정보를 침해하였습니다.

(4) 결론

의료법상 위임장 및 동의서의 항목들을 공란으로 비워둔 채 서명 날인만 받은 것은 고소인이 의도한 위임의 범위를 벗어나 과도한 개인정보를 수집할 우려가 있습니다.

이에 고소인은 피고소인을 「의료법」 제21조, 「개인정보 보호법」 제2조 제1호의 개인정보 및 제23조 제1항 위반으로 고소하오니 철저히 수사하여 법에 준엄함을 깨달을 수 있도록 엄벌에 처하여 주시기 바랍니다.

5. 고소이유

(1) 처벌의 필요성

○ 피고소인은 자동차보험회사로 의도적으로 고소인에 대한 위임장 및 동의서의 항목들을 공란으로 비워둔 채 서명 날인만 받은 것은 고소인이 의도한 위임의 범위를 크게 벗어나 과도한 개인정보를 수집할 목적이 있습니다.

○ 피고소인은 「의료법」 제21조, 「개인정보 보호법」 제2조 제1호의 개인정보 및 제23조 제1항을 각 위반하였음에도 터무니없는 억지주장을 펼치는 등 전혀 반성하는 기미가 보이지 않습니다.

○ 법에 준엄함을 절실히 깨달을 수 있도록 피고소인을 엄벌에 처하는 것이 불가피합니다.

6. 증거자료

□ 고소인은 고소인의 진술 외에 제출할 증거가 없습니다.

■ 고소인은 고소인의 진술 외에 제출할 증거가 있습니다.

　☞ 제출할 증거의 세부내역은 별지를 작성하여 첨부합니다.

7. 관련사건의 수사 및 재판 여부

① 중복 신고여부	본 고소장과 같은 내용의 진정서 또는 고소장을 다른 검찰청 또는 경찰서에 제출하거나 제출하였던 사실이 있습니다 □ / 없습니다 ■
② 관련 형사사건 수사 유무	본 고소장에 기재된 범죄사실과 관련된 사건 또는 공범에 대하여 검찰청이나 경찰서에서 수사 중에 있습니다 □ / 수사 중에 있지 않습니다 ■
③ 관련 민사소송 유무	본 고소장에 기재된 범죄사실과 관련된 사건에 대하여 법원에서 민사소송 중에 있습니다 □ / 민사소송 중에 있지 않습니다 ■

8. 기타

본 고소장에 기재한 내용은 고소인이 알고 있는 지식과 경험을 바탕으로 모두 사실대로 작성하였으며, 만일 허위사실을 고소하였을 때에는 형법 제156조 무고죄로 처벌받을 것임을 서약합니다.

○○○○ 년 ○○ 월 ○○ 일

위 고소인 : ○　○　○　　　(인)

전라남도 순천경찰서장 귀중

별지 : 증거자료 세부

(범죄사실 입증을 위해 제출하려는 증거에 대하여 아래 각 증거별로 해당 난을 구체적으로 작성해 주시기 바랍니다)

1. 인적증거

성 명	○ ○ ○		주민등록번호		생략	
주 소	자택 : 순천시 ○○로 ○○○동 ○○○○호 직장 : 없음			직업	상업	
전 화	(휴대폰) 010 - 7712 - 0000					
입증하려는 내 용	위 ○○○은 피고소인의 개인정보 보호법위반에 대하여 사실관계를 잘 알고 있으므로 이를 입증하고자 합니다.					

2. 증거서류

순번	증 거	작성자	제출 유무	
1	치과의원 캡처	고소인	■ 접수시 제출	□ 수사 중 제출
2			□ 접수시 제출	□ 수사 중 제출
3			□ 접수시 제출	□ 수사 중 제출
4			□ 접수시 제출	□ 수사 중 제출
5			□ 접수시 제출	□ 수사 중 제출

3. 증거물

순번	증 거	소유자	제출 유무	
1	캡처 이미지	고소인	■ 접수시 제출	□ 수사 중 제출
2			□ 접수시 제출	□ 수사 중 제출
3			□ 접수시 제출	□ 수사 중 제출
4			□ 접수시 제출	□ 수사 중 제출
5			□ 접수시 제출	□ 수사 중 제출

4. 기타증거

추후 필요에 따라 제출하겠습니다.

부록: 개인정보 관련법령

개인정보 보호법

[시행 2020.8.5.] [법률 제16930호, 2020.2.4., 일부개정]

제1장 총칙

제1조(목적) 이 법은 개인정보의 처리 및 보호에 관한 사항을 정함으로써 개인의 자유와 권리를 보호하고, 나아가 개인의 존엄과 가치를 구현함을 목적으로 한다. <개정 2014.3.24.>

제2조(정의) 이 법에서 사용하는 용어의 뜻은 다음과 같다. <개정 2014.3.24., 2020.2.4.>

1. "개인정보"란 살아 있는 개인에 관한 정보로서 다음 각 목의 어느 하나에 해당하는 정보를 말한다.

   가. 성명, 주민등록번호 및 영상 등을 통하여 개인을 알아볼 수 있는 정보

   나. 해당 정보만으로는 특정 개인을 알아볼 수 없더라도 다른 정보와 쉽게 결합하여 알아볼 수 있는 정보. 이 경우 쉽게 결합할 수 있는지 여부는 다른 정보의 입수 가능성 등 개인을 알아보는 데 소요되는 시간, 비용, 기술 등을 합리적으로 고려하여야 한다.

   다. 가목 또는 나목을 제1호의2에 따라 가명처리함으로써 원래의 상태로 복원하기 위한 추가 정보의 사용·결합 없이는 특정 개인을 알아볼 수 없는 정보(이하 "가명정보"라 한다)

   1의2. "가명처리"란 개인정보의 일부를 삭제하거나 일부 또는 전부를 대체하는 등의 방법으로 추가 정보가 없이는 특정 개인을 알아볼 수 없도록 처리하는 것을 말한다.

2. "처리"란 개인정보의 수집, 생성, 연계, 연동, 기록, 저장, 보유, 가공, 편집, 검색, 출력, 정정(訂正), 복구, 이용, 제공, 공개, 파기(破棄), 그 밖에 이와 유사한 행위를 말한다.

3. "정보주체"란 처리되는 정보에 의하여 알아볼 수 있는 사람으로서 그 정보의 주체가 되는 사람을 말한다.

4. "개인정보파일"이란 개인정보를 쉽게 검색할 수 있도록 일정한 규칙에 따라 체계적으로 배열하거나 구성한 개인정보의 집합물(集合物)을 말한다.

5. "개인정보처리자"란 업무를 목적으로 개인정보파일을 운용하기 위하여 스스로 또는 다른 사람을 통하여 개인정보를 처리하는 공공기관, 법인, 단체 및 개인 등을 말한다.

6. "공공기관"이란 다음 각 목의 기관을 말한다.

　　가. 국회, 법원, 헌법재판소, 중앙선거관리위원회의 행정사무를 처리하는 기관, 중앙행정기관(대통령 소속 기관과 국무총리 소속 기관을 포함한다) 및 그 소속 기관, 지방자치단체

　　나. 그 밖의 국가기관 및 공공단체 중 대통령령으로 정하는 기관

7. "영상정보처리기기"란 일정한 공간에 지속적으로 설치되어 사람 또는 사물의 영상 등을 촬영하거나 이를 유·무선망을 통하여 전송하는 장치로서 대통령령으로 정하는 장치를 말한다.

8. "과학적 연구"란 기술의 개발과 실증, 기초연구, 응용연구 및 민간 투자 연구 등 과학적 방법을 적용하는 연구를 말한다.

제3조(개인정보 보호 원칙) ① 개인정보처리자는 개인정보의 처리 목적을 명확하게 하여야 하고 그 목적에 필요한 범위에서 최소한의 개인정보만을 적법하고 정당하게 수집하여야 한다.

② 개인정보처리자는 개인정보의 처리 목적에 필요한 범위에서 적합하게 개인정보를 처리하여야 하며, 그 목적 외의 용도로 활용하여서는 아니 된다.

③ 개인정보처리자는 개인정보의 처리 목적에 필요한 범위에서 개인정보의 정확성, 완전성 및 최신성이 보장되도록 하여야 한다.

④ 개인정보처리자는 개인정보의 처리 방법 및 종류 등에 따라 정보주체의 권리가 침해받을 가능성과 그 위험 정도를 고려하여 개인정보를 안전하게 관리하여야 한다.

⑤ 개인정보처리자는 개인정보 처리방침 등 개인정보의 처리에 관한 사항을 공개하여야 하며, 열람청구권 등 정보주체의 권리를 보장하여야 한다.

⑥ 개인정보처리자는 정보주체의 사생활 침해를 최소화하는 방법으로 개인정보를 처리하여야 한다.

⑦ 개인정보처리자는 개인정보를 익명 또는 가명으로 처리하여도 개인정보 수집목적을 달성할 수 있는 경우 익명처리가 가능한 경우에는 익명에 의하여, 익명처리로 목적을 달성할 수 없는 경우에는 가명에 의하여 처리될 수 있도록 하여야 한다. <개정 2020.2.4.>

⑧ 개인정보처리자는 이 법 및 관계 법령에서 규정하고 있는 책임과 의무를 준수하고 실천함으로써 정보주체의 신뢰를 얻기 위하여 노력하여야 한다.

제4조(정보주체의 권리) 정보주체는 자신의 개인정보 처리와 관련하여 다음 각 호의 권리를 가진다.

1. 개인정보의 처리에 관한 정보를 제공받을 권리

2. 개인정보의 처리에 관한 동의 여부, 동의 범위 등을 선택하고 결정할 권리

3. 개인정보의 처리 여부를 확인하고 개인정보에 대하여 열람(사본의 발급을 포함한다. 이하 같다)을 요구할 권리

4. 개인정보의 처리 정지, 정정·삭제 및 파기를 요구할 권리

5. 개인정보의 처리로 인하여 발생한 피해를 신속하고 공정한 절차에 따라 구제받을 권리

제5조(국가 등의 책무) ① 국가와 지방자치단체는 개인정보의 목적 외 수집, 오용·남용 및 무분별한 감시·추적 등에 따른 폐해를 방지하여 인간의 존엄과 개인의 사생활 보호를 도모하기 위한 시책을 강구하여야 한다.

② 국가와 지방자치단체는 제4조에 따른 정보주체의 권리를 보호하기 위하여 법령의 개선 등 필요한 시책을 마련하여야 한다.

③ 국가와 지방자치단체는 개인정보의 처리에 관한 불합리한 사회적 관행을 개선하기 위하여 개인정보처리자의 자율적인 개인정보 보호활동을 존중하고 촉진·지원하여야 한다.

④ 국가와 지방자치단체는 개인정보의 처리에 관한 법령 또는 조례를 제정하

거나 개정하는 경우에는 이 법의 목적에 부합되도록 하여야 한다.

제6조(다른 법률과의 관계) 개인정보 보호에 관하여는 다른 법률에 특별한 규정이 있는 경우를 제외하고는 이 법에서 정하는 바에 따른다. <개정 2014.3.24.>

제2장 개인정보 보호정책의 수립 등

제7조(개인정보 보호위원회) ① 개인정보 보호에 관한 사무를 독립적으로 수행하기 위하여 국무총리 소속으로 개인정보 보호위원회(이하 "보호위원회"라 한다)를 둔다. <개정 2020.2.4.>

② 보호위원회는 「정부조직법」 제2조에 따른 중앙행정기관으로 본다. 다만, 다음 각 호의 사항에 대하여는 「정부조직법」 제18조를 적용하지 아니한다. <개정 2020.2.4.>

1. 제7조의8제3호 및 제4호의 사무

2. 제7조의9제1항의 심의·의결 사항 중 제1호에 해당하는 사항

③ 삭제 <2020.2.4.>

④ 삭제 <2020.2.4.>

⑤ 삭제 <2020.2.4.>

⑥ 삭제 <2020.2.4.>

⑦ 삭제 <2020.2.4.>

⑧ 삭제 <2020.2.4.>

⑨ 삭제 <2020.2.4.>

제7조의2(보호위원회의 구성 등) ① 보호위원회는 상임위원 2명(위원장 1명, 부위원장 1명)을 포함한 9명의 위원으로 구성한다.

② 보호위원회의 위원은 개인정보 보호에 관한 경력과 전문지식이 풍부한

다음 각 호의 사람 중에서 위원장과 부위원장은 국무총리의 제청으로, 그 외 위원 중 2명은 위원장의 제청으로, 2명은 대통령이 소속되거나 소속되었던 정당의 교섭단체 추천으로, 3명은 그 외의 교섭단체 추천으로 대통령이 임명 또는 위촉한다.

1. 개인정보 보호 업무를 담당하는 3급 이상 공무원(고위공무원단에 속하는 공무원을 포함한다)의 직에 있거나 있었던 사람

2. 판사·검사·변호사의 직에 10년 이상 있거나 있었던 사람

3. 공공기관 또는 단체(개인정보처리자로 구성된 단체를 포함한다)에 3년 이상 임원으로 재직하였거나 이들 기관 또는 단체로부터 추천받은 사람으로서 개인정보 보호 업무를 3년 이상 담당하였던 사람

4. 개인정보 관련 분야에 전문지식이 있고 「고등교육법」 제2조제1호에 따른 학교에서 부교수 이상으로 5년 이상 재직하고 있거나 재직하였던 사람

③ 위원장과 부위원장은 정무직 공무원으로 임명한다.

④ 위원장, 부위원장, 제7조의13에 따른 사무처의 장은 「정부조직법」 제10조에도 불구하고 정부위원이 된다.

[본조신설 2020.2.4.]

제7조의3(위원장) ① 위원장은 보호위원회를 대표하고, 보호위원회의 회의를 주재하며, 소관 사무를 총괄한다.

② 위원장이 부득이한 사유로 직무를 수행할 수 없을 때에는 부위원장이 그 직무를 대행하고, 위원장·부위원장이 모두 부득이한 사유로 직무를 수행할 수 없을 때에는 위원회가 미리 정하는 위원이 위원장의 직무를 대행한다.

③ 위원장은 국회에 출석하여 보호위원회의 소관 사무에 관하여 의견을 진술할 수 있으며, 국회에서 요구하면 출석하여 보고하거나 답변하여야 한다.

④ 위원장은 국무회의에 출석하여 발언할 수 있으며, 그 소관 사무에 관하여 국무총리에게 의안 제출을 건의할 수 있다.

[본조신설 2020.2.4.]

제7조의4(위원의 임기) ① 위원의 임기는 3년으로 하되, 한 차례만 연임할 수 있다.

② 위원이 궐위된 때에는 지체 없이 새로운 위원을 임명 또는 위촉하여야 한다. 이 경우 후임으로 임명 또는 위촉된 위원의 임기는 새로이 개시된다.

[본조신설 2020.2.4.]

제7조의5(위원의 신분보장) ① 위원은 다음 각 호의 어느 하나에 해당하는 경우를 제외하고는 그 의사에 반하여 면직 또는 해촉되지 아니한다.

1. 장기간 심신장애로 인하여 직무를 수행할 수 없게 된 경우

2. 제7조의7의 결격사유에 해당하는 경우

3. 이 법 또는 그 밖의 다른 법률에 따른 직무상의 의무를 위반한 경우

② 위원은 법률과 양심에 따라 독립적으로 직무를 수행한다.

[본조신설 2020.2.4.]

제7조의6(겸직금지 등) ① 위원은 재직 중 다음 각 호의 직(職)을 겸하거나 직무와 관련된 영리업무에 종사하여서는 아니 된다.

1. 국회의원 또는 지방의회의원

2. 국가공무원 또는 지방공무원

3. 그 밖에 대통령령으로 정하는 직

② 제1항에 따른 영리업무에 관한 사항은 대통령령으로 정한다.

③ 위원은 정치활동에 관여할 수 없다.

[본조신설 2020.2.4.]

제7조의7(결격사유) ① 다음 각 호의 어느 하나에 해당하는 사람은 위원이 될 수 없다.

1. 대한민국 국민이 아닌 사람

2. 「국가공무원법」 제33조 각 호의 어느 하나에 해당하는 사람

3. 「정당법」 제22조에 따른 당원

② 위원이 제1항 각 호의 어느 하나에 해당하게 된 때에는 그 직에서 당연 퇴직한다. 다만, 「국가공무원법」 제33조제2호는 파산선고를 받은 사람으로서 「채무자 회생 및 파산에 관한 법률」에 따라 신청기한 내에 면책신청을 하지 아니하였거나 면책불허가 결정 또는 면책 취소가 확정된 경우만 해당하고, 같은 법 제33조제5호는 「형법」 제129조부터 제132조까지, 「성폭력범죄의 처벌 등에 관한 특례법」 제2조, 「아동·청소년의 성보호에 관한 법률」 제2조제2호 및 직무와 관련하여 「형법」 제355조 또는 제356조에 규정된 죄를 범한 사람으로서 금고 이상의 형의 선고유예를 받은 경우만 해당한다.

[본조신설 2020.2.4.]

제7조의8(보호위원회의 소관 사무) 보호위원회는 다음 각 호의 소관 사무를 수행한다.

1. 개인정보의 보호와 관련된 법령의 개선에 관한 사항

2. 개인정보 보호와 관련된 정책·제도·계획 수립·집행에 관한 사항

3. 정보주체의 권리침해에 대한 조사 및 이에 따른 처분에 관한 사항

4. 개인정보의 처리와 관련한 고충처리·권리구제 및 개인정보에 관한 분쟁의 조정

5. 개인정보 보호를 위한 국제기구 및 외국의 개인정보 보호기구와의 교류·협력

6. 개인정보 보호에 관한 법령·정책·제도·실태 등의 조사·연구, 교육 및 홍보에 관한 사항

7. 개인정보 보호에 관한 기술개발의 지원·보급 및 전문인력의 양성에 관한 사항

8. 이 법 및 다른 법령에 따라 보호위원회의 사무로 규정된 사항

[본조신설 2020.2.4.]

제7조의9(보호위원회의 심의·의결 사항 등) ① 보호위원회는 다음 각 호의 사항을 심의·의결한다.

1. 제8조의2에 따른 개인정보 침해요인 평가에 관한 사항

2. 제9조에 따른 기본계획 및 제10조에 따른 시행계획에 관한 사항

3. 개인정보 보호와 관련된 정책, 제도 및 법령의 개선에 관한 사항

4. 개인정보의 처리에 관한 공공기관 간의 의견조정에 관한 사항

5. 개인정보 보호에 관한 법령의 해석·운용에 관한 사항

6. 제18조제2항제5호에 따른 개인정보의 이용·제공에 관한 사항

7. 제33조제3항에 따른 영향평가 결과에 관한 사항

8. 제28조의6, 제34조의2, 제39조의15에 따른 과징금 부과에 관한 사항

9. 제61조에 따른 의견제시 및 개선권고에 관한 사항

10. 제64조에 따른 시정조치 등에 관한 사항

11. 제65조에 따른 고발 및 징계권고에 관한 사항

12. 제66조에 따른 처리 결과의 공표에 관한 사항

13. 제75조에 따른 과태료 부과에 관한 사항

14. 소관 법령 및 보호위원회 규칙의 제정·개정 및 폐지에 관한 사항

15. 개인정보 보호와 관련하여 보호위원회의 위원장 또는 위원 2명 이상이 회의에 부치는 사항

16. 그 밖에 이 법 또는 다른 법령에 따라 보호위원회가 심의·의결하는 사항

② 보호위원회는 제1항 각 호의 사항을 심의·의결하기 위하여 필요한 경우 다음 각 호의 조치를 할 수 있다.

1. 관계 공무원, 개인정보 보호에 관한 전문 지식이 있는 사람이나 시민사회 단체 및 관련 사업자로부터의 의견 청취

2. 관계 기관 등에 대한 자료제출이나 사실조회 요구

③ 제2항제2호에 따른 요구를 받은 관계 기관 등은 특별한 사정이 없으면 이에 따라야 한다.

④ 보호위원회는 제1항제3호의 사항을 심의·의결한 경우에는 관계 기관에 그 개선을 권고할 수 있다.

⑤ 보호위원회는 제4항에 따른 권고 내용의 이행 여부를 점검할 수 있다.

[본조신설 2020.2.4.]

제7조의10(회의) ① 보호위원회의 회의는 위원장이 필요하다고 인정하거나 재적위원 4분의 1 이상의 요구가 있는 경우에 위원장이 소집한다.

② 위원장 또는 2명 이상의 위원은 보호위원회에 의안을 제의할 수 있다.

③ 보호위원회의 회의는 재적위원 과반수의 출석으로 개의하고, 출석위원 과반수의 찬성으로 의결한다.

[본조신설 2020.2.4.]

제7조의11(위원의 제척·기피·회피) ① 위원은 다음 각 호의 어느 하나에 해당하는 경우에는 심의·의결에서 제척된다.

1. 위원 또는 그 배우자나 배우자였던 자가 해당 사안의 당사자가 되거나 그 사건에 관하여 공동의 권리자 또는 의무자의 관계에 있는 경우

2. 위원이 해당 사안의 당사자와 친족이거나 친족이었던 경우

3. 위원이 해당 사안에 관하여 증언, 감정, 법률자문을 한 경우

4. 위원이 해당 사안에 관하여 당사자의 대리인으로서 관여하거나 관여하였던 경우

5. 위원이나 위원이 속한 공공기관·법인 또는 단체 등이 조언 등 지원을 하고 있는 자와 이해관계가 있는 경우

② 위원에게 심의·의결의 공정을 기대하기 어려운 사정이 있는 경우 당사자는 기피 신청을 할 수 있고, 보호위원회는 의결로 이를 결정한다.

③ 위원이 제1항 또는 제2항의 사유가 있는 경우에는 해당 사안에 대하여 회피할 수 있다.

[본조신설 2020.2.4.]

제7조의12(소위원회) ① 보호위원회는 효율적인 업무 수행을 위하여 개인정보 침해 정도가 경미하거나 유사·반복되는 사항 등을 심의·의결할 소위원회를 둘 수 있다.

② 소위원회는 3명의 위원으로 구성한다.

③ 소위원회가 제1항에 따라 심의·의결한 것은 보호위원회가 심의·의결한 것으로 본다.

④ 소위원회의 회의는 구성위원 전원의 출석과 출석위원 전원의 찬성으로 의결한다.

[본조신설 2020.2.4.]

제7조의13(사무처) 보호위원회의 사무를 처리하기 위하여 보호위원회에 사무처를 두며, 이 법에 규정된 것 외에 보호위원회의 조직에 관한 사항은 대통령령으로 정한다.

[본조신설 2020.2.4.]

제7조의14(운영 등) 이 법과 다른 법령에 규정된 것 외에 보호위원회의 운영 등에 필요한 사항은 보호위원회의 규칙으로 정한다.

[본조신설 2020.2.4.]

제8조 삭제 <2020.2.4.>

제8조의2(개인정보 침해요인 평가) ① 중앙행정기관의 장은 소관 법령의 제정 또는 개정을 통하여 개인정보 처리를 수반하는 정책이나 제도를 도입·변경하는 경우에는 보호위원회에 개인정보 침해요인 평가를 요청하여야 한다.

② 보호위원회가 제1항에 따른 요청을 받은 때에는 해당 법령의 개인정보 침해요인을 분석·검토하여 그 법령의 소관기관의 장에게 그 개선을 위하여 필요한 사항을 권고할 수 있다.

③ 제1항에 따른 개인정보 침해요인 평가의 절차와 방법에 관하여 필요한 사항은 대통령령으로 정한다.

[본조신설 2015.7.24.]

제9조(기본계획) ① 보호위원회는 개인정보의 보호와 정보주체의 권익 보장을 위하여 3년마다 개인정보 보호 기본계획(이하 "기본계획"이라 한다)을 관계 중앙행정기관의 장과 협의하여 수립한다. <개정 2013.3.23., 2014.11.19., 2015.7.24.>

② 기본계획에는 다음 각 호의 사항이 포함되어야 한다.

1. 개인정보 보호의 기본목표와 추진방향

2. 개인정보 보호와 관련된 제도 및 법령의 개선

3. 개인정보 침해 방지를 위한 대책

4. 개인정보 보호 자율규제의 활성화

5. 개인정보 보호 교육·홍보의 활성화

6. 개인정보 보호를 위한 전문인력의 양성

7. 그 밖에 개인정보 보호를 위하여 필요한 사항

③ 국회, 법원, 헌법재판소, 중앙선거관리위원회는 해당 기관(그 소속 기관을 포함한다)의 개인정보 보호를 위한 기본계획을 수립·시행할 수 있다.

제10조(시행계획) ① 중앙행정기관의 장은 기본계획에 따라 매년 개인정보 보호를 위한 시행계획을 작성하여 보호위원회에 제출하고, 보호위원회의 심의·의결을 거쳐 시행하여야 한다.

② 시행계획의 수립·시행에 필요한 사항은 대통령령으로 정한다.

제11조(자료제출 요구 등) ① 보호위원회는 기본계획을 효율적으로 수립하기 위하여 개인정보처리자, 관계 중앙행정기관의 장, 지방자치단체의 장 및 관계 기관·단체 등에 개인정보처리자의 법규 준수 현황과 개인정보 관리 실태 등에 관한 자료의 제출이나 의견의 진술 등을 요구할 수 있다. <개정 2013.3.23., 2014.11.19., 2015.7.24.>

② 보호위원회는 개인정보 보호 정책 추진, 성과평가 등을 위하여 필요한 경우 개인정보처리자, 관계 중앙행정기관의 장, 지방자치단체의 장 및 관계

기관·단체 등을 대상으로 개인정보관리 수준 및 실태파악 등을 위한 조사를 실시할 수 있다. <신설 2015.7.24., 2017.7.26., 2020.2.4.>

③ 중앙행정기관의 장은 시행계획을 효율적으로 수립·추진하기 위하여 소관 분야의 개인정보처리자에게 제1항에 따른 자료제출 등을 요구할 수 있다. <개정 2015.7.24.>

④ 제1항부터 제3항까지에 따른 자료제출 등을 요구받은 자는 특별한 사정이 없으면 이에 따라야 한다. <개정 2015.7.24.>

⑤ 제1항부터 제3항까지에 따른 자료제출 등의 범위와 방법 등 필요한 사항은 대통령령으로 정한다. <개정 2015.7.24.>

제12조(개인정보 보호지침) ① 보호위원회는 개인정보의 처리에 관한 기준, 개인정보 침해의 유형 및 예방조치 등에 관한 표준 개인정보 보호지침(이하 "표준지침"이라 한다)을 정하여 개인정보처리자에게 그 준수를 권장할 수 있다. <개정 2013.3.23., 2014.11.19., 2017.7.26., 2020.2.4.>

② 중앙행정기관의 장은 표준지침에 따라 소관 분야의 개인정보 처리와 관련한 개인정보 보호지침을 정하여 개인정보처리자에게 그 준수를 권장할 수 있다.

③ 국회, 법원, 헌법재판소 및 중앙선거관리위원회는 해당 기관(그 소속 기관을 포함한다)의 개인정보 보호지침을 정하여 시행할 수 있다.

제13조(자율규제의 촉진 및 지원) 보호위원회는 개인정보처리자의 자율적인 개인정보 보호활동을 촉진하고 지원하기 위하여 다음 각 호의 필요한 시책을 마련하여야 한다. <개정 2013.3.23., 2014.11.19., 2017.7.26., 2020.2.4.>

1. 개인정보 보호에 관한 교육·홍보

2. 개인정보 보호와 관련된 기관·단체의 육성 및 지원

3. 개인정보 보호 인증마크의 도입·시행 지원

4. 개인정보처리자의 자율적인 규약의 제정·시행 지원

5. 그 밖에 개인정보처리자의 자율적 개인정보 보호활동을 지원하기 위하여 필요한 사항

제14조(국제협력) ① 정부는 국제적 환경에서의 개인정보 보호 수준을 향상 시키기 위하여 필요한 시책을 마련하여야 한다.

② 정부는 개인정보 국외 이전으로 인하여 정보주체의 권리가 침해되지 아 니하도록 관련 시책을 마련하여야 한다.

제3장 개인정보의 처리

제1절 개인정보의 수집, 이용, 제공 등

제15조(개인정보의 수집·이용) ① 개인정보처리자는 다음 각 호의 어느 하 나에 해당하는 경우에는 개인정보를 수집할 수 있으며 그 수집 목적의 범위 에서 이용할 수 있다.

1. 정보주체의 동의를 받은 경우

2. 법률에 특별한 규정이 있거나 법령상 의무를 준수하기 위하여 불가피한 경우

3. 공공기관이 법령 등에서 정하는 소관 업무의 수행을 위하여 불가피한 경우

4. 정보주체와의 계약의 체결 및 이행을 위하여 불가피하게 필요한 경우

5. 정보주체 또는 그 법정대리인이 의사표시를 할 수 없는 상태에 있거나 주소불명 등으로 사전 동의를 받을 수 없는 경우로서 명백히 정보주체 또는 제3자의 급박한 생명, 신체, 재산의 이익을 위하여 필요하다고 인정 되는 경우

6. 개인정보처리자의 정당한 이익을 달성하기 위하여 필요한 경우로서 명백 하게 정보주체의 권리보다 우선하는 경우. 이 경우 개인정보처리자의 정 당한 이익과 상당한 관련이 있고 합리적인 범위를 초과하지 아니하는 경 우에 한한다.

② 개인정보처리사는 제1항제1호에 따른 동의를 받을 때에는 다음 각 호의 사항을 정보주체에게 알려야 한다. 다음 각 호의 어느 하나의 사항을 변 경하는 경우에도 이를 알리고 동의를 받아야 한다.

1. 개인정보의 수집·이용 목적

2. 수집하려는 개인정보의 항목

3. 개인정보의 보유 및 이용 기간

4. 동의를 거부할 권리가 있다는 사실 및 동의 거부에 따른 불이익이 있는 경우에는 그 불이익의 내용

③ 개인정보처리자는 당초 수집 목적과 합리적으로 관련된 범위에서 정보주체에게 불이익이 발생하는지 여부, 암호화 등 안전성 확보에 필요한 조치를 하였는지 여부 등을 고려하여 대통령령으로 정하는 바에 따라 정보주체의 동의 없이 개인정보를 이용할 수 있다. <신설 2020.2.4.>

제16조(개인정보의 수집 제한) ① 개인정보처리자는 제15조제1항 각 호의 어느 하나에 해당하여 개인정보를 수집하는 경우에는 그 목적에 필요한 최소한의 개인정보를 수집하여야 한다. 이 경우 최소한의 개인정보 수집이라는 입증책임은 개인정보처리자가 부담한다.

② 개인정보처리자는 정보주체의 동의를 받아 개인정보를 수집하는 경우 필요한 최소한의 정보 외의 개인정보 수집에는 동의하지 아니할 수 있다는 사실을 구체적으로 알리고 개인정보를 수집하여야 한다. <신설 2013.8.6.>

③ 개인정보처리자는 정보주체가 필요한 최소한의 정보 외의 개인정보 수집에 동의하지 아니한다는 이유로 정보주체에게 재화 또는 서비스의 제공을 거부하여서는 아니 된다. <개정 2013.8.6.>

제17조(개인정보의 제공) ① 개인정보처리자는 다음 각 호의 어느 하나에 해당되는 경우에는 정보주체의 개인정보를 제3자에게 제공(공유를 포함한다. 이하 같다)할 수 있다. <개정 2020.2.4.>

1. 정보주체의 동의를 받은 경우

2. 제15조제1항제2호·제3호·제5호 및 제39조의3제2항제2호·제3호에 따라 개인정보를 수집한 목적 범위에서 개인정보를 제공하는 경우

② 개인정보처리자는 제1항제1호에 따른 동의를 받을 때에는 다음 각 호의 사항을 정보주체에게 알려야 한다. 다음 각 호의 어느 하나의 사항을 변경하는 경우에도 이를 알리고 동의를 받아야 한다.

1. 개인정보를 제공받는 자

2. 개인정보를 제공받는 자의 개인정보 이용 목적

3. 제공하는 개인정보의 항목

4. 개인정보를 제공받는 자의 개인정보 보유 및 이용 기간

5. 동의를 거부할 권리가 있다는 사실 및 동의 거부에 따른 불이익이 있는 경우에는 그 불이익의 내용

③ 개인정보처리자가 개인정보를 국외의 제3자에게 제공할 때에는 제2항 각 호에 따른 사항을 정보주체에게 알리고 동의를 받아야 하며, 이 법을 위반하는 내용으로 개인정보의 국외 이전에 관한 계약을 체결하여서는 아니 된다.

④ 개인정보처리자는 당초 수집 목적과 합리적으로 관련된 범위에서 정보주체에게 불이익이 발생하는지 여부, 암호화 등 안전성 확보에 필요한 조치를 하였는지 여부 등을 고려하여 대통령령으로 정하는 바에 따라 정보주체의 동의 없이 개인정보를 제공할 수 있다. <신설 2020.2.4.>

제18조(개인정보의 목적 외 이용·제공 제한) ① 개인정보처리자는 개인정보를 제15조제1항 및 제39조의3제1항 및 제2항에 따른 범위를 초과하여 이용하거나 제17조제1항 및 제3항에 따른 범위를 초과하여 제3자에게 제공하여서는 아니 된다. <개정 2020.2.4.>

② 제1항에도 불구하고 개인정보처리자는 다음 각 호의 어느 하나에 해당하는 경우에는 정보주체 또는 제3자의 이익을 부당하게 침해할 우려가 있을 때를 제외하고는 개인정보를 목적 외의 용도로 이용하거나 이를 제3자에게 제공할 수 있다. 다만, 이용자(「정보통신망 이용촉진 및 정보보호 등에 관한 법률」 제2조제1항제4호에 해당하는 자를 말한다. 이하 같다)의 개인정보를 처리하는 정보통신서비스 제공자(「정보통신망 이용촉진 및 정보보호 등에 관한 법률」 제2조제1항제3호에 해당하는 자를 말한다. 이하 같다)의 경우 제1호·세2호의 경우로 한정하고, 제5초부터 제9호까지의 경우는 공공기관의 경우로 한정한다. <개정 2020.2.4.>

1. 정보주체로부터 별도의 동의를 받은 경우

2. 다른 법률에 특별한 규정이 있는 경우

3. 정보주체 또는 그 법정대리인이 의사표시를 할 수 없는 상태에 있거나 주소 불명 등으로 사전 동의를 받을 수 없는 경우로서 명백히 정보주체 또는 제3 자의 급박한 생명, 신체, 재산의 이익을 위하여 필요하다고 인정되는 경우

4. 삭제 <2020.2.4.>

5. 개인정보를 목적 외의 용도로 이용하거나 이를 제3자에게 제공하지 아니 하면 다른 법률에서 정하는 소관 업무를 수행할 수 없는 경우로서 보호 위원회의 심의·의결을 거친 경우

6. 조약, 그 밖의 국제협정의 이행을 위하여 외국정부 또는 국제기구에 제공 하기 위하여 필요한 경우

7. 범죄의 수사와 공소의 제기 및 유지를 위하여 필요한 경우

8. 법원의 재판업무 수행을 위하여 필요한 경우

9. 형(刑) 및 감호, 보호처분의 집행을 위하여 필요한 경우

③ 개인정보처리자는 제2항제1호에 따른 동의를 받을 때에는 다음 각 호의 사항을 정보주체에게 알려야 한다. 다음 각 호의 어느 하나의 사항을 변 경하는 경우에도 이를 알리고 동의를 받아야 한다.

1. 개인정보를 제공받는 자

2. 개인정보의 이용 목적(제공 시에는 제공받는 자의 이용 목적을 말한다)

3. 이용 또는 제공하는 개인정보의 항목

4. 개인정보의 보유 및 이용 기간(제공 시에는 제공받는 자의 보유 및 이용 기간을 말한다)

5. 동의를 거부할 권리가 있다는 사실 및 동의 거부에 따른 불이익이 있는 경우에는 그 불이익의 내용

④ 공공기관은 세2항제2호부터 제6호까지, 제8호 및 제9호에 따라 개인정보 를 목적 외의 용도로 이용하거나 이를 제3자에게 제공하는 경우에는 그 이용 또는 제공의 법적 근거, 목적 및 범위 등에 관하여 필요한 사항을 보호위원회가 고시로 정하는 바에 따라 관보 또는 인터넷 홈페이지 등에 게재하여야 한다. <개정 2013.3.23., 2014.11.19., 2017. 7.26., 2020.2.4.>

⑤ 개인정보처리자는 제2항 각 호의 어느 하나의 경우에 해당하여 개인정보를 목적 외의 용도로 제3자에게 제공하는 경우에는 개인정보를 제공받는 자에게 이용 목적, 이용 방법, 그 밖에 필요한 사항에 대하여 제한을 하거나, 개인정보의 안전성 확보를 위하여 필요한 조치를 마련하도록 요청하여야 한다. 이 경우 요청을 받은 자는 개인정보의 안전성 확보를 위하여 필요한 조치를 하여야 한다.

[제목개정 2013.8.6.]

제19조(개인정보를 제공받은 자의 이용·제공 제한) 개인정보처리자로부터 개인정보를 제공받은 자는 다음 각 호의 어느 하나에 해당하는 경우를 제외하고는 개인정보를 제공받은 목적 외의 용도로 이용하거나 이를 제3자에게 제공하여서는 아니 된다.

1. 정보주체로부터 별도의 동의를 받은 경우

2. 다른 법률에 특별한 규정이 있는 경우

제20조(정보주체 이외로부터 수집한 개인정보의 수집 출처 등 고지) ① 개인정보처리자가 정보주체 이외로부터 수집한 개인정보를 처리하는 때에는 정보주체의 요구가 있으면 즉시 다음 각 호의 모든 사항을 정보주체에게 알려야 한다.

1. 개인정보의 수집 출처

2. 개인정보의 처리 목적

3. 제37조에 따른 개인정보 처리의 정지를 요구할 권리가 있다는 사실

② 제1항에도 불구하고 처리하는 개인정보의 종류·규모, 종업원 수 및 매출액 규모 등을 고려하여 대통령령으로 정하는 기준에 해당하는 개인정보처리자가 제17조제1항제1호에 따라 정보주체 이외로부터 개인정보를 수집하여 처리하는 때에는 제1항 각 호의 모든 사항을 정보주체에게 알려야 한다. 다만, 개인정보처리자가 수집한 정보에 연락처 등 정보주체에게 알릴 수 있는 개인정보가 포함되지 아니한 경우에는 그러하지 아니하다. <신설 2016.3.29.>

③ 제2항 본문에 따라 알리는 경우 정보주체에게 알리는 시기·방법 및 절차 등 필요한 사항은 대통령령으로 정한다. <신설 2016.3.29.>

④ 제1항과 제2항 본문은 다음 각 호의 어느 하나에 해당하는 경우에는 적용하지 아니한다. 다만, 이 법에 따른 정보주체의 권리보다 명백히 우선하는 경우에 한한다. <개정 2016.3.29.>

1. 고지를 요구하는 대상이 되는 개인정보가 제32조제2항 각 호의 어느 하나에 해당하는 개인정보파일에 포함되어 있는 경우

2. 고지로 인하여 다른 사람의 생명·신체를 해할 우려가 있거나 다른 사람의 재산과 그 밖의 이익을 부당하게 침해할 우려가 있는 경우

제21조(개인정보의 파기) ① 개인정보처리자는 보유기간의 경과, 개인정보의 처리 목적 달성 등 그 개인정보가 불필요하게 되었을 때에는 지체 없이 그 개인정보를 파기하여야 한다. 다만, 다른 법령에 따라 보존하여야 하는 경우에는 그러하지 아니하다.

② 개인정보처리자가 제1항에 따라 개인정보를 파기할 때에는 복구 또는 재생되지 아니하도록 조치하여야 한다.

③ 개인정보처리자가 제1항 단서에 따라 개인정보를 파기하지 아니하고 보존하여야 하는 경우에는 해당 개인정보 또는 개인정보파일을 다른 개인정보와 분리하여서 저장·관리하여야 한다.

④ 개인정보의 파기방법 및 절차 등에 필요한 사항은 대통령령으로 정한다.

제22조(동의를 받는 방법) ① 개인정보처리자는 이 법에 따른 개인정보의 처리에 대하여 정보주체(제6항에 따른 법정대리인을 포함한다. 이하 이 조에서 같다)의 동의를 받을 때에는 각각의 동의 사항을 구분하여 정보주체가 이를 명확하게 인지할 수 있도록 알리고 각각 동의를 받아야 한다. <개정 2017.4.18.>

② 개인정보처리자는 제1항의 동의를 서면(「전자문서 및 전자거래 기본법」 제2조제1호에 따른 전자문서를 포함한다)으로 받을 때에는 개인정보의 수집·이용 목적, 수집·이용하려는 개인정보의 항목 등 대통령령으로 정하는 중요한 내용을 보호위원회가 고시로 정하는 방법에 따라 명확히 표시

하여 알아보기 쉽게 하여야 한다. <신설 2017.4.18., 2017.7.26., 2020.2.4.>

③ 개인정보처리자는 제15조제1항제1호, 제17조제1항제1호, 제23조제1항제1호 및 제24조제1항제1호에 따라 개인정보의 처리에 대하여 정보주체의 동의를 받을 때에는 정보주체와의 계약 체결 등을 위하여 정보주체의 동의 없이 처리할 수 있는 개인정보와 정보주체의 동의가 필요한 개인정보를 구분하여야 한다. 이 경우 동의 없이 처리할 수 있는 개인정보라는 입증책임은 개인정보처리자가 부담한다. <개정 2016.3.29., 2017.4.18.>

④ 개인정보처리자는 정보주체에게 재화나 서비스를 홍보하거나 판매를 권유하기 위하여 개인정보의 처리에 대한 동의를 받으려는 때에는 정보주체가 이를 명확하게 인지할 수 있도록 알리고 동의를 받아야 한다. <개정 2017.4.18.>

⑤ 개인정보처리자는 정보주체가 제3항에 따라 선택적으로 동의할 수 있는 사항을 동의하지 아니하거나 제4항 및 제18조제2항제1호에 따른 동의를 하지 아니한다는 이유로 정보주체에게 재화 또는 서비스의 제공을 거부하여서는 아니 된다. <개정 2017.4.18.>

⑥ 개인정보처리자는 만 14세 미만 아동의 개인정보를 처리하기 위하여 이 법에 따른 동의를 받아야 할 때에는 그 법정대리인의 동의를 받아야 한다. 이 경우 법정대리인의 동의를 받기 위하여 필요한 최소한의 정보는 법정대리인의 동의 없이 해당 아동으로부터 직접 수집할 수 있다. <개정 2017.4.18.>

⑦ 제1항부터 제6항까지에서 규정한 사항 외에 정보주체의 동의를 받는 세부적인 방법 및 제6항에 따른 최소한의 정보의 내용에 관하여 필요한 사항은 개인정보의 수집매체 등을 고려하여 대통령령으로 정한다. <개정 2017.4.18.>

제2절 개인정보의 처리 제한

제23조(민감정보의 처리 제한) ① 개인정보처리자는 사상·신념, 노동조합·정당의 가입·탈퇴, 정치적 견해, 건강, 성생활 등에 관한 정보, 그 밖에 정보주체의 사생활을 현저히 침해할 우려가 있는 개인정보로서 대통령령으로 정하는 정보(이하 "민감정보"라 한다)를 처리하여서는 아니 된다. 다만, 다음 각 호의 어느 하나에 해당하는 경우에는 그러하지 아니하다. <개정 2016.3.29.>

1. 정보주체에게 제15조제2항 각 호 또는 제17조제2항 각 호의 사항을 알리고 다른 개인정보의 처리에 대한 동의와 별도로 동의를 받은 경우

2. 법령에서 민감정보의 처리를 요구하거나 허용하는 경우

② 개인정보처리자가 제1항 각 호에 따라 민감정보를 처리하는 경우에는 그 민감정보가 분실·도난·유출·위조·변조 또는 훼손되지 아니하도록 제29조에 따른 안전성 확보에 필요한 조치를 하여야 한다. <신설 2016.3.29.>

제24조(고유식별정보의 처리 제한) ① 개인정보처리자는 다음 각 호의 경우를 제외하고는 법령에 따라 개인을 고유하게 구별하기 위하여 부여된 식별정보로서 대통령령으로 정하는 정보(이하 "고유식별정보"라 한다)를 처리할 수 없다.

1. 정보주체에게 제15조제2항 각 호 또는 제17조제2항 각 호의 사항을 알리고 다른 개인정보의 처리에 대한 동의와 별도로 동의를 받은 경우

2. 법령에서 구체적으로 고유식별정보의 처리를 요구하거나 허용하는 경우

② 삭제 <2013.8.6.>

③ 개인정보처리자가 제1항 각 호에 따라 고유식별정보를 처리하는 경우에는 그 고유식별정보가 분실·도난·유출·위조·변조 또는 훼손되지 아니하도록 대통령령으로 정하는 바에 따라 암호화 등 안전성 확보에 필요한 조치를 하여야 한다. <개정 2015.7.24.>

④ 보호위원회는 처리하는 개인정보의 종류·규모, 종업원 수 및 매출액 규모 등을 고려하여 대통령령으로 정하는 기준에 해당하는 개인정보처리자가 제3항에 따라 안전성 확보에 필요한 조치를 하였는지에 관하여 대통령령으로 정하는 바에 따라 정기적으로 조사하여야 한다. <신설 2016.3.29., 2017.7.26., 2020.2.4.>

⑤ 보호위원회는 대통령령으로 정하는 전문기관으로 하여금 제4항에 따른 조사를 수행하게 할 수 있다. <신설 2016.3.29., 2017.7.26., 2020.2.4.>

제24조의2(주민등록번호 처리의 제한) ① 제24조제1항에도 불구하고 개인정보처리자는 다음 각 호의 어느 하나에 해당하는 경우를 제외하고는 주민등록번호를 처리할 수 없다. <개정 2014.11.19., 2016.3.29., 2017.7.26., 2020.2.4.>

1. 법률·대통령령·국회규칙·대법원규칙·헌법재판소규칙·중앙선거관리위원회규칙 및 감사원규칙에서 구체적으로 주민등록번호의 처리를 요구하거나 허용한 경우

2. 정보주체 또는 제3자의 급박한 생명, 신체, 재산의 이익을 위하여 명백히 필요하다고 인정되는 경우

3. 제1호 및 제2호에 준하여 주민등록번호 처리가 불가피한 경우로서 보호위원회가 고시로 정하는 경우

② 개인정보처리자는 제24조제3항에도 불구하고 주민등록번호가 분실·도난·유출·위조·변조 또는 훼손되지 아니하도록 암호화 조치를 통하여 안전하게 보관하여야 한다. 이 경우 암호화 적용 대상 및 대상별 적용 시기 등에 관하여 필요한 사항은 개인정보의 처리 규모와 유출 시 영향 등을 고려하여 대통령령으로 정한다. <신설 2014.3.24., 2015.7.24.>

③ 개인정보처리자는 제1항 각 호에 따라 주민등록번호를 처리하는 경우에도 정보주체가 인터넷 홈페이지를 통하여 회원으로 가입하는 단계에서는 주민등록번호를 사용하지 아니하고도 회원으로 가입할 수 있는 방법을 제공하여야 한다. <개정 2014.3.24.>

④ 보호위원회는 개인정보처리자가 제3항에 따른 방법을 제공할 수 있도록 관계 법령의 정비, 계획의 수립, 필요한 시설 및 시스템의 구축 등 제반 조치를 마련·지원할 수 있다. <개정 2014.3.24., 2017.7.26., 2020.2.4.>

[본조신설 2013.8.6.]

제25조(영상정보처리기기의 설치·운영 제한) ① 누구든지 다음 각 호의 경우를 제외하고는 공개된 장소에 영상정보처리기기를 설치·운영하여서는 아니 된다.

1. 법령에서 구체적으로 허용하고 있는 경우

2. 범죄의 예방 및 수사를 위하여 필요한 경우

3. 시설안전 및 화재 예방을 위하여 필요한 경우

4. 교통단속을 위하여 필요한 경우

5. 교통정보의 수집·분석 및 제공을 위하여 필요한 경우

② 누구든지 불특정 다수가 이용하는 목욕실, 화장실, 발한실(發汗室), 탈의실 등 개인의 사생활을 현저히 침해할 우려가 있는 장소의 내부를 볼 수 있도록 영상정보처리기기를 설치·운영하여서는 아니 된다. 다만, 교도소, 정신보건 시설 등 법령에 근거하여 사람을 구금하거나 보호하는 시설로서 대통령령으로 정하는 시설에 대하여는 그러하지 아니하다.

③ 제1항 각 호에 따라 영상정보처리기기를 설치·운영하려는 공공기관의 장과 제2항 단서에 따라 영상정보처리기기를 설치·운영하려는 자는 공청회·설명회의 개최 등 대통령령으로 정하는 절차를 거쳐 관계 전문가 및 이해관계인의 의견을 수렴하여야 한다.

④ 제1항 각 호에 따라 영상정보처리기기를 설치·운영하는 자(이하 "영상정보처리기기운영자"라 한다)는 정보주체가 쉽게 인식할 수 있도록 다음 각 호의 사항이 포함된 안내판을 설치하는 등 필요한 조치를 하여야 한다. 다만, 「군사기지 및 군사시설 보호법」 제2조제2호에 따른 군사시설, 「통합방위법」 제2조제13호에 따른 국가중요시설, 그 밖에 대통령령으로 정하는 시설에 대하여는 그러하지 아니하다. <개정 2016.3.29.>

1. 설치 목적 및 장소

2. 촬영 범위 및 시간

3. 관리책임자 성명 및 연락처

4. 그 밖에 대통령령으로 정하는 사항

⑤ 영상정보처리기기운영자는 영상정보처리기기의 설치 목적과 다른 목적으로 영상정보처리기기를 임의로 조작하거나 다른 곳을 비춰서는 아니 되며, 녹음기능은 사용할 수 없다.

⑥ 영상정보처리기기운영자는 개인정보가 분실·도난·유출·위조·변조 또는 훼손되지 아니하도록 제29조에 따라 안전성 확보에 필요한 조치를 하여야 한다. <개정 2015.7.24.>

⑦ 영상정보처리기기운영자는 대통령령으로 정하는 바에 따라 영상정보처리기기 운영·관리 방침을 마련하여야 한다. 이 경우 제30조에 따른 개인정보 처리방침을 정하지 아니할 수 있다.

⑧ 영상정보처리기기운영자는 영상정보처리기기의 설치·운영에 관한 사무를 위탁할 수 있다. 다만, 공공기관이 영상정보처리기기 설치·운영에 관한 사무를 위탁하는 경우에는 대통령령으로 정하는 절차 및 요건에 따라야 한다.

제26조(업무위탁에 따른 개인정보의 처리 제한) ① 개인정보처리자가 제3자에게 개인정보의 처리 업무를 위탁하는 경우에는 다음 각 호의 내용이 포함된 문서에 의하여야 한다.

1. 위탁업무 수행 목적 외 개인정보의 처리 금지에 관한 사항

2. 개인정보의 기술적·관리적 보호조치에 관한 사항

3. 그 밖에 개인정보의 안전한 관리를 위하여 대통령령으로 정한 사항

② 제1항에 따라 개인정보의 처리 업무를 위탁하는 개인정보처리자(이하 "위탁자"라 한다)는 위탁하는 업무의 내용과 개인정보 처리 업무를 위탁받아 처리하는 자(이하 "수탁자"라 한다)를 정보주체가 언제든지 쉽게 확인할 수 있도록 대통령령으로 정하는 방법에 따라 공개하여야 한다.

③ 위탁자가 재화 또는 서비스를 홍보하거나 판매를 권유하는 업무를 위탁하는 경우에는 대통령령으로 정하는 방법에 따라 위탁하는 업무의 내용과 수탁자를 정보주체에게 알려야 한다. 위탁하는 업무의 내용이나 수탁자가 변경된 경우에도 또한 같다.

④ 위탁자는 업무 위탁으로 인하여 정보주체의 개인정보가 분실·도난·유출·위조·변조 또는 훼손되지 아니하도록 수탁자를 교육하고, 처리 현황 점검 등 대통령령으로 정하는 바에 따라 수탁자가 개인정보를 안전하게 처리하는지를 감독하여야 한다. <개정 2015.7.24.>

⑤ 수탁자는 개인정보처리자로부터 위탁받은 해당 업부 범위를 초과하여 개인정보를 이용하거나 제3자에게 제공하여서는 아니 된다.

⑥ 수탁자가 위탁받은 업무와 관련하여 개인정보를 처리하는 과정에서 이 법을 위반하여 발생한 손해배상책임에 대하여는 수탁자를 개인정보처리

자의 소속 직원으로 본다.

⑦ 수탁자에 관하여는 제15조부터 제25조까지, 제27조부터 제31조까지, 제33조부터 제38조까지 및 제59조를 준용한다.

제27조(영업양도 등에 따른 개인정보의 이전 제한) ① 개인정보처리자는 영업의 전부 또는 일부의 양도·합병 등으로 개인정보를 다른 사람에게 이전하는 경우에는 미리 다음 각 호의 사항을 대통령령으로 정하는 방법에 따라 해당 정보주체에게 알려야 한다.

1. 개인정보를 이전하려는 사실

2. 개인정보를 이전받는 자(이하 "영업양수자등"이라 한다)의 성명(법인의 경우에는 법인의 명칭을 말한다), 주소, 전화번호 및 그 밖의 연락처

3. 정보주체가 개인정보의 이전을 원하지 아니하는 경우 조치할 수 있는 방법 및 절차

② 영업양수자등은 개인정보를 이전받았을 때에는 지체 없이 그 사실을 대통령령으로 정하는 방법에 따라 정보주체에게 알려야 한다. 다만, 개인정보처리자가 제1항에 따라 그 이전 사실을 이미 알린 경우에는 그러하지 아니하다.

③ 영업양수자등은 영업의 양도·합병 등으로 개인정보를 이전받은 경우에는 이전 당시의 본래 목적으로만 개인정보를 이용하거나 제3자에게 제공할 수 있다. 이 경우 영업양수자등은 개인정보처리자로 본다.

제28조(개인정보취급자에 대한 감독) ① 개인정보처리자는 개인정보를 처리함에 있어서 개인정보가 안전하게 관리될 수 있도록 임직원, 파견근로자, 시간제근로자 등 개인정보처리자의 지휘·감독을 받아 개인정보를 처리하는 자(이하 "개인정보취급자"라 한다)에 대하여 적절한 관리·감독을 행하여야 한다.

② 개인정보처리자는 개인정보의 적정한 취급을 보장하기 위하여 개인정보취급자에게 정기적으로 필요한 교육을 실시하여야 한다.

제3절 가명정보의 처리에 관한 특례 〈신설 2020.2.4.〉

제28조의2(가명정보의 처리 등) ① 개인정보처리자는 통계작성, 과학적 연구, 공익적 기록보존 등을 위하여 정보주체의 동의 없이 가명정보를 처리할 수 있다.

② 개인정보처리자는 제1항에 따라 가명정보를 제3자에게 제공하는 경우에는 특정 개인을 알아보기 위하여 사용될 수 있는 정보를 포함해서는 아니 된다.

[본조신설 2020.2.4.]

제28조의3(가명정보의 결합 제한) ① 제28조의2에도 불구하고 통계작성, 과학적 연구, 공익적 기록보존 등을 위한 서로 다른 개인정보처리자 간의 가명정보의 결합은 보호위원회 또는 관계 중앙행정기관의 장이 지정하는 전문기관이 수행한다.

② 결합을 수행한 기관 외부로 결합된 정보를 반출하려는 개인정보처리자는 가명정보 또는 제58조의2에 해당하는 정보로 처리한 뒤 전문기관의 장의 승인을 받아야 한다.

③ 제1항에 따른 결합 절차와 방법, 전문기관의 지정과 지정 취소 기준·절차, 관리·감독, 제2항에 따른 반출 및 승인 기준·절차 등 필요한 사항은 대통령령으로 정한다.

[본조신설 2020.2.4.]

제28조의4(가명정보에 대한 안전조치의무 등) ① 개인정보처리자는 가명정보를 처리하는 경우에는 원래의 상태로 복원하기 위한 추가 정보를 별도로 분리하여 보관·관리하는 등 해당 정보가 분실·도난·유출·위조·변조 또는 훼손되지 않도록 대통령령으로 정하는 바에 따라 안전성 확보에 필요한 기술적·관리적 및 물리적 조치를 하여야 한다.

② 개인정보처리자는 가명정보를 처리하고자 하는 경우에는 가명정보의 처리 목적, 제3자 제공 시 제공받는 자 등 가명정보의 처리 내용을 관리하기 위하여 대통령령으로 정하는 사항에 대한 관련 기록을 작성하여 보관하여야 한다.

[본조신설 2020.2.4.]

제28조의5(가명정보 처리 시 금지의무 등) ① 누구든지 특정 개인을 알아보기 위한 목적으로 가명정보를 처리해서는 아니 된다.

② 개인정보처리자는 가명정보를 처리하는 과정에서 특정 개인을 알아볼 수 있는 정보가 생성된 경우에는 즉시 해당 정보의 처리를 중지하고, 지체 없이 회수·파기하여야 한다.

[본조신설 2020.2.4.]

제28조의6(가명정보 처리에 대한 과징금 부과 등) ① 보호위원회는 개인정보처리자가 제28조의5제1항을 위반하여 특정 개인을 알아보기 위한 목적으로 정보를 처리한 경우 전체 매출액의 100분의 3 이하에 해당하는 금액을 과징금으로 부과할 수 있다. 다만, 매출액이 없거나 매출액의 산정이 곤란한 경우로서 대통령령으로 정하는 경우에는 4억원 또는 자본금의 100분의 3 중 큰 금액 이하로 과징금을 부과할 수 있다.

② 과징금의 부과·징수 등에 필요한 사항은 제34조의2제3항부터 제5항까지의 규정을 준용한다.

[본조신설 2020.2.4.]

제28조의7(적용범위) 가명정보는 제20조, 제21조, 제27조, 제34조제1항, 제35조부터 제37조까지, 제39조의3, 제39조의4, 제39조의6부터 제39조의8까지의 규정을 적용하지 아니한다.

[본조신설 2020.2.4.]

제4장 개인정보의 안전한 관리

제29조(안전조치의무) 개인정보처리자는 개인정보가 분실·도난·유출·위조·변조 또는 훼손되지 아니하도록 내부 관리계획 수립, 접속기록 보관 등 대통령령으로 정하는 바에 따라 안전성 확보에 필요한 기술적·관리적 및 물리적 조치를 하여야 한다. <개정 2015.7.24.>

제30조(개인정보 처리방침의 수립 및 공개) ① 개인정보처리자는 다음 각 호의 사항이 포함된 개인정보의 처리 방침(이하 "개인정보 처리방침"이라 한다)을 정하여야 한다. 이 경우 공공기관은 제32조에 따라 등록대상이 되는 개인정보파일에 대하여 개인정보 처리방침을 정한다. <개정 2016.3.29., 2020.2.4.>

1. 개인정보의 처리 목적

2. 개인정보의 처리 및 보유 기간

3. 개인정보의 제3자 제공에 관한 사항(해당되는 경우에만 정한다)

3의2. 개인정보의 파기절차 및 파기방법(제21조제1항 단서에 따라 개인정보를 보존하여야 하는 경우에는 그 보존근거와 보존하는 개인정보 항목을 포함한다)

4. 개인정보처리의 위탁에 관한 사항(해당되는 경우에만 정한다)

5. 정보주체와 법정대리인의 권리·의무 및 그 행사방법에 관한 사항

6. 제31조에 따른 개인정보 보호책임자의 성명 또는 개인정보 보호업무 및 관련 고충사항을 처리하는 부서의 명칭과 전화번호 등 연락처

7. 인터넷 접속정보파일 등 개인정보를 자동으로 수집하는 장치의 설치·운영 및 그 거부에 관한 사항(해당하는 경우에만 정한다)

8. 그 밖에 개인정보의 처리에 관하여 대통령령으로 정한 사항

② 개인정보처리자가 개인정보 처리방침을 수립하거나 변경하는 경우에는 정보주체가 쉽게 확인할 수 있도록 대통령령으로 정하는 방법에 따라 공개하여야 한다.

③ 개인정보 처리방침의 내용과 개인정보처리자와 정보주체 간에 체결한 계약의 내용이 다른 경우에는 정보주체에게 유리한 것을 적용한다.

④ 보호위원회는 개인정보 처리방침의 작성지침을 정하여 개인정보처리자에게 그 준수를 권장할 수 있다. <개정 2013.3.23., 2014.11.19., 2017.7.26., 2020.2.4.>

제31조(개인정보 보호책임자의 지정) ① 개인정보처리자는 개인정보의 처리에 관한 업무를 총괄해서 책임질 개인정보 보호책임자를 지정하여야 한다.

② 개인정보 보호책임자는 다음 각 호의 업무를 수행한다.

1. 개인정보 보호 계획의 수립 및 시행

2. 개인정보 처리 실태 및 관행의 정기적인 조사 및 개선

3. 개인정보 처리와 관련한 불만의 처리 및 피해 구제

4. 개인정보 유출 및 오용·남용 방지를 위한 내부통제시스템의 구축

5. 개인정보 보호 교육 계획의 수립 및 시행

6. 개인정보파일의 보호 및 관리·감독

7. 그 밖에 개인정보의 적절한 처리를 위하여 대통령령으로 정한 업무

③ 개인정보 보호책임자는 제2항 각 호의 업무를 수행함에 있어서 필요한 경우 개인정보의 처리 현황, 처리 체계 등에 대하여 수시로 조사하거나 관계 당사자로부터 보고를 받을 수 있다.

④ 개인정보 보호책임자는 개인정보 보호와 관련하여 이 법 및 다른 관계 법령의 위반 사실을 알게 된 경우에는 즉시 개선조치를 하여야 하며, 필요하면 소속 기관 또는 단체의 장에게 개선조치를 보고하여야 한다.

⑤ 개인정보처리자는 개인정보 보호책임자가 제2항 각 호의 업무를 수행함에 있어서 정당한 이유 없이 불이익을 주거나 받게 하여서는 아니 된다.

⑥ 개인정보 보호책임자의 지정요건, 업무, 자격요건, 그 밖에 필요한 사항은 대통령령으로 정한다.

제32조(개인정보파일의 등록 및 공개) ① 공공기관의 장이 개인정보파일을 운용하는 경우에는 다음 각 호의 사항을 보호위원회에 등록하여야 한다. 등록한 사항이 변경된 경우에도 또한 같다. <개정 2013.3.23., 2014.11.19., 2017.7.26., 2020.2.4.>

1. 개인정보파일의 명칭

2. 개인정보파일의 운영 근거 및 목적

3. 개인정보파일에 기록되는 개인정보의 항목

4. 개인정보의 처리방법

5. 개인정보의 보유기간

6. 개인정보를 통상적 또는 반복적으로 제공하는 경우에는 그 제공받는 자

7. 그 밖에 대통령령으로 정하는 사항

② 다음 각 호의 어느 하나에 해당하는 개인정보파일에 대하여는 제1항을 적용하지 아니한다.

1. 국가 안전, 외교상 비밀, 그 밖에 국가의 중대한 이익에 관한 사항을 기록한 개인정보파일

2. 범죄의 수사, 공소의 제기 및 유지, 형 및 감호의 집행, 교정처분, 보호처분, 보안관찰처분과 출입국관리에 관한 사항을 기록한 개인정보파일

3. 「조세범처벌법」에 따른 범칙행위 조사 및 「관세법」에 따른 범칙행위 조사에 관한 사항을 기록한 개인정보파일

4. 공공기관의 내부적 업무처리만을 위하여 사용되는 개인정보파일

5. 다른 법령에 따라 비밀로 분류된 개인정보파일

③ 보호위원회는 필요하면 제1항에 따른 개인정보파일의 등록사항과 그 내용을 검토하여 해당 공공기관의 장에게 개선을 권고할 수 있다. <개정 2013.3.23., 2014.11.19., 2017.7.26., 2020.2.4.>

④ 보호위원회는 제1항에 따른 개인정보파일의 등록 현황을 누구든지 쉽게 열람할 수 있도록 공개하여야 한다. <개정 2013.3.23., 2014.11.19., 2017.7.26., 2020.2.4.>

⑤ 제1항에 따른 등록과 제4항에 따른 공개의 방법, 범위 및 절차에 관하여 필요한 사항은 대통령령으로 정한다.

⑥ 국회, 법원, 헌법재판소, 중앙선거관리위원회(그 소속 기관을 포함한다)의 개인정보파일 등록 및 공개에 관하여는 국회규칙, 대법원규칙, 헌법재판소규칙 및 중앙선거관리위원회규칙으로 정한다.

제32조의2(개인정보 보호 인증) ① 보호위원회는 개인정보처리자의 개인정보 처리 및 보호와 관련한 일련의 조치가 이 법에 부합하는지 등에 관하여 인증할 수 있다. <개정 2017.7.26., 2020.2.4.>

② 제1항에 따른 인증의 유효기간은 3년으로 한다.

③ 보호위원회는 다음 각 호의 어느 하나에 해당하는 경우에는 대통령령으로 정하는 바에 따라 제1항에 따른 인증을 취소할 수 있다. 다만, 제1호에 해당하는 경우에는 취소하여야 한다. <개정 2017.7.26., 2020.2.4.>

1. 거짓이나 그 밖의 부정한 방법으로 개인정보 보호 인증을 받은 경우

2. 제4항에 따른 사후관리를 거부 또는 방해한 경우

3. 제8항에 따른 인증기준에 미달하게 된 경우

4. 개인정보 보호 관련 법령을 위반하고 그 위반사유가 중대한 경우

④ 보호위원회는 개인정보 보호 인증의 실효성 유지를 위하여 연 1회 이상 사후관리를 실시하여야 한다. <개정 2017.7.26., 2020.2.4.>

⑤ 보호위원회는 대통령령으로 정하는 전문기관으로 하여금 제1항에 따른 인증, 제3항에 따른 인증 취소, 제4항에 따른 사후관리 및 제7항에 따른 인증 심사원 관리 업무를 수행하게 할 수 있다. <개정 2017.7.26., 2020.2.4.>

⑥ 제1항에 따른 인증을 받은 자는 대통령령으로 정하는 바에 따라 인증의 내용을 표시하거나 홍보할 수 있다.

⑦ 제1항에 따른 인증을 위하여 필요한 심사를 수행할 심사원의 자격 및 자격 취소 요건 등에 관하여는 전문성과 경력 및 그 밖에 필요한 사항을 고려하여 대통령령으로 정한다.

⑧ 그 밖에 개인정보 관리체계, 정보주체 권리보장, 안전성 확보조치가 이 법에 부합하는지 여부 등 제1항에 따른 인증의 기준·방법·절차 등 필요한 사항은 대통령령으로 정한다.

[본조신설 2015.7.24.]

제33조(개인정보 영향평가) ① 공공기관의 장은 대통령령으로 정하는 기준에 해당하는 개인정보파일의 운용으로 인하여 정보주체의 개인정보 침해가 우려되는 경우에는 그 위험요인의 분석과 개선 사항 도출을 위한 평가(이하 "영향평가"라 한다)를 하고 그 결과를 보호위원회에 제출하여야 한다. 이 경우 공공기관의 장은 영향평가를 보호위원회가 지정하는 기관(이하 "평가기관"이라 한다)

중에서 의뢰하여야 한다. <개정 2013.3.23., 2014.11.19., 2017.7.26., 2020.2.4.>

② 영향평가를 하는 경우에는 다음 각 호의 사항을 고려하여야 한다.

1. 처리하는 개인정보의 수

2. 개인정보의 제3자 제공 여부

3. 정보주체의 권리를 해할 가능성 및 그 위험 정도

4. 그 밖에 대통령령으로 정한 사항

③ 보호위원회는 제1항에 따라 제출받은 영향평가 결과에 대하여 의견을 제시할 수 있다. <개정 2013.3.23., 2014.11.19., 2017.7.26., 2020.2.4.>

④ 공공기관의 장은 제1항에 따라 영향평가를 한 개인정보파일을 제32조제1항에 따라 등록할 때에는 영향평가 결과를 함께 첨부하여야 한다.

⑤ 보호위원회는 영향평가의 활성화를 위하여 관계 전문가의 육성, 영향평가 기준의 개발·보급 등 필요한 조치를 마련하여야 한다. <개정 2013.3.23., 2014.11.19., 2017.7.26., 2020.2.4.>

⑥ 제1항에 따른 평가기관의 지정기준 및 지정취소, 평가기준, 영향평가의 방법·절차 등에 관하여 필요한 사항은 대통령령으로 정한다.

⑦ 국회, 법원, 헌법재판소, 중앙선거관리위원회(그 소속 기관을 포함한다)의 영향평가에 관한 사항은 국회규칙, 대법원규칙, 헌법재판소규칙 및 중앙선거관리위원회규칙으로 정하는 바에 따른다.

⑧ 공공기관 외의 개인정보처리자는 개인정보파일 운용으로 인하여 정보주체의 개인정보 침해가 우려되는 경우에는 영향평가를 하기 위하여 적극 노력하여야 한다.

제34조(개인정보 유출 통지 등) ① 개인정보처리자는 개인정보가 유출되었음을 알게 되었을 때에는 지체 없이 해당 정보주체에게 다음 각 호의 사실을 알려야 한다.

1. 유출된 개인정보의 항목

2. 유출된 시점과 그 경위

3. 유출로 인하여 발생할 수 있는 피해를 최소화하기 위하여 정보주체가 할 수 있는 방법 등에 관한 정보

4. 개인정보처리자의 대응조치 및 피해 구제절차

5. 정보주체에게 피해가 발생한 경우 신고 등을 접수할 수 있는 담당부서 및 연락처

② 개인정보처리자는 개인정보가 유출된 경우 그 피해를 최소화하기 위한 대책을 마련하고 필요한 조치를 하여야 한다.

③ 개인정보처리자는 대통령령으로 정한 규모 이상의 개인정보가 유출된 경우에는 제1항에 따른 통지 및 제2항에 따른 조치 결과를 지체 없이 보호위원회 또는 대통령령으로 정하는 전문기관에 신고하여야 한다. 이 경우 보호위원회 또는 대통령령으로 정하는 전문기관은 피해 확산방지, 피해 복구 등을 위한 기술을 지원할 수 있다. <개정 2013.3.23., 2014.11.19., 2017.7.26., 2020.2.4.>

④ 제1항에 따른 통지의 시기, 방법 및 절차 등에 관하여 필요한 사항은 대통령령으로 정한다.

제34조의2(과징금의 부과 등) ① 보호위원회는 개인정보처리자가 처리하는 주민등록번호가 분실·도난·유출·위조·변조 또는 훼손된 경우에는 5억원 이하의 과징금을 부과·징수할 수 있다. 다만, 주민등록번호가 분실·도난·유출·위조·변조 또는 훼손되지 아니하도록 개인정보처리자가 제24조제3항에 따른 안전성 확보에 필요한 조치를 다한 경우에는 그러하지 아니하다. <개정 2014.11.19., 2015.7.24., 2017.7.26., 2020.2.4.>

② 보호위원회는 제1항에 따른 과징금을 부과하는 경우에는 다음 각 호의 사항을 고려하여야 한다. <개정 2014.11.19., 2015.7.24., 2017.7.26., 2020.2.4.>

1. 제24조제3항에 따른 안전성 확보에 필요한 조치 이행 노력 정도

2. 분실·도난·유출·위조·변조 또는 훼손된 주민등록번호의 정도

3. 피해확산 방지를 위한 후속조치 이행 여부

③ 보호위원회는 제1항에 따른 과징금을 내야 할 자가 납부기한까지 내지

아니하면 납부기한의 다음 날부터 과징금을 낸 날의 전날까지의 기간에 대하여 내지 아니한 과징금의 연 100분의 6의 범위에서 대통령령으로 정하는 가산금을 징수한다. 이 경우 가산금을 징수하는 기간은 60개월을 초과하지 못한다. <개정 2014.11.19., 2017.7.26., 2020.2.4.>

④ 보호위원회는 제1항에 따른 과징금을 내야 할 자가 납부기한까지 내지 아니하면 기간을 정하여 독촉을 하고, 그 지정한 기간 내에 과징금 및 제2항에 따른 가산금을 내지 아니하면 국세 체납처분의 예에 따라 징수한다. <개정 2014.11.19., 2017.7.26., 2020.2.4.>

⑤ 과징금의 부과·징수에 관하여 그 밖에 필요한 사항은 대통령령으로 정한다.

[본조신설 2013.8.6.]

제5장 정보주체의 권리 보장

제35조(개인정보의 열람) ① 정보주체는 개인정보처리자가 처리하는 자신의 개인정보에 대한 열람을 해당 개인정보처리자에게 요구할 수 있다.

② 제1항에도 불구하고 정보주체가 자신의 개인정보에 대한 열람을 공공기관에 요구하고자 할 때에는 공공기관에 직접 열람을 요구하거나 대통령령으로 정하는 바에 따라 보호위원회를 통하여 열람을 요구할 수 있다. <개정 2013.3.23., 2014.11.19., 2017.7.26., 2020.2.4.>

③ 개인정보처리자는 제1항 및 제2항에 따른 열람을 요구받았을 때에는 대통령령으로 정하는 기간 내에 정보주체가 해당 개인정보를 열람할 수 있도록 하여야 한다. 이 경우 해당 기간 내에 열람할 수 없는 정당한 사유가 있을 때에는 정보주체에게 그 사유를 알리고 열람을 연기할 수 있으며, 그 사유가 소멸하면 지체 없이 열람하게 하여야 한다.

④ 개인정보처리자는 다음 각 호의 어느 하나에 해당하는 경우에는 정보주체에게 그 사유를 알리고 열람을 제한하거나 거절할 수 있다.

1. 법률에 따라 열람이 금지되거나 제한되는 경우

2. 다른 사람의 생명·신체를 해할 우려가 있거나 다른 사람의 재산과 그

밖의 이익을 부당하게 침해할 우려가 있는 경우

3. 공공기관이 다음 각 목의 어느 하나에 해당하는 업무를 수행할 때 중대한 지장을 초래하는 경우

   가. 조세의 부과·징수 또는 환급에 관한 업무

   나. 「초·중등교육법」 및 「고등교육법」에 따른 각급 학교, 「평생교육법」에 따른 평생교육시설, 그 밖의 다른 법률에 따라 설치된 고등교육기관에서의 성적 평가 또는 입학자 선발에 관한 업무

   다. 학력·기능 및 채용에 관한 시험, 자격 심사에 관한 업무

   라. 보상금·급부금 산정 등에 대하여 진행 중인 평가 또는 판단에 관한 업무

   마. 다른 법률에 따라 진행 중인 감사 및 조사에 관한 업무

⑤ 제1항부터 제4항까지의 규정에 따른 열람 요구, 열람 제한, 통지 등의 방법 및 절차에 관하여 필요한 사항은 대통령령으로 정한다.

제36조(개인정보의 정정·삭제) ① 제35조에 따라 자신의 개인정보를 열람한 정보주체는 개인정보처리자에게 그 개인정보의 정정 또는 삭제를 요구할 수 있다. 다만, 다른 법령에서 그 개인정보가 수집 대상으로 명시되어 있는 경우에는 그 삭제를 요구할 수 없다.

② 개인정보처리자는 제1항에 따른 정보주체의 요구를 받았을 때에는 개인정보의 정정 또는 삭제에 관하여 다른 법령에 특별한 절차가 규정되어 있는 경우를 제외하고는 지체 없이 그 개인정보를 조사하여 정보주체의 요구에 따라 정정·삭제 등 필요한 조치를 한 후 그 결과를 정보주체에게 알려야 한다.

③ 개인정보처리자가 제2항에 따라 개인정보를 삭제할 때에는 복구 또는 재생되지 아니하도록 조치하여야 한다.

④ 개인정보처리자는 정보주체의 요구가 제1항 단서에 해당될 때에는 지체 없이 그 내용을 정보주체에게 알려야 한다.

⑤ 개인정보처리자는 제2항에 따른 조사를 할 때 필요하면 해당 정보주체에게 정정·삭제 요구사항의 확인에 필요한 증거자료를 제출하게 할 수 있다.

⑥ 제1항·제2항 및 제4항에 따른 정정 또는 삭제 요구, 통지 방법 및 절차 등에 필요한 사항은 대통령령으로 정한다.

제37조(개인정보의 처리정지 등) ① 정보주체는 개인정보처리자에 대하여 자신의 개인정보 처리의 정지를 요구할 수 있다. 이 경우 공공기관에 대하여는 제32조에 따라 등록 대상이 되는 개인정보파일 중 자신의 개인정보에 대한 처리의 정지를 요구할 수 있다.

② 개인정보처리자는 제1항에 따른 요구를 받았을 때에는 지체 없이 정보주체의 요구에 따라 개인정보 처리의 전부를 정지하거나 일부를 정지하여야 한다. 다만, 다음 각 호의 어느 하나에 해당하는 경우에는 정보주체의 처리정지 요구를 거절할 수 있다.

1. 법률에 특별한 규정이 있거나 법령상 의무를 준수하기 위하여 불가피한 경우

2. 다른 사람의 생명·신체를 해할 우려가 있거나 다른 사람의 재산과 그 밖의 이익을 부당하게 침해할 우려가 있는 경우

3. 공공기관이 개인정보를 처리하지 아니하면 다른 법률에서 정하는 소관 업무를 수행할 수 없는 경우

4. 개인정보를 처리하지 아니하면 정보주체와 약정한 서비스를 제공하지 못하는 등 계약의 이행이 곤란한 경우로서 정보주체가 그 계약의 해지 의사를 명확하게 밝히지 아니한 경우

③ 개인정보처리자는 제2항 단서에 따라 처리정지 요구를 거절하였을 때에는 정보주체에게 지체 없이 그 사유를 알려야 한다.

④ 개인정보처리자는 정보주체의 요구에 따라 처리가 정지된 개인정보에 대하여 지체 없이 해당 개인정보의 파기 등 필요한 조치를 하여야 한다.

⑤ 제1항부터 제3항까지의 규정에 따른 처리정지의 요구, 처리정지의 거절, 통지 등의 방법 및 절차에 필요한 사항은 대통령령으로 정한다.

제38조(권리행사의 방법 및 절차) ① 정보주체는 제35조에 따른 열람, 제36조에 따른 정정·삭제, 제37조에 따른 처리정지, 제39조의7에 따른 동의 철회 등의 요구(이하 "열람등요구"라 한다)를 문서 등 대통령령으로 정하는

방법·절차에 따라 대리인에게 하게 할 수 있다. <개정 2020.2.4.>

② 만 14세 미만 아동의 법정대리인은 개인정보처리자에게 그 아동의 개인정보 열람등요구를 할 수 있다.

③ 개인정보처리자는 열람등요구를 하는 자에게 대통령령으로 정하는 바에 따라 수수료와 우송료(사본의 우송을 청구하는 경우에 한한다)를 청구할 수 있다.

④ 개인정보처리자는 정보주체가 열람등요구를 할 수 있는 구체적인 방법과 절차를 마련하고, 이를 정보주체가 알 수 있도록 공개하여야 한다.

⑤ 개인정보처리자는 정보주체가 열람등요구에 대한 거절 등 조치에 대하여 불복이 있는 경우 이의를 제기할 수 있도록 필요한 절차를 마련하고 안내하여야 한다.

제39조(손해배상책임) ① 정보주체는 개인정보처리자가 이 법을 위반한 행위로 손해를 입으면 개인정보처리자에게 손해배상을 청구할 수 있다. 이 경우 그 개인정보처리자는 고의 또는 과실이 없음을 입증하지 아니하면 책임을 면할 수 없다.

② 삭제 <2015.7.24.>

③ 개인정보처리자의 고의 또는 중대한 과실로 인하여 개인정보가 분실·도난·유출·위조·변조 또는 훼손된 경우로서 정보주체에게 손해가 발생한 때에는 법원은 그 손해액의 3배를 넘지 아니하는 범위에서 손해배상액을 정할 수 있다. 다만, 개인정보처리자가 고의 또는 중대한 과실이 없음을 증명한 경우에는 그러하지 아니하다. <신설 2015.7.24.>

④ 법원은 제3항의 배상액을 정할 때에는 다음 각 호의 사항을 고려하여야 한다. <신설 2015.7.24.>

1. 고의 또는 손해 발생의 우려를 인식한 정도

2. 위반행위로 인하여 입은 피해 규모

3. 위법행위로 인하여 개인정보처리자가 취득한 경제적 이익

4. 위반행위에 따른 벌금 및 과징금

5. 위반행위의 기간·횟수 등

6. 개인정보처리자의 재산상태

7. 개인정보처리자가 정보주체의 개인정보 분실·도난·유출 후 해당 개인 정보를 회수하기 위하여 노력한 정도

8. 개인정보처리자가 정보주체의 피해구제를 위하여 노력한 정도

제39조의2(법정손해배상의 청구) ① 제39조제1항에도 불구하고 정보주체는 개인정보처리자의 고의 또는 과실로 인하여 개인정보가 분실·도난·유출·위조·변조 또는 훼손된 경우에는 300만원 이하의 범위에서 상당한 금액을 손해액으로 하여 배상을 청구할 수 있다. 이 경우 해당 개인정보처리자는 고의 또는 과실이 없음을 입증하지 아니하면 책임을 면할 수 없다.

② 법원은 제1항에 따른 청구가 있는 경우에 변론 전체의 취지와 증거조사 의 결과를 고려하여 제1항의 범위에서 상당한 손해액을 인정할 수 있다.

③ 제39조에 따라 손해배상을 청구한 정보주체는 사실심(事實審)의 변론이 종결되기 전까지 그 청구를 제1항에 따른 청구로 변경할 수 있다.

[본조신설 2015.7.24.]

제6장 정보통신서비스 제공자 등의 개인정보 처리 등 특례 〈신설 2020.2.4.〉

제39조의3(개인정보의 수집·이용 동의 등에 대한 특례) ① 정보통신서비스 제공자는 제15조제1항에도 불구하고 이용자의 개인정보를 이용하려고 수 집하는 경우에는 다음 각 호의 모든 사항을 이용자에게 알리고 동의를 받아 야 한다. 다음 각 호의 어느 하나의 사항을 변경하려는 경우에도 또한 같다.

1. 개인정보의 수집·이용 목적

2. 수집하는 개인정보의 항목

3. 개인정보의 보유·이용 기간

② 정보통신서비스 제공자는 다음 각 호의 어느 하나에 해당하는 경우에는 제1항에 따른 동의 없이 이용자의 개인정보를 수집·이용할 수 있다.

1. 정보통신서비스(「정보통신망 이용촉진 및 정보보호 등에 관한 법률」 제

2조제1항제2호에 따른 정보통신서비스를 말한다. 이하 같다)의 제공에 관한 계약을 이행하기 위하여 필요한 개인정보로서 경제적·기술적인 사유로 통상적인 동의를 받는 것이 뚜렷하게 곤란한 경우

2. 정보통신서비스의 제공에 따른 요금정산을 위하여 필요한 경우

3. 다른 법률에 특별한 규정이 있는 경우

③ 정보통신서비스 제공자는 이용자가 필요한 최소한의 개인정보 이외의 개인정보를 제공하지 아니한다는 이유로 그 서비스의 제공을 거부해서는 아니 된다. 이 경우 필요한 최소한의 개인정보는 해당 서비스의 본질적 기능을 수행하기 위하여 반드시 필요한 정보를 말한다.

④ 정보통신서비스 제공자는 만 14세 미만의 아동으로부터 개인정보 수집·이용·제공 등의 동의를 받으려면 그 법정대리인의 동의를 받아야 하고, 대통령령으로 정하는 바에 따라 법정대리인이 동의하였는지를 확인하여야 한다.

⑤ 정보통신서비스 제공자는 만 14세 미만의 아동에게 개인정보 처리와 관련한 사항의 고지 등을 하는 때에는 이해하기 쉬운 양식과 명확하고 알기 쉬운 언어를 사용하여야 한다.

⑥ 보호위원회는 개인정보 처리에 따른 위험성 및 결과, 이용자의 권리 등을 명확하게 인지하지 못할 수 있는 만 14세 미만의 아동의 개인정보 보호 시책을 마련하여야 한다.

[본조신설 2020.2.4.]

제39조의4(개인정보 유출등의 통지·신고에 대한 특례) ① 제34조제1항 및 제3항에도 불구하고 정보통신서비스 제공자와 그로부터 제17조제1항에 따라 이용자의 개인정보를 제공받은 자(이하 "정보통신서비스 제공자등"이라 한다)는 개인정보의 분실·도난·유출(이하 "유출등"이라 힌다) 사실을 안 때에는 지체 없이 다음 각 호의 사항을 해당 이용자에게 알리고 보호위원회 또는 대통령령으로 정하는 전문기관에 신고하여야 하며, 정당한 사유 없이 그 사실을 안 때부터 24시간을 경과하여 통지·신고해서는 아니 된다. 다만, 이용자의 연락처를 알 수 없는 등 정당한 사유가 있는 경우에는 대통령령으로 정하는 바에 따라 통지를 갈음하는 조치를 취할 수 있다.

1. 유출등이 된 개인정보 항목

2. 유출등이 발생한 시점

3. 이용자가 취할 수 있는 조치

4. 정보통신서비스 제공자등의 대응 조치

5. 이용자가 상담 등을 접수할 수 있는 부서 및 연락처

② 제1항의 신고를 받은 대통령령으로 정하는 전문기관은 지체 없이 그 사실을 보호위원회에 알려야 한다.

③ 정보통신서비스 제공자등은 제1항에 따른 정당한 사유를 보호위원회에 소명하여야 한다.

④ 제1항에 따른 통지 및 신고의 방법·절차 등에 필요한 사항은 대통령령으로 정한다.

[본조신설 2020.2.4.]

제39조의5(개인정보의 보호조치에 대한 특례) 정보통신서비스 제공자등은 이용자의 개인정보를 처리하는 자를 최소한으로 제한하여야 한다.

[본조신설 2020.2.4.]

제39조의6(개인정보의 파기에 대한 특례) ① 정보통신서비스 제공자등은 정보통신서비스를 1년의 기간 동안 이용하지 아니하는 이용자의 개인정보를 보호하기 위하여 대통령령으로 정하는 바에 따라 개인정보의 파기 등 필요한 조치를 취하여야 한다. 다만, 그 기간에 대하여 다른 법령 또는 이용자의 요청에 따라 달리 정한 경우에는 그에 따른다.

② 정보통신서비스 제공자등은 제1항의 기간 만료 30일 전까지 개인정보가 파기되는 사실, 기간 만료일 및 파기되는 개인정보의 항목 등 대통령령으로 정하는 사항을 전자우편 등 대통령령으로 정하는 방법으로 이용자에게 알려야 한다.

[본조신설 2020.2.4.]

제39조의7(이용자의 권리 등에 대한 특례) ① 이용자는 정보통신서비스 제공자등에 대하여 언제든지 개인정보 수집·이용·제공 등의 동의를 철회할 수 있다.

② 정보통신서비스 제공자등은 제1항에 따른 동의의 철회, 제35조에 따른 개인정보의 열람, 제36조에 따른 정정을 요구하는 방법을 개인정보의 수집방법보다 쉽게 하여야 한다.

③ 정보통신서비스 제공자등은 제1항에 따라 동의를 철회하면 지체 없이 수집된 개인정보를 복구·재생할 수 없도록 파기하는 등 필요한 조치를 하여야 한다.

　[본조신설 2020.2.4.]

제39조의8(개인정보 이용내역의 통지) ① 정보통신서비스 제공자 등으로서 대통령령으로 정하는 기준에 해당하는 자는 제23조, 제39조의3에 따라 수집한 이용자의 개인정보의 이용내역(제17조에 따른 제공을 포함한다)을 주기적으로 이용자에게 통지하여야 한다. 다만, 연락처 등 이용자에게 통지할 수 있는 개인정보를 수집하지 아니한 경우에는 그러하지 아니한다.

② 제1항에 따라 이용자에게 통지하여야 하는 정보의 종류, 통지주기 및 방법, 그 밖에 이용내역 통지에 필요한 사항은 대통령령으로 정한다.

　[본조신설 2020.2.4.]

제39조의9(손해배상의 보장) ① 정보통신서비스 제공자등은 제39조 및 제39조의2에 따른 손해배상책임의 이행을 위하여 보험 또는 공제에 가입하거나 준비금을 적립하는 등 필요한 조치를 하여야 한다.

② 제1항에 따른 가입 대상 개인정보처리자의 범위, 기준 등에 필요한 사항은 대통령령으로 정한다.

　[본조신설 2020.2.4.]

제39조의10(노출된 개인정보의 삭제·차단) ① 정보통신서비스 제공자등은 주민등록번호, 계좌정보, 신용카드정보 등 이용자의 개인정보가 정보통신망을 통하여 공중에 노출되지 아니하도록 하여야 한다.

② 제1항에도 불구하고 공중에 노출된 개인정보에 대하여 보호위원회 또는 대통령령으로 지정한 전문기관의 요청이 있는 경우 정보통신서비스 제공자등은 삭제·차단 등 필요한 조치를 취하여야 한다.

[본조신설 2020.2.4.]

제39조의11(국내대리인의 지정) ① 국내에 주소 또는 영업소가 없는 정보통신서비스 제공자등으로서 이용자 수, 매출액 등을 고려하여 대통령령으로 정하는 기준에 해당하는 자는 다음 각 호의 사항을 대리하는 자(이하 "국내대리인"이라 한다)를 서면으로 지정하여야 한다.

1. 제31조에 따른 개인정보 보호책임자의 업무

2. 제39조의4에 따른 통지·신고

3. 제63조제1항에 따른 관계 물품·서류 등의 제출

② 국내대리인은 국내에 주소 또는 영업소가 있는 자로 한다.

③ 제1항에 따라 국내대리인을 지정한 때에는 다음 각 호의 사항 모두를 제30조에 따른 개인정보 처리방침에 포함하여야 한다.

1. 국내대리인의 성명(법인의 경우에는 그 명칭 및 대표자의 성명을 말한다)

2. 국내대리인의 주소(법인의 경우에는 영업소 소재지를 말한다), 전화번호 및 전자우편 주소

④ 국내대리인이 제1항 각 호와 관련하여 이 법을 위반한 경우에는 정보통신서비스 제공자등이 그 행위를 한 것으로 본다.

[본조신설 2020.2.4.]

제39조의12(국외 이전 개인정보의 보호) ① 정보통신서비스 제공자등은 이용자의 개인정보에 관하여 이 법을 위반하는 사항을 내용으로 하는 국제계약을 체결해서는 아니 된다.

② 제17조제3항에도 불구하고 정보통신서비스 제공자등은 이용자의 개인정보를 국외에 제공(조회되는 경우를 포함한다)·처리위탁·보관(이하 이 조에서 "이전"이라 한다)하려면 이용자의 동의를 받아야 한다. 다만, 제3

항 각 호의 사항 모두를 제30조제2항에 따라 공개하거나 전자우편 등 대통령령으로 정하는 방법에 따라 이용자에게 알린 경우에는 개인정보 처리위탁·보관에 따른 동의절차를 거치지 아니할 수 있다.

③ 정보통신서비스 제공자등은 제2항 본문에 따른 동의를 받으려면 미리 다음 각 호의 사항 모두를 이용자에게 고지하여야 한다.

1. 이전되는 개인정보 항목

2. 개인정보가 이전되는 국가, 이전일시 및 이전방법

3. 개인정보를 이전받는 자의 성명(법인인 경우에는 그 명칭 및 정보관리책임자의 연락처를 말한다)

4. 개인정보를 이전받는 자의 개인정보 이용목적 및 보유·이용 기간

④ 정보통신서비스 제공자등은 제2항 본문에 따른 동의를 받아 개인정보를 국외로 이전하는 경우 대통령령으로 정하는 바에 따라 보호조치를 하여야 한다.

⑤ 이용자의 개인정보를 이전받는 자가 해당 개인정보를 제3국으로 이전하는 경우에 관하여는 제1항부터 제4항까지의 규정을 준용한다. 이 경우 "정보통신서비스 제공자등"은 "개인정보를 이전받는 자"로, "개인정보를 이전받는 자"는 "제3국에서 개인정보를 이전받는 자"로 본다.

[본조신설 2020.2.4.]

제39조의13(상호주의) 제39조의12에도 불구하고 개인정보의 국외 이전을 제한하는 국가의 정보통신서비스 제공자등에 대하여는 해당 국가의 수준에 상응하는 제한을 할 수 있다. 다만, 조약 또는 그 밖의 국제협정의 이행에 필요한 경우에는 그러하지 아니하다.

[본조신설 2020.2.4.]

제39조의14(방송사업자등에 대한 특례) 「방송법」 제2조제3호가목부터 마목까지와 같은 조 제6호·제9호·제12호 및 제14호에 해당하는 자(이하 이 조에서 "방송사업자등"이라 한다)가 시청자의 개인정보를 처리하는 경우에는 정보통신서비스 제공자에게 적용되는 규정을 준용한다. 이 경우 "방송사업자

등"은 "정보통신서비스 제공자" 또는 "정보통신서비스 제공자등"으로, "시청자"는 "이용자"로 본다.

[본조신설 2020.2.4.]

제39조의15(과징금의 부과 등에 대한 특례) ① 보호위원회는 정보통신서비스 제공자등에게 다음 각 호의 어느 하나에 해당하는 행위가 있는 경우에는 해당 정보통신서비스 제공자등에게 위반행위와 관련한 매출액의 100분의 3 이하에 해당하는 금액을 과징금으로 부과할 수 있다.

1. 제17조제1항·제2항, 제18조제1항·제2항 및 제19조(제39조의14에 따라 준용되는 경우를 포함한다)를 위반하여 개인정보를 이용·제공한 경우

2. 제22조제6항(제39조의14에 따라 준용되는 경우를 포함한다)을 위반하여 법정대리인의 동의를 받지 아니하고 만 14세 미만인 아동의 개인정보를 수집한 경우

3. 제23조제1항제1호(제39조의14에 따라 준용되는 경우를 포함한다)를 위반하여 이용자의 동의를 받지 아니하고 민감정보를 수집한 경우

4. 제26조제4항(제39조의14에 따라 준용되는 경우를 포함한다)에 따른 관리·감독 또는 교육을 소홀히 하여 특례 수탁자가 이 법의 규정을 위반한 경우

5. 이용자의 개인정보를 분실·도난·유출·위조·변조 또는 훼손한 경우로서 제29조의 조치(내부 관리계획 수립에 관한 사항은 제외한다)를 하지 아니한 경우(제39조의14에 따라 준용되는 경우를 포함한다)

6. 제39조의3제1항(제39조의14에 따라 준용되는 경우를 포함한다)을 위반하여 이용자의 동의를 받지 아니하고 개인정보를 수집한 경우

7. 제39조의12제2항 본문(같은 조 제5항에 따라 준용되는 경우를 포함한다)을 위반하여 이용자의 동의를 받지 아니하고 이용자의 개인정보를 국외에 제공한 경우

② 제1항에 따른 과징금을 부과하는 경우 정보통신서비스 제공자등이 매출액 산정자료의 제출을 거부하거나 거짓의 자료를 제출한 경우에는 해당 정보통신서비스 제공자등과 비슷한 규모의 정보통신서비스 제공자등의 재무제표 등 회계자료와 가입자 수 및 이용요금 등 영업현황 자료에 근

거하여 매출액을 추정할 수 있다. 다만, 매출액이 없거나 매출액의 산정이 곤란한 경우로서 대통령령으로 정하는 경우에는 4억원 이하의 과징금을 부과할 수 있다.

③ 보호위원회는 제1항에 따른 과징금을 부과하려면 다음 각 호의 사항을 고려하여야 한다.

1. 위반행위의 내용 및 정도

2. 위반행위의 기간 및 횟수

3. 위반행위로 인하여 취득한 이익의 규모

④ 제1항에 따른 과징금은 제3항을 고려하여 산정하되, 구체적인 산정기준과 산정절차는 대통령령으로 정한다.

⑤ 보호위원회는 제1항에 따른 과징금을 내야 할 자가 납부기한까지 이를 내지 아니하면 납부기한의 다음 날부터 내지 아니한 과징금의 연 100분의 6에 해당하는 가산금을 징수한다.

⑥ 보호위원회는 제1항에 따른 과징금을 내야 할 자가 납부기한까지 이를 내지 아니한 경우에는 기간을 정하여 독촉을 하고, 그 지정된 기간에 과징금과 제5항에 따른 가산금을 내지 아니하면 국세 체납처분의 예에 따라 징수한다.

⑦ 법원의 판결 등의 사유로 제1항에 따라 부과된 과징금을 환급하는 경우에는 과징금을 낸 날부터 환급하는 날까지의 기간에 대하여 금융회사 등의 예금이자율 등을 고려하여 대통령령으로 정하는 이자율에 따라 계산한 환급가산금을 지급하여야 한다.

⑧ 제7항에도 불구하고 법원의 판결에 의하여 과징금 부과처분이 취소되어 그 판결이유에 따라 새로운 과징금을 부과하는 경우에는 당초 납부한 과징금에서 새로 부과하기로 결정한 과징금을 공제한 나머지 금액에 대해서만 환급가산금을 계산하여 지급한다.

[본조신설 2020.2.4.]

제7장 개인정보 분쟁조정위원회 〈개정 2020.2.4.〉

제40조(설치 및 구성) ① 개인정보에 관한 분쟁의 조정(調停)을 위하여 개인정보 분쟁조정위원회(이하 "분쟁조정위원회"라 한다)를 둔다.

② 분쟁조정위원회는 위원장 1명을 포함한 20명 이내의 위원으로 구성하며, 위원은 당연직위원과 위촉위원으로 구성한다. 〈개정 2015.7.24.〉

③ 위촉위원은 다음 각 호의 어느 하나에 해당하는 사람 중에서 보호위원회 위원장이 위촉하고, 대통령령으로 정하는 국가기관 소속 공무원은 당연직위원이 된다. 〈개정 2013.3.23., 2014.11.19., 2015.7.24.〉

1. 개인정보 보호업무를 관장하는 중앙행정기관의 고위공무원단에 속하는 공무원으로 재직하였던 사람 또는 이에 상당하는 공공부문 및 관련 단체의 직에 재직하고 있거나 재직하였던 사람으로서 개인정보 보호업무의 경험이 있는 사람

2. 대학이나 공인된 연구기관에서 부교수 이상 또는 이에 상당하는 직에 재직하고 있거나 재직하였던 사람

3. 판사·검사 또는 변호사로 재직하고 있거나 재직하였던 사람

4. 개인정보 보호와 관련된 시민사회단체 또는 소비자단체로부터 추천을 받은 사람

5. 개인정보처리자로 구성된 사업자단체의 임원으로 재직하고 있거나 재직하였던 사람

④ 위원장은 위원 중에서 공무원이 아닌 사람으로 보호위원회 위원장이 위촉한다. 〈개정 2013.3.23., 2014.11.19., 2015.7.24.〉

⑤ 위원장과 위촉위원의 임기는 2년으로 하되, 1차에 한하여 연임할 수 있다. 〈개정 2015.7.24.〉

⑥ 분쟁조정위원회는 분쟁조정 업무를 효율적으로 수행하기 위하여 필요하면 대통령령으로 정하는 바에 따라 조정사건의 분야별로 5명 이내의 위원으로 구성되는 조정부를 둘 수 있다. 이 경우 조정부가 분쟁조정위원회에서 위임받아 의결한 사항은 분쟁조정위원회에서 의결한 것으로 본다.

⑦ 분쟁조정위원회 또는 조정부는 재적위원 과반수의 출석으로 개의하며 출석위원 과반수의 찬성으로 의결한다.

⑧ 보호위원회는 분쟁조정 접수, 사실 확인 등 분쟁조정에 필요한 사무를 처리할 수 있다. <개정 2015.7.24.>

⑨ 이 법에서 정한 사항 외에 분쟁조정위원회 운영에 필요한 사항은 대통령령으로 정한다.

제41조(위원의 신분보장) 위원은 자격정지 이상의 형을 선고받거나 심신상의 장애로 직무를 수행할 수 없는 경우를 제외하고는 그의 의사에 반하여 면직되거나 해촉되지 아니한다.

제42조(위원의 제척·기피·회피) ① 분쟁조정위원회의 위원은 다음 각 호의 어느 하나에 해당하는 경우에는 제43조제1항에 따라 분쟁조정위원회에 신청된 분쟁조정사건(이하 이 조에서 "사건"이라 한다)의 심의·의결에서 제척(除斥)된다.

1. 위원 또는 그 배우자나 배우자였던 자가 그 사건의 당사자가 되거나 그 사건에 관하여 공동의 권리자 또는 의무자의 관계에 있는 경우

2. 위원이 그 사건의 당사자와 친족이거나 친족이었던 경우

3. 위원이 그 사건에 관하여 증언, 감정, 법률자문을 한 경우

4. 위원이 그 사건에 관하여 당사자의 대리인으로서 관여하거나 관여하였던 경우

② 당사자는 위원에게 공정한 심의·의결을 기대하기 어려운 사정이 있으면 위원장에게 기피신청을 할 수 있다. 이 경우 위원장은 기피신청에 대하여 분쟁조정위원회의 의결을 거치지 아니하고 결정한다.

③ 위원이 제1항 또는 제2항의 사유에 해당하는 경우에는 스스로 그 사건의 심의·의결에서 회피할 수 있다.

제43조(조정의 신청 등) ① 개인정보와 관련한 분쟁의 조정을 원하는 자는 분쟁조정위원회에 분쟁조정을 신청할 수 있다.

② 분쟁조정위원회는 당사자 일방으로부터 분쟁조정 신청을 받았을 때에는 그 신청내용을 상대방에게 알려야 한다.

③ 공공기관이 제2항에 따른 분쟁조정의 통지를 받은 경우에는 특별한 사유가 없으면 분쟁조정에 응하여야 한다.

제44조(처리기간) ① 분쟁조정위원회는 제43조제1항에 따른 분쟁조정 신청을 받은 날부터 60일 이내에 이를 심사하여 조정안을 작성하여야 한다. 다만, 부득이한 사정이 있는 경우에는 분쟁조정위원회의 의결로 처리기간을 연장할 수 있다.

② 분쟁조정위원회는 제1항 단서에 따라 처리기간을 연장한 경우에는 기간 연장의 사유와 그 밖의 기간연장에 관한 사항을 신청인에게 알려야 한다.

제45조(자료의 요청 등) ① 분쟁조정위원회는 제43조제1항에 따라 분쟁조정 신청을 받았을 때에는 해당 분쟁의 조정을 위하여 필요한 자료를 분쟁당사자에게 요청할 수 있다. 이 경우 분쟁당사자는 정당한 사유가 없으면 요청에 따라야 한다.

② 분쟁조정위원회는 필요하다고 인정하면 분쟁당사자나 참고인을 위원회에 출석하도록 하여 그 의견을 들을 수 있다.

제46조(조정 전 합의 권고) 분쟁조정위원회는 제43조제1항에 따라 분쟁조정 신청을 받았을 때에는 당사자에게 그 내용을 제시하고 조정 전 합의를 권고할 수 있다.

제47조(분쟁의 조정) ① 분쟁조정위원회는 다음 각 호의 어느 하나의 사항을 포함하여 조정안을 작성할 수 있다.

1. 조사 대상 침해행위의 중지

2. 원상회복, 손해배상, 그 밖에 필요한 구제조치

3. 같거나 비슷한 침해의 재발을 방지하기 위하여 필요한 조치

② 분쟁조정위원회는 제1항에 따라 조정안을 작성하면 지체 없이 각 당사자에게 제시하여야 한다.

③ 제1항에 따라 조정안을 제시받은 당사자가 제시받은 날부터 15일 이내에 수락 여부를 알리지 아니하면 조정을 거부한 것으로 본다.

④ 당사자가 조정내용을 수락한 경우 분쟁조정위원회는 조정서를 작성하고, 분쟁조정위원회의 위원장과 각 당사자가 기명날인하여야 한다.

⑤ 제4항에 따른 조정의 내용은 재판상 화해와 동일한 효력을 갖는다.

제48조(조정의 거부 및 중지) ① 분쟁조정위원회는 분쟁의 성질상 분쟁조정위원회에서 조정하는 것이 적합하지 아니하다고 인정하거나 부정한 목적으로 조정이 신청되었다고 인정하는 경우에는 그 조정을 거부할 수 있다. 이 경우 조정거부의 사유 등을 신청인에게 알려야 한다.

② 분쟁조정위원회는 신청된 조정사건에 대한 처리절차를 진행하던 중에 한 쪽 당사자가 소를 제기하면 그 조정의 처리를 중지하고 이를 당사자에게 알려야 한다.

제49조(집단분쟁조정) ① 국가 및 지방자치단체, 개인정보 보호단체 및 기관, 정보주체, 개인정보처리자는 정보주체의 피해 또는 권리침해가 다수의 정보주체에게 같거나 비슷한 유형으로 발생하는 경우로서 대통령령으로 정하는 사건에 대하여는 분쟁조정위원회에 일괄적인 분쟁조정(이하 "집단분쟁조정"이라 한다)을 의뢰 또는 신청할 수 있다.

② 제1항에 따라 집단분쟁조정을 의뢰받거나 신청받은 분쟁조정위원회는 그 의결로써 제3항부터 제7항까지의 규정에 따른 집단분쟁조정의 절차를 개시할 수 있다. 이 경우 분쟁조정위원회는 대통령령으로 정하는 기간 동안 그 절차의 개시를 공고하여야 한다.

③ 분쟁조정위원회는 집단분쟁조정의 당사자가 아닌 정보주체 또는 개인정보처리자로부터 그 분쟁조정의 당사자에 추가로 포함될 수 있도록 하는 신청을 받을 수 있다.

④ 분쟁조정위원회는 그 의결로써 제1항 및 제3항에 따른 집단분쟁조정의 당사자 중에서 공동의 이익을 대표하기에 가장 적합한 1인 또는 수인을 대표당사자로 선임할 수 있다.

⑤ 분쟁조정위원회는 개인정보처리자가 분쟁조정위원회의 집단분쟁조정의 내용을 수락한 경우에는 집단분쟁조정의 당사자가 아닌 자로서 피해를 입은 정보주체에 대한 보상계획서를 작성하여 분쟁조정위원회에 제출하도록 권고할 수 있다.

⑥ 제48조제2항에도 불구하고 분쟁조정위원회는 집단분쟁조정의 당사자인 다수의 정보주체 중 일부의 정보주체가 법원에 소를 제기한 경우에는 그 절차를 중지하지 아니하고, 소를 제기한 일부의 정보주체를 그 절차에서 제외한다.

⑦ 집단분쟁조정의 기간은 제2항에 따른 공고가 종료된 날의 다음 날부터 60일 이내로 한다. 다만, 부득이한 사정이 있는 경우에는 분쟁조정위원회의 의결로 처리기간을 연장할 수 있다.

⑧ 집단분쟁조정의 절차 등에 관하여 필요한 사항은 대통령령으로 정한다.

제50조(조정절차 등) ① 제43조부터 제49조까지의 규정에서 정한 것 외에 분쟁의 조정방법, 조정절차 및 조정업무의 처리 등에 필요한 사항은 대통령령으로 정한다.

② 분쟁조정위원회의 운영 및 분쟁조정 절차에 관하여 이 법에서 규정하지 아니한 사항에 대하여는 「민사조정법」을 준용한다.

제8장 개인정보 단체소송 〈개정 2020.2.4.〉

제51조(단체소송의 대상 등) 다음 각 호의 어느 하나에 해당하는 단체는 개인정보처리자가 제49조에 따른 집단분쟁조정을 거부하거나 집단분쟁조정의 결과를 수락하지 아니한 경우에는 법원에 권리침해 행위의 금지·중지를 구하는 소송(이하 "단체소송"이라 한다)을 제기할 수 있다.

1. 「소비자기본법」 제29조에 따라 공정거래위원회에 등록한 소비자단체로서 다음 각 목의 요건을 모두 갖춘 단체

   가. 정관에 따라 상시적으로 정보주체의 권익증진을 주된 목적으로 하는 단체일 것

나. 단체의 정회원수가 1천명 이상일 것

다. 「소비자기본법」 제29조에 따른 등록 후 3년이 경과하였을 것

2. 「비영리민간단체 지원법」 제2조에 따른 비영리민간단체로서 다음 각 목의 요건을 모두 갖춘 단체

　가. 법률상 또는 사실상 동일한 침해를 입은 100명 이상의 정보주체로부터 단체소송의 제기를 요청받을 것

　나. 정관에 개인정보 보호를 단체의 목적으로 명시한 후 최근 3년 이상 이를 위한 활동실적이 있을 것

　다. 단체의 상시 구성원수가 5천명 이상일 것

　라. 중앙행정기관에 등록되어 있을 것

제52조(전속관할) ① 단체소송의 소는 피고의 주된 사무소 또는 영업소가 있는 곳, 주된 사무소나 영업소가 없는 경우에는 주된 업무담당자의 주소가 있는 곳의 지방법원 본원 합의부의 관할에 전속한다.

② 제1항을 외국사업자에 적용하는 경우 대한민국에 있는 이들의 주된 사무소·영업소 또는 업무담당자의 주소에 따라 정한다.

제53조(소송대리인의 선임) 단체소송의 원고는 변호사를 소송대리인으로 선임하여야 한다.

제54조(소송허가신청) ① 단체소송을 제기하는 단체는 소장과 함께 다음 각 호의 사항을 기재한 소송허가신청서를 법원에 제출하여야 한다.

1. 원고 및 그 소송대리인

2. 피고

3. 정보주체의 침해된 권리의 내용

② 제1항에 따른 소송허가신청서에는 다음 각 호의 자료를 첨부하여야 한다.

1. 소제기단체가 제51조 각 호의 어느 하나에 해당하는 요건을 갖추고 있음을 소명하는 자료

2. 개인정보처리자가 조정을 거부하였거나 조정결과를 수락하지 아니하였음을 증명하는 서류

제55조(소송허가요건 등) ① 법원은 다음 각 호의 요건을 모두 갖춘 경우에 한하여 결정으로 단체소송을 허가한다.

1. 개인정보처리자가 분쟁조정위원회의 조정을 거부하거나 조정결과를 수락하지 아니하였을 것

2. 제54조에 따른 소송허가신청서의 기재사항에 흠결이 없을 것

② 단체소송을 허가하거나 불허가하는 결정에 대하여는 즉시항고할 수 있다.

제56조(확정판결의 효력) 원고의 청구를 기각하는 판결이 확정된 경우 이와 동일한 사안에 관하여는 제51조에 따른 다른 단체는 단체소송을 제기할 수 없다. 다만, 다음 각 호의 어느 하나에 해당하는 경우에는 그러하지 아니하다.

1. 판결이 확정된 후 그 사안과 관련하여 국가·지방자치단체 또는 국가·지방자치단체가 설립한 기관에 의하여 새로운 증거가 나타난 경우

2. 기각판결이 원고의 고의로 인한 것임이 밝혀진 경우

제57조(「민사소송법」의 적용 등) ① 단체소송에 관하여 이 법에 특별한 규정이 없는 경우에는 「민사소송법」을 적용한다.

② 제55조에 따른 단체소송의 허가결정이 있는 경우에는 「민사집행법」 제4편에 따른 보전처분을 할 수 있다.

③ 단체소송의 절차에 관하여 필요한 사항은 대법원규칙으로 정한다.

제9장 부칙 〈개정 2020.2.4.〉

제58조(적용의 일부 제외) ① 다음 각 호의 어느 하나에 해당하는 개인정보에 관하여는 제3장부터 제7장까지를 적용하지 아니한다.

1. 공공기관이 처리하는 개인정보 중 「통계법」에 따라 수집되는 개인정보

2. 국가안전보장과 관련된 정보 분석을 목적으로 수집 또는 제공 요청되는 개인정보

3. 공중위생 등 공공의 안전과 안녕을 위하여 긴급히 필요한 경우로서 일시적으로 처리되는 개인정보

4. 언론, 종교단체, 정당이 각각 취재·보도, 선교, 선거 입후보자 추천 등 고유 목적을 달성하기 위하여 수집·이용하는 개인정보

② 제25조제1항 각 호에 따라 공개된 장소에 영상정보처리기기를 설치·운영하여 처리되는 개인정보에 대하여는 제15조, 제22조, 제27조제1항·제2항, 제34조 및 제37조를 적용하지 아니한다.

③ 개인정보처리자가 동창회, 동호회 등 친목 도모를 위한 단체를 운영하기 위하여 개인정보를 처리하는 경우에는 제15조, 제30조 및 제31조를 적용하지 아니한다.

④ 개인정보처리자는 제1항 각 호에 따라 개인정보를 처리하는 경우에도 그 목적을 위하여 필요한 범위에서 최소한의 기간에 최소한의 개인정보만을 처리하여야 하며, 개인정보의 안전한 관리를 위하여 필요한 기술적·관리적 및 물리적 보호조치, 개인정보의 처리에 관한 고충처리, 그 밖에 개인정보의 적절한 처리를 위하여 필요한 조치를 마련하여야 한다.

제58조의2(적용제외) 이 법은 시간·비용·기술 등을 합리적으로 고려할 때 다른 정보를 사용하여도 더 이상 개인을 알아볼 수 없는 정보에는 적용하지 아니한다.

[본조신설 2020.2.4.]

제59조(금지행위) 개인정보를 처리하거나 처리하였던 자는 다음 각 호의 어느 하나에 해당하는 행위를 하여서는 아니 된다.

1. 거짓이나 그 밖의 부정한 수단이나 방법으로 개인정보를 취득하거나 처리에 관한 동의를 받는 행위

2. 업무상 알게 된 개인정보를 누설하거나 권한 없이 다른 사람이 이용하도록 제공하는 행위

3. 정당한 권한 없이 또는 허용된 권한을 초과하여 다른 사람의 개인정보를 훼손, 멸실, 변경, 위조 또는 유출하는 행위

제60조(비밀유지 등) 다음 각 호의 업무에 종사하거나 종사하였던 자는 직무상 알게 된 비밀을 다른 사람에게 누설하거나 직무상 목적 외의 용도로 이용하여서는 아니 된다. 다만, 다른 법률에 특별한 규정이 있는 경우에는 그러하지 아니하다. <개정 2020.2.4.>

1. 제7조의8 및 제7조의9에 따른 보호위원회의 업무

1의2. 제32조의2에 따른 개인정보 보호 인증 업무

2. 제33조에 따른 영향평가 업무

3. 제40조에 따른 분쟁조정위원회의 분쟁조정 업무

제61조(의견제시 및 개선권고) ① 보호위원회는 개인정보 보호에 영향을 미치는 내용이 포함된 법령이나 조례에 대하여 필요하다고 인정하면 심의·의결을 거쳐 관계 기관에 의견을 제시할 수 있다. <개정 2013.3.23., 2014.11.19., 2017.7.26., 2020.2.4.>

② 보호위원회는 개인정보 보호를 위하여 필요하다고 인정하면 개인정보처리자에게 개인정보 처리 실태의 개선을 권고할 수 있다. 이 경우 권고를 받은 개인정보처리자는 이를 이행하기 위하여 성실하게 노력하여야 하며, 그 조치 결과를 보호위원회에 알려야 한다. <개정 2013.3.23., 2014.11.19., 2017.7.26., 2020.2.4.>

③ 관계 중앙행정기관의 장은 개인정보 보호를 위하여 필요하다고 인정하면 소관 법률에 따라 개인정보처리자에게 개인정보 처리 실태의 개선을 권고할 수 있다. 이 경우 권고를 받은 개인정보처리자는 이를 이행하기 위하여 성실하게 노력하여야 하며, 그 조치 결과를 관계 중앙행정기관의 장에게 알려야 한다.

④ 중앙행정기관, 지방자치단체, 국회, 법원, 헌법재판소, 중앙선거관리위원회는 그 소속 기관 및 소관 공공기관에 대하여 개인정보 보호에 관한 의견을 제시하거나 지도·점검을 할 수 있다.

제62조(침해 사실의 신고 등) ① 개인정보처리자가 개인정보를 처리할 때 개인정보에 관한 권리 또는 이익을 침해받은 사람은 보호위원회에 그 침해 사실을 신고할 수 있다. <개정 2013.3.23., 2014.11.19., 2017.7.26., 2020.2.4.>

② 보호위원회는 제1항에 따른 신고의 접수·처리 등에 관한 업무를 효율적으로 수행하기 위하여 대통령령으로 정하는 바에 따라 전문기관을 지정할 수 있다. 이 경우 전문기관은 개인정보침해 신고센터(이하 "신고센터"라 한다)를 설치·운영하여야 한다. <개정 2013.3.23., 2014.11.19., 2017.7.26., 2020.2.4.>

③ 신고센터는 다음 각 호의 업무를 수행한다.

1. 개인정보 처리와 관련한 신고의 접수·상담

2. 사실의 조사·확인 및 관계자의 의견 청취

3. 제1호 및 제2호에 따른 업무에 딸린 업무

④ 보호위원회는 제3항제2호의 사실 조사·확인 등의 업무를 효율적으로 하기 위하여 필요하면 「국가공무원법」 제32조의4에 따라 소속 공무원을 제2항에 따른 전문기관에 파견할 수 있다. <개정 2013.3.23., 2014.11.19., 2017.7.26., 2020.2.4.>

제63조(자료제출 요구 및 검사) ① 보호위원회는 다음 각 호의 어느 하나에 해당하는 경우에는 개인정보처리자에게 관계 물품·서류 등 자료를 제출하게 할 수 있다. <개정 2013.3.23., 2014.11.19., 2017.7.26., 2020.2.4.>

1. 이 법을 위반하는 사항을 발견하거나 혐의가 있음을 알게 된 경우

2. 이 법 위반에 대한 신고를 받거나 민원이 접수된 경우

3. 그 밖에 정보주체의 개인정보 보호를 위하여 필요한 경우로서 대통령령으로 정하는 경우

② 보호위원회는 개인정보처리자가 제1항에 따른 자료를 제출하지 아니하거나 이 법을 위반한 사실이 있다고 인정되면 소속 공무원으로 하여금 개인정보처리자 및 해당 법 위반사실과 관련한 관계인의 사무소나 사업장에 출입하여 업무 상황, 장부 또는 서류 등을 검사하게 할 수 있다. 이 경우 검사를 하는 공무원은 그 권한을 나타내는 증표를 지니고 이를 관계인에

게 내보여야 한다. <개정 2013.3.23., 2014.11.19., 2015.7.24., 2017.7.26., 2020.2.4.>

③ 관계 중앙행정기관의 장은 소관 법률에 따라 개인정보처리자에게 제1항에 따른 자료제출을 요구하거나 개인정보처리자 및 해당 법 위반사실과 관련한 관계인에 대하여 제2항에 따른 검사를 할 수 있다. <개정 2015.7.24.>

④ 보호위원회는 이 법을 위반하는 사항을 발견하거나 혐의가 있음을 알게 된 경우에는 관계 중앙행정기관의 장(해당 중앙행정기관의 장의 지휘·감독을 받아 검사권한을 수행하는 법인이 있는 경우 그 법인을 말한다)에게 구체적인 범위를 정하여 개인정보처리자에 대한 검사를 요구할 수 있으며, 필요 시 보호위원회의 소속 공무원이 해당 검사에 공동으로 참여하도록 요청할 수 있다. 이 경우 그 요구를 받은 관계 중앙행정기관의 장은 특별한 사정이 없으면 이에 따라야 한다. <개정 2020.2.4.>

⑤ 보호위원회는 관계 중앙행정기관의 장(해당 중앙행정기관의 장의 지휘·감독을 받아 검사권한을 수행하는 법인이 있는 경우 그 법인을 말한다)에게 제4항에 따른 검사 결과와 관련하여 개인정보처리자에 대한 시정조치를 요청하거나, 처분 등에 대한 의견을 제시할 수 있다. <개정 2020.2.4.>

⑥ 제4항 및 제5항에 대한 방법과 절차 등에 관한 사항은 대통령령으로 정한다. <개정 2020.2.4.>

⑦ 보호위원회는 개인정보 침해사고의 예방과 효과적인 대응을 위하여 관계 중앙행정기관의 장과 합동으로 개인정보 보호실태를 점검할 수 있다. <신설 2015.7.24., 2017.7.26., 2020.2.4.>

⑧ 보호위원회와 관계 중앙행정기관의 장은 제1항 및 제2항에 따라 제출받거나 수집한 서류·자료 등을 이 법에 따른 경우를 제외하고는 제3자에게 제공하거나 일반에 공개해서는 아니 된다. <신설 2020.2.4.>

⑨ 보호위원회와 관계 중앙행정기관의 장은 정보통신망을 통하여 자료의 제출 등을 받은 경우나 수집한 자료 등을 전자화한 경우에는 개인정보·영업비밀 등이 유출되지 아니하도록 제도적·기술적 보완조치를 하여야 한다. <신설 2020.2.4.>

제64조(시정조치 등) ① 보호위원회는 개인정보가 침해되었다고 판단할 상당한 근거가 있고 이를 방치할 경우 회복하기 어려운 피해가 발생할 우려가 있다고 인정되면 이 법을 위반한 자(중앙행정기관, 지방자치단체, 국회, 법원, 헌법재판소, 중앙선거관리위원회는 제외한다)에 대하여 다음 각 호에 해당하는 조치를 명할 수 있다. <개정 2013.3.23., 2014.11.19., 2017.7.26., 2020.2.4.>

1. 개인정보 침해행위의 중지

2. 개인정보 처리의 일시적인 정지

3. 그 밖에 개인정보의 보호 및 침해 방지를 위하여 필요한 조치

② 관계 중앙행정기관의 장은 개인정보가 침해되었다고 판단할 상당한 근거가 있고 이를 방치할 경우 회복하기 어려운 피해가 발생할 우려가 있다고 인정되면 소관 법률에 따라 개인정보처리자에 대하여 제1항 각 호에 해당하는 조치를 명할 수 있다.

③ 지방자치단체, 국회, 법원, 헌법재판소, 중앙선거관리위원회는 그 소속 기관 및 소관 공공기관이 이 법을 위반하였을 때에는 제1항 각 호에 해당하는 조치를 명할 수 있다.

④ 보호위원회는 중앙행정기관, 지방자치단체, 국회, 법원, 헌법재판소, 중앙선거관리위원회가 이 법을 위반하였을 때에는 해당 기관의 장에게 제1항 각 호에 해당하는 조치를 하도록 권고할 수 있다. 이 경우 권고를 받은 기관은 특별한 사유가 없으면 이를 존중하여야 한다.

제65조(고발 및 징계권고) ① 보호위원회는 개인정보처리자에게 이 법 등 개인정보 보호와 관련된 법규의 위반에 따른 범죄혐의가 있다고 인정될 만한 상당한 이유가 있을 때에는 관할 수사기관에 그 내용을 고발할 수 있다. <개정 2013.3.23., 2014.11.19., 2017.7.26., 2020.2.4.>

② 보호위원회는 이 법 등 개인정보 보호와 관련된 법규의 위반행위가 있다고 인정될 만한 상당한 이유가 있을 때에는 책임이 있는 자(대표자 및 책임있는 임원을 포함한다)를 징계할 것을 해당 개인정보처리자에게 권고할 수 있다. 이 경우 권고를 받은 사람은 이를 존중하여야 하며 그 결과를 보호위원회에 통보하여야 한다. <개정 2013.3.23., 2013.8.6., 2014.11.19., 2017.7.26., 2020.2.4.>

③ 관계 중앙행정기관의 장은 소관 법률에 따라 개인정보처리자에 대하여 제1항에 따른 고발을 하거나 소속 기관·단체 등의 장에게 제2항에 따른 징계권고를 할 수 있다. 이 경우 제2항에 따른 권고를 받은 사람은 이를 존중하여야 하며 그 결과를 관계 중앙행정기관의 장에게 통보하여야 한다.

제66조(결과의 공표) ① 보호위원회는 제61조에 따른 개선권고, 제64조에 따른 시정조치 명령, 제65조에 따른 고발 또는 징계권고 및 제75조에 따른 과태료 부과의 내용 및 결과에 대하여 공표할 수 있다. <개정 2013.3.23., 2014.11.19., 2017.7.26., 2020.2.4.>

② 관계 중앙행정기관의 장은 소관 법률에 따라 제1항에 따른 공표를 할 수 있다.

③ 제1항 및 제2항에 따른 공표의 방법, 기준 및 절차 등은 대통령령으로 정한다.

제67조(연차보고) ① 보호위원회는 관계 기관 등으로부터 필요한 자료를 제출받아 매년 개인정보 보호시책의 수립 및 시행에 관한 보고서를 작성하여 정기국회 개회 전까지 국회에 제출(정보통신망에 의한 제출을 포함한다)하여야 한다.

② 제1항에 따른 보고서에는 다음 각 호의 내용이 포함되어야 한다. <개정 2016.3.29.>

1. 정보주체의 권리침해 및 그 구제현황

2. 개인정보 처리에 관한 실태조사 등의 결과

3. 개인정보 보호시책의 추진현황 및 실적

4. 개인정보 관련 해외의 입법 및 정책 동향

5. 주민등록번호 처리와 관련된 법률·대통령령·국회규칙·대법원규칙·헌법재판소규칙·중앙선거관리위원회규칙 및 감사원규칙의 제정·개정 현황

6. 그 밖에 개인정보 보호시책에 관하여 공개 또는 보고하여야 할 사항

제68조(권한의 위임·위탁) ① 이 법에 따른 보호위원회 또는 관계 중앙행정기관의 장의 권한은 그 일부를 대통령령으로 정하는 바에 따라 특별시장, 광

역시장, 도지사, 특별자치도지사 또는 대통령령으로 정하는 전문기관에 위임하거나 위탁할 수 있다. <개정 2013.3.23., 2014.11.19., 2017.7.26., 2020.2.4.>

② 제1항에 따라 보호위원회 또는 관계 중앙행정기관의 장의 권한을 위임 또는 위탁받은 기관은 위임 또는 위탁받은 업무의 처리 결과를 보호위원회 또는 관계 중앙행정기관의 장에게 통보하여야 한다. <개정 2013.3.23., 2014.11.19., 2017.7.26., 2020.2.4.>

③ 보호위원회는 제1항에 따른 전문기관에 권한의 일부를 위임하거나 위탁하는 경우 해당 전문기관의 업무 수행을 위하여 필요한 경비를 출연할 수 있다. <개정 2013.3.23., 2014.11.19., 2017.7.26., 2020.2.4.>

제69조(벌칙 적용 시의 공무원 의제) ① 보호위원회의 위원 중 공무원이 아닌 위원 및 공무원이 아닌 직원은 「형법」이나 그 밖의 법률에 따른 벌칙을 적용할 때에는 공무원으로 본다. <신설 2020.2.4.>

② 보호위원회 또는 관계 중앙행정기관의 장의 권한을 위탁한 업무에 종사하는 관계 기관의 임직원은 「형법」 제129조부터 제132조까지의 규정을 적용할 때에는 공무원으로 본다. <신설 2020.2.4.>

제10장 벌칙 <개정 2020.2.4.>

제70조(벌칙) 다음 각 호의 어느 하나에 해당하는 자는 10년 이하의 징역 또는 1억원 이하의 벌금에 처한다. <개정 2015.7.24.>

1. 공공기관의 개인정보 처리업무를 방해할 목적으로 공공기관에서 처리하고 있는 개인정보를 변경하거나 말소하여 공공기관의 업무 수행의 중단·마비 등 심각한 지장을 초래한 자

2. 거짓이나 그 밖의 부정한 수단이나 방법으로 다른 사람이 처리하고 있는 개인정보를 취득한 후 이를 영리 또는 부정한 목적으로 제3자에게 제공한 자와 이를 교사·알선한 자

제71조(벌칙) 다음 각 호의 어느 하나에 해당하는 자는 5년 이하의 징역 또는 5천만원 이하의 벌금에 처한다. <개정 2016.3.29., 2020.2.4.>

1. 제17조제1항제2호에 해당하지 아니함에도 같은 항 제1호를 위반하여 정보주체의 동의를 받지 아니하고 개인정보를 제3자에게 제공한 자 및 그 사정을 알고 개인정보를 제공받은 자

2. 제18조제1항·제2항(제39조의14에 따라 준용되는 경우를 포함한다), 제19조, 제26조제5항, 제27조제3항 또는 제28조의2를 위반하여 개인정보를 이용하거나 제3자에게 제공한 자 및 그 사정을 알면서도 영리 또는 부정한 목적으로 개인정보를 제공받은 자

3. 제23조제1항을 위반하여 민감정보를 처리한 자

4. 제24조제1항을 위반하여 고유식별정보를 처리한 자

4의2. 제28조의3을 위반하여 가명정보를 처리하거나 제3자에게 제공한 자 및 그 사정을 알면서도 영리 또는 부정한 목적으로 가명정보를 제공받은 자

4의3. 제28조의5제1항을 위반하여 특정 개인을 알아보기 위한 목적으로 가명정보를 처리한 자

4의4. 제36조제2항(제27조에 따라 정보통신서비스 제공자등으로부터 개인정보를 이전받은 자와 제39조의14에 따라 준용되는 경우를 포함한다)을 위반하여 정정·삭제 등 필요한 조치(제38조제2항에 따른 열람등요구에 따른 필요한 조치를 포함한다)를 하지 아니하고 개인정보를 이용하거나 이를 제3자에게 제공한 정보통신서비스 제공자등

4의5. 제39조의3제1항(제39조의14에 따라 준용되는 경우를 포함한다)을 위반하여 이용자의 동의를 받지 아니하고 개인정보를 수집한 자

4의6. 제39조의3제4항(제39조의14에 따라 준용되는 경우를 포함한다)을 위반하여 법정대리인의 동의를 받지 아니하거나 법정대리인이 동의하였는지를 확인하지 아니하고 만 14세 미만인 아동의 개인정보를 수집한 자

5. 제59조제2호를 위반하여 업무상 알게 된 개인정보를 누설하거나 권한 없이 다른 사람이 이용하도록 제공한 자 및 그 사정을 알면서도 영리 또는 부정한 목적으로 개인정보를 제공받은 자

6. 제59조제3호를 위반하여 다른 사람의 개인정보를 훼손, 멸실, 변경, 위조 또는 유출한 자

제72조(벌칙) 다음 각 호의 어느 하나에 해당하는 자는 3년 이하의 징역 또는 3천만원 이하의 벌금에 처한다.

1. 제25조제5항을 위반하여 영상정보처리기기의 설치 목적과 다른 목적으로 영상정보처리기기를 임의로 조작하거나 다른 곳을 비추는 자 또는 녹음 기능을 사용한 자

2. 제59조제1호를 위반하여 거짓이나 그 밖의 부정한 수단이나 방법으로 개인정보를 취득하거나 개인정보 처리에 관한 동의를 받는 행위를 한 자 및 그 사정을 알면서도 영리 또는 부정한 목적으로 개인정보를 제공받은 자

3. 제60조를 위반하여 직무상 알게 된 비밀을 누설하거나 직무상 목적 외에 이용한 자

제73조(벌칙) 다음 각 호의 어느 하나에 해당하는 자는 2년 이하의 징역 또는 2천만원 이하의 벌금에 처한다. <개정 2015.7.24., 2016.3.29., 2020.2.4.>

1. 제23조제2항, 제24조제3항, 제25조제6항, 제28조의4제1항 또는 제29조를 위반하여 안전성 확보에 필요한 조치를 하지 아니하여 개인정보를 분실·도난·유출·위조·변조 또는 훼손당한 자

1의2. 제21조제1항(제39조의14에 따라 준용되는 경우를 포함한다)을 위반하여 개인정보를 파기하지 아니한 정보통신서비스 제공자등

2. 제36조제2항을 위반하여 정정·삭제 등 필요한 조치를 하지 아니하고 개인정보를 계속 이용하거나 이를 제3자에게 제공한 자

3. 제37조제2항을 위반하여 개인정보의 처리를 정지하지 아니하고 계속 이용하거나 제3자에게 제공한 자

제74조(양벌규정) ① 법인의 대표자나 법인 또는 개인의 대리인, 사용인, 그 밖의 종업원이 그 법인 또는 개인의 업무에 관하여 제70조에 해당하는 위반행위를 하면 그 행위자를 벌하는 외에 그 법인 또는 개인을 7천만원 이하의

벌금에 처한다. 다만, 법인 또는 개인이 그 위반행위를 방지하기 위하여 해당 업무에 관하여 상당한 주의와 감독을 게을리하지 아니한 경우에는 그러하지 아니하다.

② 법인의 대표자나 법인 또는 개인의 대리인, 사용인, 그 밖의 종업원이 그 법인 또는 개인의 업무에 관하여 제71조부터 제73조까지의 어느 하나에 해당하는 위반행위를 하면 그 행위자를 벌하는 외에 그 법인 또는 개인에게도 해당 조문의 벌금형을 과(科)한다. 다만, 법인 또는 개인이 그 위반행위를 방지하기 위하여 해당 업무에 관하여 상당한 주의와 감독을 게을리하지 아니한 경우에는 그러하지 아니하다.

제74조의2(몰수 · 추징 등) 제70조부터 제73조까지의 어느 하나에 해당하는 죄를 지은 자가 해당 위반행위와 관련하여 취득한 금품이나 그 밖의 이익은 몰수할 수 있으며, 이를 몰수할 수 없을 때에는 그 가액을 추징할 수 있다. 이 경우 몰수 또는 추징은 다른 벌칙에 부가하여 과할 수 있다.

[본조신설 2015.7.24.]

제75조(과태료) ① 다음 각 호의 어느 하나에 해당하는 자에게는 5천만원 이하의 과태료를 부과한다. <개정 2017.4.18.>

1. 제15조제1항을 위반하여 개인정보를 수집한 자

2. 제22조제6항을 위반하여 법정대리인의 동의를 받지 아니한 자

3. 제25조제2항을 위반하여 영상정보처리기기를 설치 · 운영한 자

② 다음 각 호의 어느 하나에 해당하는 자에게는 3천만원 이하의 과태료를 부과한다. <개정 2013.8.6., 2014.3.24., 2015.7.24., 2016.3.29., 2017.4.18., 2020.2.4.>

1. 제15조제2항, 제17조제2항, 제18조제3항 또는 제26조제3항을 위반하여 정보주체에게 알려야 할 사항을 알리지 아니한 자

2. 제16조제3항 또는 제22조제5항을 위반하여 재화 또는 서비스의 제공을 거부한 자

3. 제20조제1항 또는 제2항을 위반하여 정보주체에게 같은 항 각 호의 사실을 알리지 아니한 자

4. 제21조제1항·제39조의6(제39조의14에 따라 준용되는 경우를 포함한다)을 위반하여 개인정보의 파기 등 필요한 조치를 하지 아니한 자

4의2. 제24조의2제1항을 위반하여 주민등록번호를 처리한 자

4의3. 제24조의2제2항을 위반하여 암호화 조치를 하지 아니한 자

5. 제24조의2제3항을 위반하여 정보주체가 주민등록번호를 사용하지 아니할 수 있는 방법을 제공하지 아니한 자

6. 제23조제2항, 제24조제3항, 제25조제6항, 제28조의4제1항 또는 제29조를 위반하여 안전성 확보에 필요한 조치를 하지 아니한 자

7. 제25조제1항을 위반하여 영상정보처리기기를 설치·운영한 자

7의2. 제28조의5제2항을 위반하여 개인을 알아볼 수 있는 정보가 생성되었음에도 이용을 중지하지 아니하거나 이를 회수·파기하지 아니한 자

7의3. 제32조의2제6항을 위반하여 인증을 받지 아니하였음에도 거짓으로 인증의 내용을 표시하거나 홍보한 자

8. 제34조제1항을 위반하여 정보주체에게 같은 항 각 호의 사실을 알리지 아니한 자

9. 제34조제3항을 위반하여 조치 결과를 신고하지 아니한 자

10. 제35조제3항을 위반하여 열람을 제한하거나 거절한 자

11. 제36조제2항을 위반하여 정정·삭제 등 필요한 조치를 하지 아니한 자

12. 제37조제4항을 위반하여 처리가 정지된 개인정보에 대하여 파기 등 필요한 조치를 하지 아니한 자

12의2. 제39조의3제3항(제39조의14에 따라 준용되는 경우를 포함한다)을 위반하여 서비스의 제공을 거부한 자

12의3. 제39조의4제1항(제39조의14에 따라 준용되는 경우를 포함한다)을 위반하여 이용자·보호위원회 및 전문기관에 통지 또는 신고하지 아니하거나 정당한 사유 없이 24시간을 경과하여 통지 또는 신고한 자

12의4. 제39조의4제3항을 위반하여 소명을 하지 아니하거나 거짓으로 한 자

12의5. 제39조의7제2항(제39조의14에 따라 준용되는 경우를 포함한다)을 위

반하여 개인정보의 동의 철회·열람·정정 방법을 제공하지 아니한 자

12의6. 제39조의7제3항(제39조의14에 따라 준용되는 경우와 제27조에 따라 정보통신서비스 제공자등으로부터 개인정보를 이전받은 자를 포함한다)을 위반하여 필요한 조치를 하지 아니한 정보통신서비스 제공자등

12의7. 제39조의8제1항 본문(제39조의14에 따라 준용되는 경우를 포함한다)을 위반하여 개인정보의 이용내역을 통지하지 아니한 자

12의8. 제39조의12제4항(같은 조 제5항에 따라 준용되는 경우를 포함한다)을 위반하여 보호조치를 하지 아니한 자

13. 제64조제1항에 따른 시정명령에 따르지 아니한 자

③ 다음 각 호의 어느 하나에 해당하는 자에게는 2천만원 이하의 과태료를 부과한다. <신설 2020.2.4.>

1. 제39조의9제1항을 위반하여 보험 또는 공제 가입, 준비금 적립 등 필요한 조치를 하지 아니한 자

2. 제39조의11제1항을 위반하여 국내대리인을 지정하지 아니한 자

3. 제39조의12제2항 단서를 위반하여 제39조의12제3항 각 호의 사항 모두를 공개하거나 이용자에게 알리지 아니하고 이용자의 개인정보를 국외에 처리위탁·보관한 자

④ 다음 각 호의 어느 하나에 해당하는 자에게는 1천만원 이하의 과태료를 부과한다. <개정 2017.4.18., 2020.2.4.>

1. 제21조제3항을 위반하여 개인정보를 분리하여 저장·관리하지 아니한 자

2. 제22조제1항부터 제4항까지의 규정을 위반하여 동의를 받은 자

3. 제25조제4항을 위반하여 안내판 설치 등 필요한 조치를 하지 아니한 자

4. 제26조제1항을 위반하여 업무 위탁 시 같은 항 각 호의 내용이 포함된 문서에 의히지 아니한 자

5. 제26조제2항을 위반하여 위탁하는 업무의 내용과 수탁자를 공개하지 아니한 자

6. 제27조제1항 또는 제2항을 위반하여 정보주체에게 개인정보의 이전 사실

을 알리지 아니한 자

6의2. 제28조의4제2항을 위반하여 관련 기록을 작성하여 보관하지 아니한 자

7. 제30조제1항 또는 제2항을 위반하여 개인정보 처리방침을 정하지 아니하거나 이를 공개하지 아니한 자

8. 제31조제1항을 위반하여 개인정보 보호책임자를 지정하지 아니한 자

9. 제35조제3항·제4항, 제36조제2항·제4항 또는 제37조제3항을 위반하여 정보주체에게 알려야 할 사항을 알리지 아니한 자

10. 제63조제1항에 따른 관계 물품·서류 등 자료를 제출하지 아니하거나 거짓으로 제출한 자

11. 제63조제2항에 따른 출입·검사를 거부·방해 또는 기피한 자

⑤ 제1항부터 제4항까지의 규정에 따른 과태료는 대통령령으로 정하는 바에 따라 보호위원회와 관계 중앙행정기관의 장이 부과·징수한다. 이 경우 관계 중앙행정기관의 장은 소관 분야의 개인정보처리자에게 과태료를 부과·징수한다. <개정 2013.3.23., 2014.11.19., 2017.7.26., 2020.2.4.>

제76조(과태료에 관한 규정 적용의 특례) 제75조의 과태료에 관한 규정을 적용할 때 제34조의2에 따라 과징금을 부과한 행위에 대하여는 과태료를 부과할 수 없다.

[본조신설 2013.8.6.]

부 칙 〈법률 제16930호, 2020.2.4.〉

제1조(시행일) 이 법은 공포 후 6개월이 경과한 날부터 시행한다.

제2조(위원 임기에 관한 경과조치) 이 법 시행 당시 종전의 규정에 따라 임명된 보호위원회의 위원의 임기는 이 법 시행 전날 만료된 것으로 본다.

제3조(기능조정에 따른 소관 사무 등에 관한 경과조치) ① 이 법 시행 당시

「방송통신위원회의 설치 및 운영에 관한 법률」 제11조제1항의 방송통신위원회의 소관사무 중 개인정보 보호에 해당하는 사무는 보호위원회가 승계한다.

② 이 법 시행 당시 행정안전부장관의 소관 사무 중 제7조의8의 개정규정에 따른 사무는 보호위원회가 승계한다.

③ 이 법 시행 전에 행정안전부장관이 행한 고시·행정처분, 그 밖에 행정안전부장관의 행위와 행정안전부장관에 대한 신청·신고, 그 밖의 행위 중 그 소관이 행정안전부장관으로부터 보호위원회로 이관되는 사항에 관한 행위는 보호위원회의 행위 또는 보호위원회에 대한 행위로 본다.

④ 이 법 시행 전에 방송통신위원회가 행한 고시·행정처분, 그 밖의 행위와 신고 등 방송통신위원회에 대한 행위 중 그 소관이 방송통신위원회에서 보호위원회로 이관되는 사항에 관한 행위는 이 법에 따른 보호위원회의 행위 또는 보호위원회에 대한 행위로 본다.

⑤ 이 법 시행 당시 행정안전부·방송통신위원회 소속 공무원 중 대통령령으로 정하는 공무원은 이 법에 따른 보호위원회 소속 공무원으로 본다.

제4조(보호위원회에 관한 경과조치) ① 이 법 시행 당시 종전의 규정에 따른 보호위원회의 행위나 보호위원회에 대한 행위는 이 법에 따른 보호위원회의 행위나 보호위원회에 대한 행위로 본다.

제5조(개인정보보호 관리체계 인증기관 등에 관한 경과조치) ① 이 법 시행 당시 「정보통신망 이용촉진 및 정보보호 등에 관한 법률」(이하 "「정보통신망법」"이라 한다) 제47조의3에 따라 인증기관 또는 심사기관으로 지정받은 자는 이 법 제32조의2에 따라 전문기관으로 지정받은 것으로 본다.

② 이 법 시행 당시 「정보통신망법」 제47조의3에 따라 개인정보보호 관리체계 인증을 받거나 인증심사원 자격을 부여받은 자는 이 법 제32조의2에 따라 개인정보보호 관리체계 인증을 받거나 인증심사원 자격을 부여받은 것으로 본다.

제6조(권한의 위임·위탁에 관한 경과조치) 이 법 시행 당시 종전의 규정에 따라 행정안전부장관의 권한 일부를 위임 또는 위탁받은 특별시장, 광역시

장, 도지사, 특별자치도지사, 특별자치시장 또는 전문기관은 이 법에 따라 보호위원회의 권한 일부를 위임 또는 위탁받은 것으로 본다.

제7조(벌칙 및 과태료에 관한 경과조치) 이 법 시행 전의 행위에 대한 벌칙 및 과태료의 적용은 종전의 규정에 따른다.

제8조(과징금 부과에 관한 경과조치) 이 법 시행 전에 종료된 행위에 대한 과징금의 부과는 종전의 규정에 따른다.

제9조(다른 법률의 개정) ① 방송통신위원회의 설치 및 운영에 관한 법률 일부를 다음과 같이 개정한다.
제11조제1항제2호 중 "개인정보보호윤리"를 "인터넷 윤리, 건전한 인터넷 이용환경 조성"으로 한다.

② 신용정보의 이용 및 보호에 관한 법률 일부를 다음과 같이 개정한다.
제39조의2제4항 중 "행정안전부장관에게"를 "개인정보 보호위원회에"로 한다.

③ 정부조직법 일부를 다음과 같이 개정한다.
제34조제1항 중 "전자정부, 개인정보보호"를 "전자정부"로 한다.

④ 주민등록법 일부를 다음과 같이 개정한다.
제7조의5제6항제1호 중 "관계 행정기관(「개인정보 보호법」 제7조에 따른 개인정보 보호위원회를 포함한다)"을 "관계 행정기관"으로 한다.

제10조(다른 법령과의 관계) ① 이 법 시행 당시 다른 법령(이 법 시행 전에 공포되었으나 시행일이 도래하지 아니한 법령을 포함한다)에서 이 법에 따라 보호위원회가 승계하는 방송통신위원회 및 행정안전부의 사무와 관련하여 "방송통신위원회" 또는 "방송통신위원회 위원장"을 인용한 경우에는 그 법령에서 규정한 내용에 따라 "보호위원회" 또는 "보호위원회 위원장"을 인용한 것으로, "방송통신위원회 소속 공무원"을 인용한 경우에는 "보호위원회 소속 공무원"을 인용한 것으로 보며, "행정안전부" 또는 "행정안전부장관"을 인용한 경우에는 그 법령에서 규정한 내용에 따라 "보호위원회" 또는 "보호위원회 위원장"을 인용한 것으로, "행정안전부 소속 공무원"을 인용한 경우

에는 "보호위원회 소속 공무원"을 인용한 것으로 본다.

② 이 법 시행 당시 다른 법령에서 종전의 「정보통신망법」 또는 그 규정을 인용하고 있는 경우 이 법에 그에 해당하는 규정이 있는 때에는 이 법 또는 이 법의 해당 규정을 인용한 것으로 본다.

개인정보 보호법 시행령

[시행 2022.10.20.] [대통령령 제32813호, 2022.7.19., 일부개정]

제1장 총칙

제1조(목적) 이 영은 「개인정보 보호법」에서 위임된 사항과 그 시행에 필요한 사항을 규정함을 목적으로 한다.

제2조(공공기관의 범위) 「개인정보 보호법」(이하 "법"이라 한다) 제2조제6호나목에서 "대통령령으로 정하는 기관"이란 다음 각 호의 기관을 말한다. <개정 2020.7.14.>

1. 「국가인권위원회법」 제3조에 따른 국가인권위원회

1의2. 「고위공직자범죄수사처 설치 및 운영에 관한 법률」 제3조제1항에 따른 고위공직자범죄수사처

2. 「공공기관의 운영에 관한 법률」 제4조에 따른 공공기관

3. 「지방공기업법」에 따른 지방공사와 지방공단

4. 특별법에 따라 설립된 특수법인

5. 「초·중등교육법」, 「고등교육법」, 그 밖의 다른 법률에 따라 설치된 각급 학교

제3조(영상정보처리기기의 범위) 법 제2조제7호에서 "대통령령으로 정하는 장치"란 다음 각 호의 장치를 말한다.

1. 폐쇄회로 텔레비전: 다음 각 목의 어느 하나에 해당하는 장치

   가. 일정한 공산에 지속적으로 설치된 카메라를 통하여 영상 등을 촬영하거나 촬영한 영상정보를 유무선 폐쇄회로 등의 전송로를 통하여 특정 장소에 전송하는 장치

   나. 가목에 따라 촬영되거나 전송된 영상정보를 녹화·기록할 수 있도록 하는 장치

2. 네트워크 카메라: 일정한 공간에 지속적으로 설치된 기기로 촬영한 영상정보를 그 기기를 설치·관리하는 자가 유무선 인터넷을 통하여 어느 곳에서나 수집·저장 등의 처리를 할 수 있도록 하는 장치

제2장 개인정보 보호위원회

제4조 삭제 <2020.8.4.>

제4조의2(영리업무의 금지) 법 제7조제1항에 따른 개인정보 보호위원회(이하 "보호위원회"라 한다)의 위원은 법 제7조의6제1항에 따라 영리를 목적으로 다음 각 호의 어느 하나에 해당하는 업무에 종사해서는 안 된다.

1. 법 제7조의9제1항에 따라 보호위원회가 심의·의결하는 사항과 관련된 업무

2. 법 제40조제1항에 따른 개인정보 분쟁조정위원회(이하 "분쟁조정위원회"라 한다)가 조정하는 사항과 관련된 업무

[본조신설 2020.8.4.]

제5조(전문위원회) ① 보호위원회는 법 제7조의9제1항에 따른 심의·의결 사항에 대하여 사전에 전문적으로 검토하기 위하여 보호위원회에 분야별 전문위원회(이하 "전문위원회"라 한다)를 둘 수 있다. <개정 2020.8.4.>

② 제1항에 따라 전문위원회를 두는 경우 각 전문위원회는 위원장 1명을 포함한 20명 이내의 위원으로 성별을 고려하려 구성하되, 전문위원회 위원은 다음 각 호의 사람 중에서 보호위원회 위원장이 임명하거나 위촉하고, 전문위원회 위원장은 보호위원회 위원장이 전문위원회 위원 중에서 지명한다. <개정 2016.7.22., 2020.8.4.>

1. 보호위원회 위원

2. 개인정보 보호 관련 업무를 담당하는 중앙행정기관의 관계 공무원

3. 개인정보 보호에 관한 전문지식과 경험이 풍부한 사람

4. 개인정보 보호와 관련된 단체 또는 사업자단체에 속하거나 그 단체의 추

천을 받은 사람

③ 삭제 <2020.8.4.>

제5조의2(개인정보 보호 정책협의회) ① 개인정보 보호 정책의 일관성 있는 추진과 개인정보 보호 관련 사안에 대한 관계 중앙행정기관 간 협의를 위하여 보호위원회에 개인정보 보호 정책협의회(이하 "정책협의회"라 한다)를 둘 수 있다.

② 정책협의회는 다음 각 호의 사항을 협의한다.

1. 법 제9조에 따른 개인정보 보호 기본계획 및 법 제10조에 따른 시행계획 등 개인정보 보호와 관련된 주요 정책

2. 개인정보 보호와 관련된 주요 법령의 제·개정

3. 개인정보 보호와 관련된 주요 정책의 협력 및 의견조정

4. 개인정보 침해사고 예방 및 대응

5. 개인정보 보호 기술개발 및 전문인력의 양성

6. 그 밖에 개인정보 보호와 관련하여 관계 중앙행정기관 간 협의가 필요한 사항

③ 정책협의회는 관계 중앙행정기관의 고위공무원단에 속하는 공무원 또는 그에 상당하는 공무원으로서 개인정보 보호와 관련된 업무를 담당하는 사람 중 소속 기관의 장이 지명하는 사람으로 구성하되, 정책협의회의 의장(이하 이 조에서 "의장"이라 한다)은 보호위원회의 부위원장으로 한다.

④ 정책협의회는 업무를 수행하기 위하여 필요한 경우에는 실무협의회 또는 분야별 협의회를 둘 수 있다.

⑤ 실무협의회 및 분야별 협의회의 의장은 보호위원회 소속 공무원 중에서 의장이 임명한다.

⑥ 정책협의회, 실무협의회 및 분야별 협의회는 업무를 수행하기 위하여 필요한 경우에는 관계 기관·단체 및 전문가 등에게 출석, 자료 또는 의견의 제출 등 필요한 협조를 요청할 수 있다.

⑦ 제1항부터 제6항까지에서 규정한 사항 외에 정책협의회의 운영 등에 필요한 사항은 정책협의회의 의결을 거쳐 의장이 정한다.

[본조신설 2020.8.4.]

제5조의3(시·도 개인정보 보호 관계 기관 협의회) ① 개인정보 보호 정책의 효율적인 추진과 자율적인 개인정보 보호 강화를 위하여 특별시, 광역시, 특별자치시, 도, 특별자치도(이하 "시·도"라 한다)에 시·도 개인정보 보호 관계 기관 협의회(이하 "시·도협의회"라 한다)를 둘 수 있다.

② 시·도협의회는 다음 각 호의 사항을 협의한다.

1. 시·도 개인정보 보호 정책

2. 관계 기관·단체 등의 의견 수렴 및 전달

3. 개인정보 보호 우수사례 공유

4. 그 밖에 개인정보 보호와 관련하여 시·도협의회의 협의가 필요한 사항

③ 제1항 및 제2항에서 규정한 사항 외에 시·도협의회의 구성 및 운영 등에 필요한 사항은 시·도의 조례로 정한다.

[본조신설 2020.8.4.]

제6조(의사의 공개) 보호위원회의 의사(議事)는 공개한다. 다만, 보호위원회 위원장이 필요하다고 인정하는 경우에는 공개하지 아니할 수 있다.

제7조(공무원 등의 파견) 보호위원회는 그 업무 수행을 위하여 필요하다고 인정하는 경우에는 공공기관에 그 소속 공무원 또는 임직원의 파견을 요청할 수 있다.

제8조 삭제 <2020.8.4.>

제9조(출석수당 등) 보호위원회, 전문위원회 또는 정책협의회에 출석한 위원, 법 제7조의9제2항에 따라 보호위원회에 출석한 사람, 전문위원회에 출석한 사람 또는 정책협의회에 출석한 사람에게는 예산의 범위에서 수당·여비,

그 밖에 필요한 경비를 지급할 수 있다. 다만, 공무원이 그 소관 업무와 직접 관련되어 출석하는 경우에는 그렇지 않다. <개정 2020.8.4.>

제9조의2(정책·제도·법령 개선 권고의 절차 등) ① 보호위원회는 법 제7조의9제4항에 따라 관계 기관에 정책·제도 및 법령의 개선을 권고하는 경우에는 그 내용과 사유 등을 함께 통보해야 한다. <개정 2020.8.4.>

② 보호위원회는 법 제7조의9제5항에 따른 권고내용의 이행여부를 점검하기 위하여 관계 기관에 권고사항의 이행결과에 대한 자료 제출을 요청할 수 있다. <개정 2020.8.4.>

[본조신설 2016.7.22.]

제9조의3(개인정보 침해요인 평가 절차 등) ① 중앙행정기관의 장은 법 제8조의2제1항에 따라 개인정보 침해요인 평가(이하 "침해요인 평가"라 한다)를 요청하는 경우 다음 각 호의 사항을 포함하는 개인정보 침해요인 평가 요청서(전자문서를 포함한다)를 보호위원회에 제출하여야 한다.

1. 법령(법령안을 포함한다)을 통하여 도입되거나 변경되는 개인정보 처리를 수반하는 정책·제도의 목적과 주요 내용

2. 개인정보 처리를 수반하는 정책·제도의 도입·변경에 따른 제2항 각 호의 사항에 대한 개인정보 침해요인 자체 분석

3. 개인정보 처리를 수반하는 정책·제도의 도입·변경에 따른 개인정보 보호 대책

② 보호위원회는 제1항에 따른 요청서를 받은 경우에는 다음 각 호의 사항을 고려하여 침해요인 평가를 하고, 그 결과를 해당 중앙행정기관의 장에게 통보하여야 한다.

1. 개인정보 처리의 필요성

2. 개인정보 주체의 권리보장의 적정성

3. 개인정보 관리의 안전성

4. 그 밖에 침해요인 평가에 필요한 사항

③ 중앙행정기관의 장은 법 제8조의2제2항에 따른 권고를 받은 경우에는 그 내용을 해당 법령안에 반영하는 등 권고내용을 이행하도록 노력하여야 한다. 다만, 보호위원회의 권고대로 이행하기 곤란한 경우에는 그 사유를 보호위원회에 통보하여야 한다.

④ 보호위원회는 침해요인 평가를 하는 경우에는 침해요인 평가에 필요한 자료 등을 해당 중앙행정기관의 장에게 요청할 수 있다.

⑤ 보호위원회는 침해요인 평가의 세부기준 및 방법 등 침해요인 평가에 필요한 지침을 수립하여 중앙행정기관의 장에게 통보할 수 있다.

⑥ 보호위원회는 침해요인 평가를 실시하기 위하여 필요하면 관계 전문가에게 자문 등을 할 수 있다.

　[본조신설 2016.7.22.]

제10조 삭제 <2020.8.4.>

제3장 기본계획 및 시행계획의 수립절차

제11조(기본계획의 수립절차 등) ① 보호위원회는 3년마다 법 제9조에 따른 개인정보 보호 기본계획(이하 "기본계획"이라 한다)을 그 3년이 시작되는 해의 전년도 6월 30일까지 수립해야 한다. <개정 2013.3.23., 2014.11.19., 2016.7.22., 2020.8.4.>

② 보호위원회는 제1항에 따라 기본계획을 작성하는 경우에는 관계 중앙행정기관의 장으로부터 개인정보 보호 관련 중장기 계획과 시책 등을 반영한 부문별 계획을 제출받아 기본계획에 반영할 수 있다. 이 경우 보호위원회는 기본계획의 목표, 추진방향 및 부문별 계획의 작성 지침 등에 관하여 관계 중앙행정기관의 장과 협의하여야 한다. <개정 2013.3.23., 2014.11.19., 2016.7.22.>

③ 보호위원회는 기본계획이 확정되면 지체 없이 관계 중앙행정기관의 장에게 통보하여야 한다. <개정 2013.3.23., 2014.11.19., 2016.7.22.>

제12조(시행계획의 수립절차 등) ① 보호위원회는 매년 6월 30일까지 다음 해 시행계획의 작성방법 등에 관한 지침을 마련하여 관계 중앙행정기관의 장에게 통보해야 한다. <개정 2013.3.23., 2014.11.19., 2016.7.22., 2020.8.4.>

② 관계 중앙행정기관의 장은 제1항의 지침에 따라 기본계획 중 다음 해에 시행할 소관 분야의 시행계획을 작성하여 매년 9월 30일까지 보호위원회에 제출해야 한다. <개정 2020.8.4.>

③ 보호위원회는 제2항에 따라 제출된 시행계획을 그 해 12월 31일까지 심의·의결해야 한다. <개정 2020.8.4.>

제13조(자료제출 요구 등의 범위와 방법) ① 보호위원회는 법 제11조제1항에 따라 개인정보처리자에게 다음 각 호의 사항에 관한 자료의 제출이나 의견의 진술 등을 요구할 수 있다. <개정 2013.3.23., 2014.11.19., 2016.7.22.>

1. 해당 개인정보처리자가 처리하는 개인정보 및 개인정보파일의 관리와 영상정보처리기기의 설치·운영에 관한 사항

2. 법 제31조에 따른 개인정보 보호책임자의 지정 여부에 관한 사항

3. 개인정보의 안전성 확보를 위한 기술적·관리적·물리적 조치에 관한 사항

4. 정보주체의 열람, 개인정보의 정정·삭제·처리정지의 요구 및 조치 현황에 관한 사항

5. 그 밖에 법 및 이 영의 준수에 관한 사항 등 기본계획의 수립·추진을 위하여 필요한 사항

② 보호위원회는 제1항에 따라 자료의 제출이나 의견의 진술 등을 요구할 때에는 기본계획을 효율적으로 수립·추진하기 위하여 필요한 최소한의 범위로 한정하여 요구하여야 한다. <개정 2013.3.23., 2014.11.19., 2016.7.22.>

③ 법 제11조제3항에 따라 중앙행정기관의 장이 소관 분야의 개인정보처리자에게 자료의 제출 등을 요구하는 경우에는 제1항과 제2항을 준용한다. 이 경우 "보호위원회"는 "중앙행정기관의 장"으로, "법 제11조제1항"은 "법 제11조제3항"으로 본다. <개정 2013.3.23., 2014.11.19., 2016.7.22.>

제14조(자율규제의 촉진 및 지원) 보호위원회는 법 제13조제2호에 따라 개인정보처리자의 자율적인 개인정보 보호활동을 촉진하기 위하여 예산의 범위에서 개인정보 보호와 관련된 기관 또는 단체에 필요한 지원을 할 수 있다. <개정 2013.3.23., 2014.11.19., 2017.7.26., 2020.8.4.>

제4장 개인정보의 처리

제14조의2(개인정보의 추가적인 이용·제공의 기준 등) ① 개인정보처리자는 법 제15조제3항 또는 제17조제4항에 따라 정보주체의 동의 없이 개인정보를 이용 또는 제공(이하 "개인정보의 추가적인 이용 또는 제공"이라 한다)하려는 경우에는 다음 각 호의 사항을 고려해야 한다.

1. 당초 수집 목적과 관련성이 있는지 여부

2. 개인정보를 수집한 정황 또는 처리 관행에 비추어 볼 때 개인정보의 추가적인 이용 또는 제공에 대한 예측 가능성이 있는지 여부

3. 정보주체의 이익을 부당하게 침해하는지 여부

4. 가명처리 또는 암호화 등 안전성 확보에 필요한 조치를 하였는지 여부

② 개인정보처리자는 제1항 각 호의 고려사항에 대한 판단 기준을 법 제30조제1항에 따른 개인정보 처리방침에 미리 공개하고, 법 제31조제1항에 따른 개인정보 보호책임자가 해당 기준에 따라 개인정보의 추가적인 이용 또는 제공을 하고 있는지 여부를 점검해야 한다.

[본조신설 2020.8.4.]

제15조(개인정보의 목적 외 이용 또는 제3자 제공의 관리) 공공기관은 법 제18조제2항에 따라 개인정보를 목적 외의 용도로 이용하거나 이를 제3자에게 제공하는 경우에는 다음 각 호의 사항을 보호위원회가 정하여 고시하는 개인정보의 목적 외 이용 및 제3자 제공 대장에 기록하고 관리해야 한다. <개정 2013.3.23., 2014.11.19., 2017.7.26., 2020.8.4.>

1. 이용하거나 제공하는 개인정보 또는 개인정보파일의 명칭

2. 이용기관 또는 제공받는 기관의 명칭

3. 이용 목적 또는 제공받는 목적

4. 이용 또는 제공의 법적 근거

5. 이용하거나 제공하는 개인정보의 항목

6. 이용 또는 제공의 날짜, 주기 또는 기간

7. 이용하거나 제공하는 형태

8. 법 제18조제5항에 따라 제한을 하거나 필요한 조치를 마련할 것을 요청한 경우에는 그 내용

제15조의2(개인정보 수집 출처 등 고지 대상·방법·절차) ① 법 제20조제2항 본문에서 "대통령령으로 정하는 기준에 해당하는 개인정보처리자"란 다음 각 호의 어느 하나에 해당하는 개인정보처리자를 말한다.

1. 5만명 이상의 정보주체에 관하여 법 제23조에 따른 민감정보(이하 "민감정보"라 한다) 또는 법 제24조제1항에 따른 고유식별정보(이하 "고유식별정보"라 한다)를 처리하는 자

2. 100만명 이상의 정보주체에 관하여 개인정보를 처리하는 자

② 제1항 각 호의 어느 하나에 해당하는 개인정보처리자는 법 제20조제1항 각 호의 사항을 서면·전화·문자전송·전자우편 등 정보주체가 쉽게 알 수 있는 방법으로 개인정보를 제공받은 날부터 3개월 이내에 정보주체에게 알려야 한다. 다만, 법 제17조제2항제1호부터 제4호까지의 사항에 대하여 같은 조 제1항제1호에 따라 정보주체의 동의를 받은 범위에서 연 2회 이상 주기적으로 개인정보를 제공받아 처리하는 경우에는 개인정보를 제공받은 날부터 3개월 이내에 정보주체에게 알리거나 그 동의를 받은 날부터 기산하여 연 1회 이상 정보주체에게 알려야 한다.

③ 제1항 각 호의 어느 하나에 해당하는 개인정보처리자는 제2항에 따라 알린 경우 다음 각 호의 사항을 법 제21조 또는 제37조제4항에 따라 해당 개인정보를 파기할 때까지 보관·관리하여야 한다.

1. 정보주체에게 알린 사실

2. 알린 시기

3. 알린 방법

　[본조신설 2016.9.29.]

제16조(개인정보의 파기방법) ① 개인정보처리자는 법 제21조에 따라 개인정보를 파기할 때에는 다음 각 호의 구분에 따른 방법으로 해야 한다. <개정 2014.8.6., 2022.7.19.>

1. 전자적 파일 형태인 경우: 복원이 불가능한 방법으로 영구 삭제. 다만, 기술적 특성으로 영구 삭제가 현저히 곤란한 경우에는 법 제58조의2에 해당하는 정보로 처리하여 복원이 불가능하도록 조치해야 한다.

2. 제1호 외의 기록물, 인쇄물, 서면, 그 밖의 기록매체인 경우: 파쇄 또는 소각

② 제1항에 따른 개인정보의 안전한 파기에 관한 세부 사항은 보호위원회가 정하여 고시한다. <신설 2014.8.6., 2014.11.19., 2017.7.26., 2020.8.4.>

제17조(동의를 받는 방법) ① 개인정보처리자는 법 제22조에 따라 개인정보의 처리에 대하여 다음 각 호의 어느 하나에 해당하는 방법으로 정보주체의 동의를 받아야 한다.

1. 동의 내용이 적힌 서면을 정보주체에게 직접 발급하거나 우편 또는 팩스 등의 방법으로 전달하고, 정보주체가 서명하거나 날인한 동의서를 받는 방법

2. 전화를 통하여 동의 내용을 정보주체에게 알리고 동의의 의사표시를 확인하는 방법

3. 전화를 통하여 동의 내용을 정보주체에게 알리고 정보주체에게 인터넷주소 등을 통하여 동의 사항을 확인하도록 한 후 다시 전화를 통하여 그 동의 사항에 대한 동의의 의사표시를 확인하는 방법

4. 인터넷 홈페이지 등에 동의 내용을 게재하고 정보주체가 동의 여부를 표시하도록 하는 방법

5. 동의 내용이 적힌 전자우편을 발송하여 정보주체로부터 동의의 의사표시가 적힌 전자우편을 받는 방법

6. 그 밖에 제1호부터 제5호까지의 규정에 따른 방법에 준하는 방법으로 동의 내용을 알리고 동의의 의사표시를 확인하는 방법

② 법 제22조제2항에서 "대통령령으로 정하는 중요한 내용"이란 다음 각 호의 사항을 말한다. <신설 2017.10.17.>

1. 개인정보의 수집·이용 목적 중 재화나 서비스의 홍보 또는 판매 권유 등을 위하여 해당 개인정보를 이용하여 정보주체에게 연락할 수 있다는 사실

2. 처리하려는 개인정보의 항목 중 다음 각 목의 사항

   가. 제18조에 따른 민감정보

   나. 제19조제2호부터 제4호까지의 규정에 따른 여권번호, 운전면허의 면허번호 및 외국인등록번호

3. 개인정보의 보유 및 이용 기간(제공 시에는 제공받는 자의 보유 및 이용 기간을 말한다)

4. 개인정보를 제공받는 자 및 개인정보를 제공받는 자의 개인정보 이용 목적

③ 개인정보처리자가 정보주체로부터 법 제18조제2항제1호 및 제22조제4항에 따른 동의를 받거나 법 제22조제3항에 따라 선택적으로 동의할 수 있는 사항에 대한 동의를 받으려는 때에는 정보주체가 동의 여부를 선택할 수 있다는 사실을 명확하게 확인할 수 있도록 선택적으로 동의할 수 있는 사항 외의 사항과 구분하여 표시하여야 한다. <신설 2015.12.30., 2017.10.17.>

④ 개인정보처리자는 법 제22조제6항에 따라 만 14세 미만 아동의 법정대리인의 동의를 받기 위하여 해당 아동으로부터 직접 법정대리인의 성명·연락처에 관한 정보를 수집할 수 있다. <개정 2015.12.30., 2017.10.17.>

⑤ 중앙행정기관의 장은 제1항에 따른 동의방법 중 소관 분야의 개인정보처리자별 업무, 업종의 특성 및 정보주체의 수 등을 고려하여 적절한 동의방법에 관한 기준을 법 제12조제2항에 따른 개인정보 보호지침(이하 "개인정보 보호지침"이라 한다)으로 정하여 그 기준에 따라 동의를 받도록 개인정보처리자에게 권장할 수 있다. <개정 2015.12.30., 2017.10.17.>

제18조(민감정보의 범위) 법 제23조제1항 각 호 외의 부분 본문에서 "대통령령으로 정하는 정보"란 다음 각 호의 어느 하나에 해당하는 정보를 말한다. 다만, 공공기관이 법 제18조제2항제5호부터 제9호까지의 규정에 따라 다음 각 호의 어느 하나에 해당하는 정보를 처리하는 경우의 해당 정보는 제외한다. <개정 2016.9.29., 2020.8.4.>

1. 유전자검사 등의 결과로 얻어진 유전정보

2. 「형의 실효 등에 관한 법률」 제2조제5호에 따른 범죄경력자료에 해당하는 정보

3. 개인의 신체적, 생리적, 행동적 특징에 관한 정보로서 특정 개인을 알아볼 목적으로 일정한 기술적 수단을 통해 생성한 정보

4. 인종이나 민족에 관한 정보

제19조(고유식별정보의 범위) 법 제24조제1항 각 호 외의 부분에서 "대통령령으로 정하는 정보"란 다음 각 호의 어느 하나에 해당하는 정보를 말한다. 다만, 공공기관이 법 제18조제2항제5호부터 제9호까지의 규정에 따라 다음 각 호의 어느 하나에 해당하는 정보를 처리하는 경우의 해당 정보는 제외한다. <개정 2016.9.29., 2017.6.27., 2020.8.4.>

1. 「주민등록법」 제7조의2제1항에 따른 주민등록번호

2. 「여권법」 제7조제1항제1호에 따른 여권번호

3. 「도로교통법」 제80조에 따른 운전면허의 면허번호

4. 「출입국관리법」 제31조제5항에 따른 외국인등록번호

제20조 삭제 <2014.8.6.>

제21조(고유식별정보의 안전성 확보 조치) ① 법 제24조제3항에 따른 고유식별정보의 안전성 확보 조치에 관하여는 제30조 또는 제48조의2를 준용한다. 이 경우 "법 제29조"는 "법 제24조제3항"으로, "개인정보"는 "고유식별정보"로 본다. <개정 2020.8.4.>

② 법 제24조제4항에서 "대통령령으로 정하는 기준에 해당하는 개인정보처리자"란 다음 각 호의 어느 하나에 해당하는 개인정보처리자를 말한다.

1. 공공기관

2. 5만명 이상의 정보주체에 관하여 고유식별정보를 처리하는 자

③ 보호위원회는 제2항 각 호의 어느 하나에 해당하는 개인정보처리자에 대하여 법 제24조제4항에 따라 안전성 확보에 필요한 조치를 하였는지를 2년마다 1회 이상 조사해야 한다. <개정 2017.7.26., 2020.8.4.>

④ 제3항에 따른 조사는 제2항 각 호의 어느 하나에 해당하는 개인정보처리자에게 온라인 또는 서면을 통하여 필요한 자료를 제출하게 하는 방법으로 한다.

⑤ 법 제24조제5항에서 "대통령령으로 정하는 전문기관"이란 다음 각 호의 기관을 말한다. <개정 2017.7.26., 2020.8.4.>

1. 「정보통신망 이용촉진 및 정보보호 등에 관한 법률」 제52조에 따른 한국인터넷진흥원(이하 "한국인터넷진흥원"이라 한다)

2. 법 제24조제4항에 따른 조사를 수행할 수 있는 기술적·재정적 능력과 설비를 보유한 것으로 인정되어 보호위원회가 정하여 고시하는 법인, 단체 또는 기관

[전문개정 2016.9.29.]

제21조의2(주민등록번호 암호화 적용 대상 등) ① 법 제24조의2제2항에 따라 암호화 조치를 하여야 하는 암호화 적용 대상은 주민등록번호를 전자적인 방법으로 보관하는 개인정보처리자로 한다.

② 제1항의 개인정보처리자에 대한 암호화 적용 시기는 다음 각 호와 같다.

1. 100만명 미만의 정보주체에 관한 주민등록번호를 보관하는 개인정보처리자: 2017년 1월 1일

2. 100만명 이상의 정보주체에 관한 주민등록번호를 보관하는 개인정보처리자: 2018년 1월 1일

③ 보호위원회는 기술적· 경제적 타당성 등을 고려하여 제1항에 따른 암호화

조치의 세부적인 사항을 정하여 고시할 수 있다. <개정 2017.7.26., 2020.8.4.>

[본조신설 2015.12.30.]

제22조(영상정보처리기기 설치·운영 제한의 예외) ① 법 제25조제2항 단서에서 "대통령령으로 정하는 시설"이란 다음 각 호의 시설을 말한다. <개정 2017.5.29., 2020.8.4.>

1. 「형의 집행 및 수용자의 처우에 관한 법률」 제2조제1호에 따른 교정시설

2. 「정신건강증진 및 정신질환자 복지서비스 지원에 관한 법률」 제3조제5호부터 제7호까지의 규정에 따른 정신의료기관(수용시설을 갖추고 있는 것만 해당한다), 정신요양시설 및 정신재활시설

② 중앙행정기관의 장은 소관 분야의 개인정보처리자가 법 제25조제2항 단서에 따라 제1항 각 호의 시설에 영상정보처리기기를 설치·운영하는 경우 정보주체의 사생활 침해를 최소화하기 위하여 필요한 세부 사항을 개인정보 보호지침으로 정하여 그 준수를 권장할 수 있다.

제23조(영상정보처리기기 설치 시 의견 수렴) ① 법 제25조제1항 각 호에 따라 영상정보처리기기를 설치·운영하려는 공공기관의 장은 다음 각 호의 어느 하나에 해당하는 절차를 거쳐 관계 전문가 및 이해관계인의 의견을 수렴하여야 한다.

1. 「행정절차법」에 따른 행정예고의 실시 또는 의견청취

2. 해당 영상정보처리기기의 설치로 직접 영향을 받는 지역 주민 등을 대상으로 하는 설명회·설문조사 또는 여론조사

② 법 제25조제2항 단서에 따른 시설에 영상정보처리기기를 설치·운영하려는 자는 다음 각 호의 사람으로부터 의견을 수렴하여야 한다.

1. 관계 전문가

2. 해당 시설에 종사하는 사람, 해당 시설에 구금되어 있거나 보호받고 있는 사람 또는 그 사람의 보호자 등 이해관계인

제24조(안내판의 설치 등) ① 법 제25조제1항 각 호에 따라 영상정보처리기기를 설치·운영하는 자(이하 "영상정보처리기기운영자"라 한다)는 영상정보처리기기가 설치·운영되고 있음을 정보주체가 쉽게 알아볼 수 있도록 같은 조 제4항 각 호의 사항이 포함된 안내판을 설치하여야 한다. 다만, 건물 안에 여러 개의 영상정보처리기기를 설치하는 경우에는 출입구 등 잘 보이는 곳에 해당 시설 또는 장소 전체가 영상정보처리기기 설치지역임을 표시하는 안내판을 설치할 수 있다. <개정 2016.9.29.>

1. 삭제 <2016.9.29.>

2. 삭제 <2016.9.29.>

3. 삭제 <2016.9.29.>

② 제1항에도 불구하고 영상정보처리기기운영자가 설치·운영하는 영상정보처리기기가 다음 각 호의 어느 하나에 해당하는 경우에는 안내판 설치를 갈음하여 영상정보처리기기운영자의 인터넷 홈페이지에 법 제25조제4항 각 호의 사항을 게재할 수 있다. <개정 2016.9.29.>

1. 공공기관이 원거리 촬영, 과속·신호위반 단속 또는 교통흐름조사 등의 목적으로 영상정보처리기기를 설치하는 경우로서 개인정보 침해의 우려가 적은 경우

2. 산불감시용 영상정보처리기기를 설치하는 경우 등 장소적 특성으로 인하여 안내판을 설치하는 것이 불가능하거나 안내판을 설치하더라도 정보주체가 쉽게 알아볼 수 없는 경우

③ 제2항에 따라 인터넷 홈페이지에 법 제25조제4항 각 호의 사항을 게재할 수 없으면 영상정보처리기기운영자는 다음 각 호의 어느 하나 이상의 방법으로 법 제25조제4항 각 호의 사항을 공개하여야 한다. <개정 2016.9.29., 2020.8.4.>

1. 영상정보처리기기운영자의 사업장·영업소·사무소·점포 등(이하 "사업장등"이라 한다)의 보기 쉬운 장소에 게시하는 방법

2. 관보(영상정보처리기기운영자가 공공기관인 경우만 해당한다)나 영상정보처리기기운영자의 사업장등이 있는 시·도 이상의 지역을 주된 보급지역으로 하는 「신문 등의 진흥에 관한 법률」 제2조제1호가목·다목 또는 같은 조

제2호에 따른 일반일간신문·일반주간신문 또는 인터넷신문에 싣는 방법

④ 법 제25조제4항 각 호 외의 부분 단서에서 "대통령령으로 정하는 시설"이란 「보안업무규정」 제32조에 따른 국가보안시설을 말한다. <개정 2016.9.29.>

제25조(영상정보처리기기 운영·관리 방침) ① 영상정보처리기기운영자는 법 제25조제7항에 따라 다음 각 호의 사항이 포함된 영상정보처리기기 운영·관리 방침을 마련하여야 한다.

1. 영상정보처리기기의 설치 근거 및 설치 목적

2. 영상정보처리기기의 설치 대수, 설치 위치 및 촬영 범위

3. 관리책임자, 담당 부서 및 영상정보에 대한 접근 권한이 있는 사람

4. 영상정보의 촬영시간, 보관기간, 보관장소 및 처리방법

5. 영상정보처리기기운영자의 영상정보 확인 방법 및 장소

6. 정보주체의 영상정보 열람 등 요구에 대한 조치

7. 영상정보 보호를 위한 기술적·관리적 및 물리적 조치

8. 그 밖에 영상정보처리기기의 설치·운영 및 관리에 필요한 사항

② 제1항에 따라 마련한 영상정보처리기기 운영·관리 방침의 공개에 관하여는 제31조제2항 및 제3항을 준용한다. 이 경우 "개인정보처리자"는 "영상정보처리기기운영자"로, "법 제30조제2항"은 "법 제25조제7항"으로, "개인정보 처리방침"은 "영상정보처리기기 운영·관리 방침"으로 본다. <개정 2016.9.29.>

제26조(공공기관의 영상정보처리기기 설치·운영 사무의 위탁) ① 법 제25조제8항 단서에 따라 공공기관이 영상정보처리기기의 설치·운영에 관한 사무를 위탁하는 경우에는 다음 각 호의 내용이 포함된 문서로 하여야 한다.

1. 위탁하는 사무의 목적 및 범위

2. 재위탁 제한에 관한 사항

3. 영상정보에 대한 접근 제한 등 안전성 확보 조치에 관한 사항

4. 영상정보의 관리 현황 점검에 관한 사항

5. 위탁받는 자가 준수하여야 할 의무를 위반한 경우의 손해배상 등 책임에 관한 사항

② 제1항에 따라 사무를 위탁한 경우에는 제24조제1항부터 제3항까지의 규정에 따른 안내판 등에 위탁받는 자의 명칭 및 연락처를 포함시켜야 한다.

제27조(영상정보처리기기 설치·운영 지침) 보호위원회는 법 및 이 영에서 규정한 사항 외에 영상정보처리기기의 설치·운영에 관한 기준, 설치·운영 사무의 위탁 등에 관하여 법 제12조제1항에 따른 표준 개인정보 보호지침을 정하여 영상정보처리기기운영자에게 그 준수를 권장할 수 있다. <개정 2013.3.23., 2014.11.19., 2017.7.26., 2020.8.4.>

제28조(개인정보의 처리 업무 위탁 시 조치) ① 법 제26조제1항제3호에서 "대통령령으로 정한 사항"이란 다음 각 호의 사항을 말한다.

1. 위탁업무의 목적 및 범위

2. 재위탁 제한에 관한 사항

3. 개인정보에 대한 접근 제한 등 안전성 확보 조치에 관한 사항

4. 위탁업무와 관련하여 보유하고 있는 개인정보의 관리 현황 점검 등 감독에 관한 사항

5. 법 제26조제2항에 따른 수탁자(이하 "수탁자"라 한다)가 준수하여야 할 의무를 위반한 경우의 손해배상 등 책임에 관한 사항

② 법 제26조제2항에서 "대통령령으로 정하는 방법"이란 개인정보 처리 업무를 위탁하는 개인정보처리자(이하 "위탁자"라 한다)가 위탁자의 인터넷 홈페이지에 위탁하는 업무의 내용과 수탁자를 지속적으로 게재하는 방법을 말한다.

③ 제2항에 따라 인터넷 홈페이지에 게재할 수 없는 경우에는 다음 각 호의 어느 하나 이상의 방법으로 위탁하는 업무의 내용과 수탁자를 공개하여야 한다.

1. 위탁자의 사업장등의 보기 쉬운 장소에 게시하는 방법

2. 관보(위탁자가 공공기관인 경우만 해당한다)나 위탁자의 사업장등이 있는 시·도 이상의 지역을 주된 보급지역으로 하는 「신문 등의 진흥에 관한 법률」 제2조제1호가목·다목 및 같은 조 제2호에 따른 일반일간신문, 일반주간신문 또는 인터넷신문에 싣는 방법

3. 같은 제목으로 연 2회 이상 발행하여 정보주체에게 배포하는 간행물·소식지·홍보지 또는 청구서 등에 지속적으로 싣는 방법

4. 재화나 용역을 제공하기 위하여 위탁자와 정보주체가 작성한 계약서 등에 실어 정보주체에게 발급하는 방법

④ 법 제26조제3항 전단에서 "대통령령으로 정하는 방법"이란 서면, 전자우편, 팩스, 전화, 문자전송 또는 이에 상당하는 방법(이하 "서면등의 방법"이라 한다)을 말한다.

⑤ 위탁자가 과실 없이 제4항에 따른 방법으로 위탁하는 업무의 내용과 수탁자를 정보주체에게 알릴 수 없는 경우에는 해당 사항을 인터넷 홈페이지에 30일 이상 게재하여야 한다. 다만, 인터넷 홈페이지를 운영하지 아니하는 위탁자의 경우에는 사업장등의 보기 쉬운 장소에 30일 이상 게시하여야 한다.

⑥ 위탁자는 수탁자가 개인정보 처리 업무를 수행하는 경우에 법 또는 이 영에 따라 개인정보처리자가 준수하여야 할 사항과 법 제26조제1항 각 호의 사항을 준수하는지를 같은 조 제4항에 따라 감독하여야 한다.

제29조(영업양도 등에 따른 개인정보 이전의 통지) ① 법 제27조제1항 각 호 외의 부분과 같은 조 제2항 본문에서 "대통령령으로 정하는 방법"이란 서면등의 방법을 말한다.

② 법 제27조제1항에 따라 개인정보를 이전하려는 자(이하 이 항에서 "영업양도자등"이라 한다)가 과실 없이 제1항에 따른 방법으로 법 제27조제1항 각 호의 사항을 정보주체에게 알릴 수 없는 경우에는 해당 사항을 인터넷 홈페이지에 30일 이상 게재하여야 한다. 다만, 인터넷 홈페이지에 게재할 수 없는 정당한 사유가 있는 경우에는 다음 각 호의 어느 하나의 방법으로 법 제27조제1항 각 호의 사항을 정보주체에게 알릴 수 있다. <개정 2020.8.4.>

1. 영업양도자등의 사업장등의 보기 쉬운 장소에 30일 이상 게시하는 방법

2. 영업양도자등의 사업장등이 있는 시·도 이상의 지역을 주된 보급지역으로 하는 「신문 등의 진흥에 관한 법률」 제2조제1호가목·다목 또는 같은 조 제2호에 따른 일반일간신문·일반주간신문 또는 인터넷신문에 싣는 방법

제4장의2 가명정보의 처리에 관한 특례 〈신설 2020.8.4.〉

제29조의2(결합전문기관의 지정 및 지정 취소) ① 법 제28조의3제1항에 따른 전문기관(이하 "결합전문기관"이라 한다)의 지정 기준은 다음 각 호와 같다.

1. 보호위원회가 정하여 고시하는 바에 따라 가명정보의 결합·반출 업무를 담당하는 조직을 구성하고, 개인정보 보호와 관련된 자격이나 경력을 갖춘 사람을 3명 이상 상시 고용할 것

2. 보호위원회가 정하여 고시하는 바에 따라 가명정보를 안전하게 결합하기 위하여 필요한 공간, 시설 및 장비를 구축하고 가명정보의 결합·반출 관련 정책 및 절차 등을 마련할 것

3. 보호위원회가 정하여 고시하는 기준에 따른 재정 능력을 갖출 것

4. 최근 3년 이내에 법 제66조에 따른 공표 내용에 포함된 적이 없을 것

② 법인, 단체 또는 기관이 법 제28조의3제1항에 따라 결합전문기관으로 지정을 받으려는 경우에는 보호위원회가 정하여 고시하는 결합전문기관 지정신청서에 다음 각 호의 서류(전자문서를 포함한다. 이하 같다)를 첨부하여 보호위원회 또는 관계 중앙행정기관의 장에게 제출해야 한다.

1. 정관 또는 규약

2. 제1항에 따른 지정 기준을 갖추었음을 증명할 수 있는 서류로서 보호위원회가 정하여 고시하는 서류

③ 보호위원회 또는 관계 중앙행정기관의 장은 제2항에 따라 지정신청서를 제출한 법인, 단체 또는 기관이 제1항에 따른 지정 기준에 적합한 경우에는 결합전문기관으로 지정할 수 있다.

④ 결합전문기관 지정의 유효기간은 지정을 받은 날부터 3년으로 하며, 보호

위원회 또는 관계 중앙행정기관의 장은 결합전문기관이 유효기간의 연장을 신청하면 제1항에 따른 지정 기준에 적합한 경우에는 결합전문기관으로 재지정할 수 있다.

⑤ 보호위원회 또는 관계 중앙행정기관의 장은 결합전문기관이 다음 각 호의 어느 하나에 해당하는 경우에는 결합전문기관의 지정을 취소할 수 있다. 다만, 제1호 또는 제2호에 해당하는 경우에는 지정을 취소해야 한다.

1. 거짓이나 부정한 방법으로 결합전문기관으로 지정을 받은 경우

2. 결합전문기관 스스로 지정 취소를 요청하거나 폐업한 경우

3. 제1항에 따른 결합전문기관의 지정 기준을 충족하지 못하게 된 경우

4. 결합 및 반출 등과 관련된 정보의 유출 등 개인정보 침해사고가 발생한 경우

5. 그 밖에 법 또는 이 영에 따른 의무를 위반한 경우

⑥ 보호위원회 또는 관계 중앙행정기관의 장은 제5항에 따라 결합전문기관의 지정을 취소하려는 경우에는 청문을 해야 한다.

⑦ 보호위원회 또는 관계 중앙행정기관의 장은 결합전문기관을 지정, 재지정 또는 지정 취소한 경우에는 이를 관보에 공고하거나 보호위원회 또는 해당 관계 중앙행정기관의 홈페이지에 게시해야 한다. 이 경우 관계 중앙행정기관의 장이 결합전문기관을 지정, 재지정, 또는 지정 취소한 경우에는 보호위원회에 통보해야 한다.

⑧ 제1항부터 제7항까지에서 규정한 사항 외에 결합전문기관의 지정, 재지정 및 지정 취소 등에 필요한 사항은 보호위원회가 정하여 고시한다.

[본조신설 2020.8.4.]

제29조의3(개인정보처리자 간 가명정보의 결합 및 반출 등) ① 결합전문기관에 가명정보의 결합을 신청하려는 개인정보처리자(이하 "결합신청자"라 한다)는 보호위원회가 정하여 고시하는 결합신청서에 다음 각 호의 서류를 첨부하여 결합전문기관에 제출해야 한다.

1. 사업자등록증, 법인등기부등본 등 결합신청자 관련 서류

2. 결합 대상 가명정보에 관한 서류

3. 결합 목적을 증명할 수 있는 서류

4. 그 밖에 가명정보의 결합 및 반출에 필요하다고 보호위원회가 정하여 고시하는 서류

② 결합전문기관은 법 제28조의3제1항에 따라 가명정보를 결합하는 경우에는 특정 개인을 알아볼 수 없도록 해야 한다. 이 경우 보호위원회는 필요하면 한국인터넷진흥원 또는 보호위원회가 지정하여 고시하는 기관으로 하여금 특정 개인을 알아볼 수 없도록 하는 데에 필요한 업무를 지원하도록 할 수 있다.

③ 결합신청자는 법 제28조의3제2항에 따라 결합전문기관이 결합한 정보를 결합전문기관 외부로 반출하려는 경우에는 결합전문기관에 설치된 안전성 확보에 필요한 기술적·관리적·물리적 조치가 된 공간에서 제2항에 따라 결합된 정보를 가명정보 또는 법 제58조의2에 해당하는 정보로 처리한 뒤 결합전문기관의 승인을 받아야 한다.

④ 결합전문기관은 다음 각 호의 기준을 충족하는 경우에는 법 제28조의3제2항에 따른 반출을 승인해야 한다. 이 경우 결합전문기관은 결합된 정보의 반출을 승인하기 위하여 반출심사위원회를 구성해야 한다.

1. 결합 목적과 반출 정보가 관련성이 있을 것

2. 특정 개인을 알아볼 가능성이 없을 것

3. 반출 정보에 대한 안전조치 계획이 있을 것

⑤ 결합전문기관은 결합 및 반출 등에 필요한 비용을 결합신청자에게 청구할 수 있다.

⑥ 제1항부터 제5항까지에서 규정한 사항 외에 가명정보의 결합 절차와 방법, 반출 및 승인 등에 필요한 사항은 보호위원회가 정하여 고시한다.

[본조신설 2020.8.4.]

제29조의4(결합전문기관의 관리·감독 등) ① 보호위원회 또는 관계 중앙행정기관의 장은 결합전문기관을 지정한 경우에는 해당 결합전문기관의 업무

수행능력 및 기술·시설 유지 여부 등을 관리·감독해야 한다.

② 결합전문기관은 제1항에 따른 관리·감독을 위하여 다음 각 호의 서류를 매년 보호위원회 또는 관계 중앙행정기관의 장에게 제출해야 한다.

1. 가명정보의 결합·반출 실적보고서

2. 결합전문기관의 지정 기준을 유지하고 있음을 증명할 수 있는 서류

3. 가명정보의 안전성 확보에 필요한 조치를 하고 있음을 증명할 수 있는 서류로서 보호위원회가 정하여 고시하는 서류

③ 보호위원회는 다음 각 호의 사항을 관리·감독해야 한다.

1. 결합전문기관의 가명정보의 결합 및 반출 승인 과정에서의 법 위반 여부

2. 결합신청자의 가명정보 처리 실태

3. 그 밖에 가명정보의 안전한 처리를 위하여 필요한 사항으로서 보호위원회가 정하여 고시하는 사항

[본조신설 2020.8.4.]

제29조의5(가명정보에 대한 안전성 확보 조치) ① 개인정보처리자는 법 제28조의4제1항에 따라 가명정보 및 가명정보를 원래의 상태로 복원하기 위한 추가 정보(이하 이 조에서 "추가정보"라 한다)에 대하여 다음 각 호의 안전성 확보 조치를 해야 한다. <개정 2021.2.2.>

1. 제30조 또는 제48조의2에 따른 안전성 확보 조치

2. 가명정보와 추가정보의 분리 보관. 다만, 추가정보가 불필요한 경우에는 추가정보를 파기해야 한다.

3. 가명정보와 추가정보에 대한 접근 권한의 분리. 다만, 「소상공인기본법」 제2조에 따른 소상공인으로서 가명정보를 취급할 자를 추가로 둘 여력이 없는 경우 등 접근 권한의 분리가 어려운 정당한 사유가 있는 경우에는 업무 수행에 필요한 최소한의 접근 권한만 부여하고 접근 권한의 보유 현황을 기록으로 보관하는 등 접근 권한을 관리·통제해야 한다.

② 법 제28조의4제2항에서 "대통령령으로 정하는 사항"이란 다음 각 호의

사항을 말한다.

1. 가명정보 처리의 목적

2. 가명처리한 개인정보의 항목

3. 가명정보의 이용내역

4. 제3자 제공 시 제공받는 자

5. 그 밖에 가명정보의 처리 내용을 관리하기 위하여 보호위원회가 필요하다고 인정하여 고시하는 사항

[본조신설 2020.8.4.]

제29조의6(가명정보 처리에 대한 과징금의 부과기준 등) ① 법 제28조의6 제1항에 따른 매출액은 해당 개인정보처리자의 직전 3개 사업연도의 연평균 매출액으로 한다. 다만, 해당 사업연도 첫날 현재 사업을 개시한지 3년이 되지 않은 경우에는 그 사업개시일부터 직전 사업연도 말일까지의 매출액을 연평균 매출액으로 환산한 금액으로 하며, 해당 사업연도에 사업을 개시한 경우에는 사업개시일부터 위반행위일까지의 매출액을 연매출액으로 환산한 금액으로 한다.

② 법 제28조의6제1항 단서에서 "대통령령으로 정하는 경우"란 다음 각 호의 어느 하나에 해당하는 경우를 말한다.

1. 영업을 개시하지 않았거나 영업을 중단하는 등의 사유로 영업실적이 없는 경우

2. 재해 등으로 인하여 매출액 산정자료가 소멸되거나 훼손되는 등 객관적인 매출액의 산정이 곤란한 경우

③ 보호위원회는 제1항에 따른 매출액 산정을 위하여 재무제표 등의 자료가 필요한 경우에는 20일 이내의 기간을 정하여 해당 개인정보처리자에게 관련 자료의 제출을 요청할 수 있다.

④ 법 제28조의6제1항에 따른 과징금의 산정기준 및 산정절차는 별표 1과 같다.

[본조신설 2020.8.4.]

제5장 개인정보의 안전한 관리

제30조(개인정보의 안전성 확보 조치) ① 개인정보처리자는 법 제29조에 따라 다음 각 호의 안전성 확보 조치를 하여야 한다.

1. 개인정보의 안전한 처리를 위한 내부 관리계획의 수립·시행

2. 개인정보에 대한 접근 통제 및 접근 권한의 제한 조치

3. 개인정보를 안전하게 저장·전송할 수 있는 암호화 기술의 적용 또는 이에 상응하는 조치

4. 개인정보 침해사고 발생에 대응하기 위한 접속기록의 보관 및 위조·변조 방지를 위한 조치

5. 개인정보에 대한 보안프로그램의 설치 및 갱신

6. 개인정보의 안전한 보관을 위한 보관시설의 마련 또는 잠금장치의 설치 등 물리적 조치

② 보호위원회는 개인정보처리자가 제1항에 따른 안전성 확보 조치를 하도록 시스템을 구축하는 등 필요한 지원을 할 수 있다. <개정 2013.3.23., 2014.11.19., 2017.7.26., 2020.8.4.>

③ 제1항에 따른 안전성 확보 조치에 관한 세부 기준은 보호위원회가 정하여 고시한다. <개정 2013.3.23., 2014.11.19., 2017.7.26., 2020.8.4.>

제31조(개인정보 처리방침의 내용 및 공개방법 등) ① 법 제30조제1항제8호에서 "대통령령으로 정한 사항"이란 다음 각 호의 사항을 말한다. <개정 2016.9.29., 2020.8.4.>

1. 처리하는 개인정보의 항목

2. 삭제 <2020.8.4.>

3. 제30조 또는 제48조의2에 따른 개인정보의 안전성 확보 조치에 관한 사항

② 개인정보처리자는 법 제30조제2항에 따라 수립하거나 변경한 개인정보 처리방침을 개인정보처리자의 인터넷 홈페이지에 지속적으로 게재하여야 한다.

③ 제2항에 따라 인터넷 홈페이지에 게재할 수 없는 경우에는 다음 각 호의 어느 하나 이상의 방법으로 수립하거나 변경한 개인정보 처리방침을 공개하여야 한다.

1. 개인정보처리자의 사업장등의 보기 쉬운 장소에 게시하는 방법

2. 관보(개인정보처리자가 공공기관인 경우만 해당한다)나 개인정보처리자의 사업장등이 있는 시·도 이상의 지역을 주된 보급지역으로 하는 「신문 등의 진흥에 관한 법률」 제2조제1호가목·다목 및 같은 조 제2호에 따른 일반일간신문, 일반주간신문 또는 인터넷신문에 싣는 방법

3. 같은 제목으로 연 2회 이상 발행하여 정보주체에게 배포하는 간행물·소식지·홍보지 또는 청구서 등에 지속적으로 싣는 방법

4. 재화나 용역을 제공하기 위하여 개인정보처리자와 정보주체가 작성한 계약서 등에 실어 정보주체에게 발급하는 방법

제32조(개인정보 보호책임자의 업무 및 지정요건 등) ① 법 제31조제2항제7호에서 "대통령령으로 정한 업무"란 다음 각 호와 같다.

1. 법 제30조에 따른 개인정보 처리방침의 수립·변경 및 시행

2. 개인정보 보호 관련 자료의 관리

3. 처리 목적이 달성되거나 보유기간이 지난 개인정보의 파기

② 개인정보처리자는 법 제31조제1항에 따라 개인정보 보호책임자를 지정하려는 경우에는 다음 각 호의 구분에 따라 지정한다. <개정 2016.7.22.>

1. 공공기관: 다음 각 목의 구분에 따른 기준에 해당하는 공무원 등

　가. 국회, 법원, 헌법재판소, 중앙선거관리위원회의 행정사무를 처리하는 기관 및 중앙행정기관: 고위공무원단에 속하는 공무원(이하 "고위공무원"이라 한다) 또는 그에 상당하는 공무원

　나. 가목 외에 정무직공무원을 장(長)으로 하는 국가기관: 3급 이상 공무원(고위공무원을 포함한다) 또는 그에 상당하는 공무원

　다. 가목 및 나목 외에 고위공무원, 3급 공무원 또는 그에 상당하는 공무원 이상의 공무원을 장으로 하는 국가기관: 4급 이상 공무원 또는 그

에 상당하는 공무원

라. 가목부터 다목까지의 규정에 따른 국가기관 외의 국가기관(소속 기관을 포함한다): 해당 기관의 개인정보 처리 관련 업무를 담당하는 부서의 장

마. 시·도 및 시·도 교육청: 3급 이상 공무원 또는 그에 상당하는 공무원

바. 시·군 및 자치구: 4급 공무원 또는 그에 상당하는 공무원

사. 제2조제5호에 따른 각급 학교: 해당 학교의 행정사무를 총괄하는 사람

아. 가목부터 사목까지의 규정에 따른 기관 외의 공공기관: 개인정보 처리 관련 업무를 담당하는 부서의 장. 다만, 개인정보 처리 관련 업무를 담당하는 부서의 장이 2명 이상인 경우에는 해당 공공기관의 장이 지명하는 부서의 장이 된다.

2. 공공기관 외의 개인정보처리자: 다음 각 목의 어느 하나에 해당하는 사람

가. 사업주 또는 대표자

나. 임원(임원이 없는 경우에는 개인정보 처리 관련 업무를 담당하는 부서의 장)

③ 제2항에도 불구하고 개인정보처리자가 「소상공인기본법」 제2조에 따른 소상공인에 해당하는 경우에는 별도의 지정 없이 그 사업주 또는 대표자를 개인정보 보호책임자로 지정한 것으로 본다. 다만, 개인정보처리자가 별도로 개인정보 보호책임자를 지정한 경우에는 그렇지 않다. <신설 2020.8.4., 2021.2.2.>

④ 보호위원회는 개인정보 보호책임자가 법 제31조제2항의 업무를 원활히 수행할 수 있도록 개인정보 보호책임자에 대한 교육과정을 개설·운영하는 등 지원을 할 수 있다. <개정 2013.3.23., 2014.11.19., 2017.7.26., 2020.8.4.>

제33조(개인정보파일의 등록사항) 법 제32조제1항제7호에서 "대통령령으로 정하는 사항"이란 다음 각 호의 사항을 말한다.

1. 개인정보파일을 운용하는 공공기관의 명칭

2. 개인정보파일로 보유하고 있는 개인정보의 정보주체 수

3. 해당 공공기관에서 개인정보 처리 관련 업무를 담당하는 부서

4. 제41조에 따른 개인정보의 열람 요구를 접수·처리하는 부서

5. 개인정보파일의 개인정보 중 법 제35조제4항에 따라 열람을 제한하거나 거절할 수 있는 개인정보의 범위 및 제한 또는 거절 사유

제34조(개인정보파일의 등록 및 공개 등) ① 개인정보파일을 운용하는 공공기관의 장은 그 운용을 시작한 날부터 60일 이내에 보호위원회가 정하여 고시하는 바에 따라 보호위원회에 법 제32조제1항 및 이 영 제33조에 따른 등록사항(이하 "등록사항"이라 한다)의 등록을 신청하여야 한다. 등록 후 등록한 사항이 변경된 경우에도 또한 같다. <개정 2013.3.23., 2014.11.19., 2017.7.26., 2020.8.4.>

② 보호위원회는 법 제32조제4항에 따라 개인정보파일의 등록 현황을 인터넷 홈페이지에 게재해야 한다. <개정 2013.3.23., 2014.11.19., 2017.7.26., 2020.8.4.>

③ 보호위원회는 제1항에 따른 개인정보파일의 등록사항을 등록하거나 변경하는 업무를 전자적으로 처리할 수 있도록 시스템을 구축·운영할 수 있다. <개정 2013.3.23., 2014.11.19., 2017.7.26., 2020.8.4.>

제34조의2(개인정보 보호 인증의 기준·방법·절차 등) ① 보호위원회는 제30조제1항 각 호의 사항 및 제48조의2제1항 각 호의 사항을 고려하여 개인정보 보호의 관리적·기술적·물리적 보호대책의 수립 등을 포함한 법 제32조의2제1항에 따른 인증의 기준을 정하여 고시한다. <개정 2017.7.26., 2020.8.4.>

② 법 제32조의2제1항 따라 개인정보 보호의 인증을 받으려는 자(이하 이 조 및 제34조의3에서 "신청인"이라 한다)는 다음 각 호의 사항이 포함된 개인정보 보호 인증신청서(전자문서로 된 신청서를 포함한다)를 제34조의6에 따른 개인정보 보호 인증 전문기관(이하 "인증기관"이라 한다)에 제출하여야 한다.

1. 인증 대상 개인정보 처리시스템의 목록

2. 개인정보 보호 관리체계를 수립·운영하는 방법과 절차

3. 개인정보 보호 관리체계 및 보호대책 구현과 관련되는 문서 목록

③ 인증기관은 제2항에 따른 인증신청서를 받은 경우에는 신청인과 인증의

범위 및 일정 등에 관하여 협의하여야 한다.

④ 법 제32조의2제1항에 따른 개인정보 보호 인증심사는 제34조의8에 따른 개인정보 보호 인증심사원이 서면심사 또는 현장심사의 방법으로 실시한다.

⑤ 인증기관은 제4항에 따른 인증심사의 결과를 심의하기 위하여 정보보호에 관한 학식과 경험이 풍부한 사람을 위원으로 하는 인증위원회를 설치·운영하여야 한다.

⑥ 제1항부터 제5항까지에서 규정한 사항 외에 인증신청, 인증심사, 인증위원회의 설치·운영 및 인증서의 발급 등 개인정보 보호 인증에 필요한 세부사항은 보호위원회가 정하여 고시한다. <개정 2017.7.26., 2020.8.4.>

[본조신설 2016.7.22.]

제34조의3(개인정보 보호 인증의 수수료) ① 신청인은 인증기관에 개인정보 보호 인증 심사에 소요되는 수수료를 납부하여야 한다.

② 보호위원회는 개인정보 보호 인증 심사에 투입되는 인증 심사원의 수 및 인증심사에 필요한 일수 등을 고려하여 제1항에 따른 수수료 산정을 위한 구체적인 기준을 정하여 고시한다. <개정 2017.7.26., 2020.8.4.>

[본조신설 2016.7.22.]

제34조의4(인증취소) ① 인증기관은 법 제32조의2제3항에 따라 개인정보 보호 인증을 취소하려는 경우에는 제34조의2제5항에 따른 인증위원회의 심의·의결을 거쳐야 한다.

② 보호위원회 또는 인증기관은 법 제32조의2제3항에 따라 인증을 취소한 경우에는 그 사실을 당사자에게 통보하고, 관보 또는 인증기관의 홈페이지에 공고하거나 게시해야 한다. <개정 2017.7.26., 2020.8.4.>

[본조신설 2016.7.22.]

제34조의5(인증의 사후관리) ① 법 제32조의2제4항에 따른 사후관리 심사는 서면심사 또는 현장심사의 방법으로 실시한다.

② 인증기관은 제1항에 따른 사후관리를 실시한 결과 법 제32조의2제3항 각 호의 사유를 발견한 경우에는 제34조의2제5항에 따른 인증위원회의 심의를 거쳐 그 결과를 보호위원회에 제출해야 한다. <개정 2017.7.26., 2020.8.4.>

[본조신설 2016.7.22.]

제34조의6(개인정보 보호 인증 전문기관) ① 법 제32조의2제5항에서 "대통령령으로 정하는 전문기관"이란 다음 각 호의 기관을 말한다. <개정 2016.9.29., 2017.7.26., 2020.8.4.>

1. 한국인터넷진흥원

2. 다음 각 목의 요건을 모두 충족하는 법인, 단체 또는 기관 중에서 보호위원회가 지정·고시하는 법인, 단체 또는 기관

   가. 제34조의8에 따른 개인정보 보호 인증심사원 5명 이상을 보유할 것

   나. 보호위원회가 실시하는 업무수행 요건·능력 심사에서 적합하다고 인정받을 것

② 제1항제2호에 해당하는 법인, 단체 또는 기관의 지정과 그 지정의 취소에 필요한 세부기준 등은 보호위원회가 정하여 고시한다. <개정 2017.7.26., 2020.8.4.>

[본조신설 2016.7.22.]

제34조의7(인증의 표시 및 홍보) 법 제32조의2제6항에 따라 인증을 받은 자가 인증 받은 내용을 표시하거나 홍보하려는 경우에는 보호위원회가 정하여 고시하는 개인정보 보호 인증표시를 사용할 수 있다. 이 경우 인증의 범위와 유효기간을 함께 표시해야 한다. <개정 2017.7.26., 2020.8.4.>

[본조신설 2016.7.22.]

제34조의8(개인정보 보호 인증심사원의 자격 및 자격 취소 요건) ① 인증기관은 법 제32조의2제7항에 따라 개인정보 보호에 관한 전문지식을 갖춘 사람으로서 인증심사에 필요한 전문 교육과정을 이수하고 시험에 합격한 사람에게 개인정보 보호 인증심사원(이하 "인증심사원"이라 한다)의 자격을 부여한다.

② 인증기관은 법 제32조의2제7항에 따라 인증심사원이 다음 각 호의 어느 하나에 해당하는 경우 그 자격을 취소할 수 있다. 다만, 제1호에 해당하는 경우에는 자격을 취소하여야 한다.

1. 거짓이나 부정한 방법으로 인증심사원 자격을 취득한 경우

2. 개인정보 보호 인증 심사와 관련하여 금전, 금품, 이익 등을 부당하게 수수한 경우

3. 개인정보 보호 인증 심사 과정에서 취득한 정보를 누설하거나 정당한 사유 없이 업무상 목적 외의 용도로 사용한 경우

③ 제1항 및 제2항에 따른 전문 교육과정의 이수, 인증심사원 자격의 부여 및 취소 등에 관한 세부 사항은 보호위원회가 정하여 고시한다. <개정 2017.7.26., 2020.8.4.>

[본조신설 2016.7.22.]

제35조(개인정보 영향평가의 대상) 법 제33조제1항에서 "대통령령으로 정하는 기준에 해당하는 개인정보파일"이란 개인정보를 전자적으로 처리할 수 있는 개인정보파일로서 다음 각 호의 어느 하나에 해당하는 개인정보파일을 말한다. <개정 2016.9.29.>

1. 구축·운용 또는 변경하려는 개인정보파일로서 5만명 이상의 정보주체에 관한 민감정보 또는 고유식별정보의 처리가 수반되는 개인정보파일

2. 구축·운용하고 있는 개인정보파일을 해당 공공기관 내부 또는 외부에서 구축·운용하고 있는 다른 개인정보파일과 연계하려는 경우로서 연계 결과 50만명 이상의 정보주체에 관한 개인정보가 포함되는 개인정보파일

3. 구축·운용 또는 변경하려는 개인정보파일로서 100만명 이상의 정보주체에 관한 개인정보파일

4. 법 제33조제1항에 따른 개인정보 영향평가(이하 "영향평가"라 한다)를 받은 후에 개인정보 검색체계 등 개인정보파일의 운용체계를 변경하려는 경우 그 개인정보파일. 이 경우 영향평가 대상은 변경된 부분으로 한정한다.

제36조(영향평가 시 고려사항) 법 제33조제2항제4호에서 "대통령령으로 정한 사항"이란 다음 각 호의 사항을 말한다.

1. 민감정보 또는 고유식별정보의 처리 여부

2. 개인정보 보유기간

제37조(평가기관의 지정 및 지정취소) ① 보호위원회는 법 제33조제1항 후단에 따라 다음 각 호의 요건을 모두 갖춘 법인을 개인정보 영향평가기관(이하 "평가기관"이라 한다)으로 지정할 수 있다. <개정 2013.3.23., 2014.11.19., 2015.12.22., 2017.7.26., 2020.8.4.>

1. 최근 5년간 다음 각 목의 어느 하나에 해당하는 업무 수행의 대가로 받은 금액의 합계액이 2억원 이상인 법인

   가. 영향평가 업무 또는 이와 유사한 업무

   나. 「전자정부법」 제2조제13호에 따른 정보시스템(정보보호시스템을 포함한다)의 구축 업무 중 정보보호컨설팅 업무(전자적 침해행위에 대비하기 위한 정보시스템의 분석·평가와 이에 기초한 정보 보호 대책의 제시 업무를 말한다. 이하 같다)

   다. 「전자정부법」 제2조제14호에 따른 정보시스템 감리 업무 중 정보보호컨설팅 업무

   라. 「정보보호산업의 진흥에 관한 법률」 제2조제2호에 따른 정보보호산업에 해당하는 업무 중 정보보호컨설팅 업무

   마. 「정보보호산업의 진흥에 관한 법률」 제23조제1항제1호 및 제2호에 따른 업무

2. 별표 1의2에 따른 전문인력을 10명 이상 상시 고용하고 있는 법인

3. 다음 각 목의 사무실 및 설비를 갖춘 법인

   가. 신원 확인 및 출입 통제를 위한 설비를 갖춘 사무실

   나. 기록 및 자료의 안전한 관리를 위한 설비

② 평가기관으로 지정받으려는 자는 보호위원회가 정하여 고시하는 평가기

관 지정신청서에 다음 각 호의 서류를 첨부하여 보호위원회에 제출해야 한다. <개정 2013.3.23., 2014.11.19., 2017.7.26., 2017.10.17., 2020.8.4.>

1. 정관

2. 대표자의 성명

3. 제1항제2호에 따른 전문인력의 자격을 증명할 수 있는 서류

4. 그 밖에 보호위원회가 정하여 고시하는 서류

③ 제2항에 따라 평가기관 지정신청서를 제출받은 보호위원회는 「전자정부법」 제36조제1항에 따른 행정정보의 공동이용을 통하여 다음 각 호의 서류를 확인해야 한다. 다만, 신청인이 제2호의 확인에 동의하지 않는 경우에는 신청인에게 그 서류를 첨부하게 해야 한다. <개정 2013.3.23., 2014.11.19., 2017.7.26., 2020.8.4.>

1. 법인 등기사항증명서

2. 「출입국관리법」 제88조제2항에 따른 외국인등록 사실증명(외국인인 경우만 해당한다)

④ 보호위원회는 제1항에 따라 평가기관을 지정한 경우에는 지체 없이 평가기관 지정서를 발급하고, 다음 각 호의 사항을 관보에 고시해야 한다. 고시된 사항이 변경된 경우에도 또한 같다. <개정 2013.3.23., 2014.11.19., 2017.7.26., 2020.8.4.>

1. 평가기관의 명칭·주소 및 전화번호와 대표자의 성명

2. 지정 시 조건을 붙이는 경우 그 조건의 내용

⑤ 보호위원회는 제1항에 따라 지정된 평가기관이 다음 각 호의 어느 하나에 해당하는 경우에는 평가기관의 지정을 취소할 수 있다. 다만, 제1호 또는 제2호에 해당하는 경우에는 평가기관의 지정을 취소해야 한다. <개정 2013.3.23., 2014.11.19., 2017.7.26., 2020.8.4.>

1. 거짓이나 그 밖의 부정한 방법으로 평가기관의 지성을 받은 경우

2. 지정된 평가기관 스스로 지정취소를 원하는 경우나 폐업한 경우

3. 제1항에 따른 지정요건을 충족하지 못하게 된 경우

4. 제6항에 따른 신고의무를 이행하지 아니한 경우

5. 고의 또는 중대한 과실로 영향평가 업무를 부실하게 수행하여 그 업무를 적정하게 수행할 수 없다고 인정되는 경우

6. 그 밖에 법 또는 이 영에 따른 의무를 위반한 경우

⑥ 제1항에 따라 지정된 평가기관은 지정된 후 다음 각 호의 어느 하나에 해당하는 사유가 발생한 경우에는 보호위원회가 정하여 고시하는 바에 따라 그 사유가 발생한 날부터 14일 이내에 보호위원회에 신고해야 한다. 다만, 제3호에 해당하는 경우에는 그 사유가 발생한 날부터 60일 이내에 신고해야 한다. <개정 2013.3.23., 2014.11.19., 2017.7.26., 2017.10.17., 2020.8.4.>

1. 제1항 각 호의 어느 하나에 해당하는 사항이 변경된 경우

2. 제4항제1호에 해당하는 사항이 변경된 경우

3. 평가기관을 양도·양수하거나 합병하는 등의 사유가 발생한 경우

⑦ 보호위원회는 제5항에 따라 평가기관의 지정을 취소하려는 경우에는 청문을 해야 한다. <개정 2013.3.23., 2014.11.19., 2017.7.26., 2020.8.4.>

제38조(영향평가의 평가기준 등) ① 법 제33조제6항에 따른 영향평가의 평가기준은 다음 각 호와 같다. <개정 2016.7.22.>

1. 해당 개인정보파일에 포함되는 개인정보의 종류·성질, 정보주체의 수 및 그에 따른 개인정보 침해의 가능성

2. 법 제24조제3항, 제25조제6항 및 제29조에 따른 안전성 확보 조치의 수준 및 이에 따른 개인정보 침해의 가능성

3. 개인정보 침해의 위험요인별 조치 여부

4. 그 밖에 법 및 이 영에 따라 필요한 조치 또는 의무 위반 요소에 관한 사항

② 법 제33조제1항에 따라 영향평가를 의뢰받은 평가기관은 제1항의 평가기준에 따라 개인정보파일의 운용으로 인한 개인정보 침해의 위험요인을 분석·평가한 후 다음 각 호의 사항이 포함된 평가 결과를 영향평가서로 작성하여 해당 공공기관의 장에게 보내야 하며, 공공기관의 장은 제35조 각 호에 해당하는 개인정보파일을 구축·운용 또는 변경하기 전에 그 영

향평가서를 보호위원회에 제출(영향평가서에 제3호에 따른 개선 필요 사항이 포함된 경우에는 그에 대한 조치 내용을 포함한다)해야 한다. <개정 2013.3.23., 2014.11.19., 2016.7.22., 2017.7.26., 2020.8.4.>

1. 개인정보파일 운용과 관련된 사업의 개요 및 개인정보파일 운용의 목적

2. 영향평가 대상 개인정보파일의 개요

3. 평가기준에 따른 개인정보 침해의 위험요인에 대한 분석·평가 및 개선이 필요한 사항

4. 영향평가 수행 인력 및 비용

③ 보호위원회는 법 및 이 영에서 정한 사항 외에 평가기관의 지정 및 영향평가의 절차 등에 관한 세부 기준을 정하여 고시할 수 있다. <개정 2013.3.23., 2014.11.19., 2017.7.26., 2020.8.4.>

제39조(개인정보 유출 신고의 범위 및 기관) ① 법 제34조제3항 전단에서 "대통령령으로 정한 규모 이상의 개인정보"란 1천명 이상의 정보주체에 관한 개인정보를 말한다. <개정 2017.10.17.>

② 법 제34조제3항 전단 및 후단에서 "대통령령으로 정하는 전문기관"이란 각각 한국인터넷진흥원을 말한다. <개정 2015.12.30., 2016.7.22.>

제40조(개인정보 유출 통지의 방법 및 절차) ① 개인정보처리자는 개인정보가 유출되었음을 알게 되었을 때에는 서면등의 방법으로 지체 없이 법 제34조제1항 각 호의 사항을 정보주체에게 알려야 한다. 다만, 유출된 개인정보의 확산 및 추가 유출을 방지하기 위하여 접속경로의 차단, 취약점 점검·보완, 유출된 개인정보의 삭제 등 긴급한 조치가 필요한 경우에는 그 조치를 한 후 지체 없이 정보주체에게 알릴 수 있다.

② 제1항에도 불구하고 개인정보처리자는 같은 항 본문에 따라 개인정보가 유출되었음을 알게 되었을 때나 같은 항 단서에 따라 유출 사실을 알고 긴급한 조치를 한 후에도 법 제34조제1항제1호 및 제2호의 구체적인 유출 내용을 확인하지 못한 경우에는 먼저 개인정보가 유출된 사실과 유출이 확인된 사항만을 서면등의 방법으로 먼저 알리고 나중에 확인되는 사

항을 추가로 알릴 수 있다.

③ 제1항과 제2항에도 불구하고 법 제34조제3항 및 이 영 제39조제1항에 따라 1천명 이상의 정보주체에 관한 개인정보가 유출된 경우에는 서면등의 방법과 함께 인터넷 홈페이지에 정보주체가 알아보기 쉽도록 법 제34조제1항 각 호의 사항을 7일 이상 게재하여야 한다. 다만, 인터넷 홈페이지를 운영하지 아니하는 개인정보처리자의 경우에는 서면등의 방법과 함께 사업장등의 보기 쉬운 장소에 법 제34조제1항 각 호의 사항을 7일 이상 게시하여야 한다. <개정 2017.10.17.>

제40조의2(과징금의 부과기준 등) ① 법 제34조의2제1항에 따른 과징금의 부과기준은 별표 1의3과 같다. <개정 2020.8.4.>

② 보호위원회는 법 제34조의2제1항에 따라 과징금을 부과하려는 경우에는 위반사실, 부과금액, 이의제기 방법 및 이의제기 기간 등을 명시하여 이를 납부할 것을 과징금 부과대상자에게 서면으로 통지해야 한다. <개정 2014.11.19., 2017.7.26., 2020.8.4.>

③ 제2항에 따라 통지를 받은 자는 통지를 받은 날부터 30일 이내에 보호위원회가 정하는 수납기관에 과징금을 납부해야 한다. 다만, 천재지변이나 그 밖에 부득이한 사유로 인하여 그 기간 내에 과징금을 납부할 수 없는 경우에는 그 사유가 없어진 날부터 7일 이내에 납부해야 한다. <개정 2014.11.19., 2017.7.26., 2020.8.4.>

④ 법 제34조의2제3항 전단에서 "대통령령으로 정하는 가산금"이란 납부기한의 다음 날부터 과징금을 낸 날의 전날까지의 기간에 대하여 매 1개월이 지날 때마다 내지 아니한 과징금의 1천분의 5에 상당하는 금액을 가산한 금액을 말한다.

[본조신설 2014.8.6.]

제6장 정보주체의 권리 보장

제41조(개인정보의 열람절차 등) ① 정보주체는 법 제35조제1항에 따라 자신의 개인정보에 대한 열람을 요구하려면 다음 각 호의 사항 중 열람하려는 사항을 개인정보처리자가 마련한 방법과 절차에 따라 요구하여야 한다. <개정 2013.3.23., 2014.11.19., 2017.7.26., 2017.10.17.>

1. 개인정보의 항목 및 내용

2. 개인정보의 수집·이용의 목적

3. 개인정보 보유 및 이용 기간

4. 개인정보의 제3자 제공 현황

5. 개인정보 처리에 동의한 사실 및 내용

② 개인정보처리자는 제1항에 따른 열람 요구 방법과 절차를 마련하는 경우 해당 개인정보의 수집 방법과 절차에 비하여 어렵지 아니하도록 다음 각 호의 사항을 준수하여야 한다. <신설 2017.10.17.>

1. 서면, 전화, 전자우편, 인터넷 등 정보주체가 쉽게 활용할 수 있는 방법으로 제공할 것

2. 개인정보를 수집한 창구의 지속적 운영이 곤란한 경우 등 정당한 사유가 있는 경우를 제외하고는 최소한 개인정보를 수집한 창구 또는 방법과 동일하게 개인정보의 열람을 요구할 수 있도록 할 것

3. 인터넷 홈페이지를 운영하는 개인정보처리자는 홈페이지에 열람 요구 방법과 절차를 공개할 것

③ 정보주체가 법 제35조제2항에 따라 보호위원회를 통하여 자신의 개인정보에 대한 열람을 요구하려는 경우에는 보호위원회가 정하여 고시하는 바에 따라 제1항 각 호의 사항 중 열람하려는 사항을 표시한 개인정보 열람요구서를 보호위원회에 제출해야 한다. 이 경우 보호위원회는 지체 없이 그 개인정보 열람요구서를 해당 공공기관에 이송해야 한다. <개정 2013.3.23., 2014.11.19., 2017.7.26., 2017.10.17., 2020.8.4.>

④ 법 제35조제3항 전단에서 "대통령령으로 정하는 기간"이란 10일을 말한

다. <개정 2017.10.17.>

⑤ 개인정보처리자는 제1항 및 제3항에 따른 개인정보 열람 요구를 받은 날 부터 10일 이내에 정보주체에게 해당 개인정보를 열람할 수 있도록 하는 경우와 제42조제1항에 따라 열람 요구 사항 중 일부를 열람하게 하는 경우에는 열람할 개인정보와 열람이 가능한 날짜·시간 및 장소 등(제42조제1항에 따라 열람 요구 사항 중 일부만을 열람하게 하는 경우에는 그 사유와 이의제기방법을 포함한다)을 보호위원회가 정하여 고시하는 열람 통지서로 해당 정보주체에게 알려야 한다. 다만, 즉시 열람하게 하는 경우에는 열람통지서 발급을 생략할 수 있다. <개정 2013.3.23., 2014.11.19., 2017.7.26., 2017.10.17., 2020.8.4.>

제42조(개인정보 열람의 제한·연기 및 거절) ① 개인정보처리자는 제41조제1항에 따른 열람 요구 사항 중 일부가 법 제35조제4항 각 호의 어느 하나에 해당하는 경우에는 그 일부에 대하여 열람을 제한할 수 있으며, 열람이 제한되는 사항을 제외한 부분은 열람할 수 있도록 하여야 한다.

② 개인정보처리자가 법 제35조제3항 후단에 따라 정보주체의 열람을 연기하거나 같은 조 제4항에 따라 열람을 거절하려는 경우에는 열람 요구를 받은 날부터 10일 이내에 연기 또는 거절의 사유 및 이의제기방법을 보호위원회가 정하여 고시하는 열람의 연기·거절 통지서로 해당 정보주체에게 알려야 한다. <개정 2013.3.23., 2014.11.19., 2017.7.26., 2020.8.4.>

제43조(개인정보의 정정·삭제 등) ① 정보주체는 법 제36조제1항에 따라 개인정보처리자에게 그 개인정보의 정정 또는 삭제를 요구하려면 개인정보처리자가 마련한 방법과 절차에 따라 요구하여야 한다. 이 경우 개인정보처리자가 개인정보의 정정 또는 삭제 요구 방법과 절차를 마련할 때에는 제41조제2항을 준용하되, "열람"은 "정정 또는 삭제"로 본다. <개정 2017.10.17.>

② 다른 개인정보처리자로부터 개인정보를 제공받아 개인정보파일을 처리하는 개인정보처리자는 법 제36조제1항에 따른 개인정보의 정정 또는 삭제 요구를 받으면 그 요구에 따라 해당 개인정보를 정정·삭제하거나 그 개인정보 정정·삭제에 관한 요구 사항을 해당 개인정보를 제공한 기관의

장에게 지체 없이 알리고 그 처리 결과에 따라 필요한 조치를 하여야 한다. <개정 2017.10.17.>

③ 개인정보처리자는 제1항과 제2항에 따른 개인정보 정정·삭제 요구를 받은 날부터 10일 이내에 법 제36조제2항에 따라 해당 개인정보의 정정·삭제 등의 조치를 한 경우에는 그 조치를 한 사실을, 법 제36조제1항 단서에 해당하여 삭제 요구에 따르지 아니한 경우에는 그 사실 및 이유와 이의제기방법을 보호위원회가 정하여 고시하는 개인정보 정정·삭제 결과 통지서로 해당 정보주체에게 알려야 한다. <개정 2013.3.23., 2014.11.19., 2017.7.26., 2017.10.17., 2020.8.4.>

제44조(개인정보의 처리정지 등) ① 정보주체는 법 제37조제1항에 따라 개인정보처리자에게 자신의 개인정보 처리의 정지를 요구하려면 개인정보처리자가 마련한 방법과 절차에 따라 요구하여야 한다. 이 경우 개인정보처리자가 개인정보의 처리 정지 요구 방법과 절차를 마련할 때에는 제41조제2항을 준용하되, "열람"은 "처리 정지"로 본다. <개정 2017.10.17.>

② 개인정보처리자는 제1항에 따른 개인정보 처리정지 요구를 받은 날부터 10일 이내에 법 제37조제2항 본문에 따라 해당 개인정보의 처리정지 조치를 한 경우에는 그 조치를 한 사실을, 같은 항 단서에 해당하여 처리 정지 요구에 따르지 않은 경우에는 그 사실 및 이유와 이의제기방법을 보호위원회가 정하여 고시하는 개인정보 처리정지 요구에 대한 결과 통지서로 해당 정보주체에게 알려야 한다. <개정 2013.3.23., 2014.11.19., 2017.7.26., 2017.10.17., 2020.8.4.>

제45조(대리인의 범위 등) ① 법 제38조에 따라 정보주체를 대리할 수 있는 자는 다음 각 호와 같다.

1. 정보주체의 법정대리인

2. 정보주체로부터 위임을 받은 자

② 제1항에 따른 대리인이 법 제38조에 따라 정보주체를 대리할 때에는 개인정보처리자에게 보호위원회가 정하여 고시하는 정보주체의 위임장을 제출하여야 한다. <개정 2013.3.23., 2014.11.19., 2017.7.26., 2020.8.4.>

제46조(정보주체 또는 대리인의 확인) ① 개인정보처리자는 제41조제1항에 따른 열람, 제43조제1항에 따른 정정·삭제, 제44조제1항에 따른 처리정지 또는 법 제39조의7제1항에 따른 동의 철회 등의 요구(이하 이 조, 제47조 및 제48조에서 "열람등요구"라 한다)를 받았을 때에는 열람등요구를 한 사람이 본인이거나 정당한 대리인인지를 확인하여야 한다. <개정 2020.8.4.>

② 공공기관인 개인정보처리자가 「전자정부법」 제36조제1항에 따른 행정정보의 공동이용을 통하여 제1항에 따른 확인을 할 수 있는 경우에는 행정정보의 공동이용을 통하여 확인하여야 한다. 다만, 해당 공공기관이 행정정보의 공동이용을 할 수 없거나 정보주체가 확인에 동의하지 아니하는 경우에는 그러하지 아니하다.

제47조(수수료 등의 금액 등) ① 법 제38조제3항에 따른 수수료와 우송료의 금액은 열람등요구에 필요한 실비의 범위에서 해당 개인정보처리자가 정하는 바에 따른다. 다만, 개인정보처리자가 지방자치단체인 경우에는 그 지방자치단체의 조례로 정하는 바에 따른다.

② 개인정보처리자는 열람등요구를 하게 된 사유가 그 개인정보처리자에게 있는 경우에는 수수료와 우송료를 청구해서는 아니 된다.

③ 법 제38조제3항에 따른 수수료 또는 우송료는 다음 각 호의 구분에 따른 방법으로 낸다. 다만, 국회, 법원, 헌법재판소, 중앙선거관리위원회, 중앙행정기관 및 그 소속 기관(이하 이 조에서 "국가기관"이라 한다) 또는 지방자치단체인 개인정보처리자는 「전자금융거래법」 제2조제11호에 따른 전자지급수단 또는 「정보통신망 이용촉진 및 정보보호 등에 관한 법률」 제2조제10호에 따른 통신과금서비스를 이용하여 수수료 또는 우송료를 내게 할 수 있다.

1. 국가기관인 개인정보처리자에게 내는 경우: 수입인지

2. 지방자치단체인 개인정보처리자에게 내는 경우: 수입증지

3. 국가기관 및 지방자치단체 외의 개인정보처리자에게 내는 경우: 해당 개인정보처리자가 정하는 방법

제48조(열람 요구 지원시스템의 구축 등) ① 개인정보처리자는 열람등요구 및 그에 대한 통지를 갈음하여 해당 업무를 전자적으로 처리할 수 있도록 시스템을 구축·운영하거나 그 밖의 절차를 정하여 해당 업무를 처리할 수 있다.

② 보호위원회는 개인정보처리자 중 공공기관이 보유하고 있는 개인정보에 관한 열람등요구 및 그에 대한 통지에 관한 공공기관의 업무 수행을 효율적으로 지원하기 위하여 시스템을 구축·운영할 수 있다. <개정 2013.3.23., 2014.11.19., 2017.7.26., 2020.8.4.>

제6장의2 정보통신서비스 제공자 등의 개인정보 처리 등 특례 〈신설 2020.8.4.〉

제48조의2(개인정보의 안전성 확보 조치에 관한 특례) ① 정보통신서비스 제공자(「정보통신망 이용촉진 및 정보보호 등에 관한 법률」 제2조제1항제3호에 해당하는 자를 말한다. 이하 같다)와 그로부터 이용자(같은 법 제2조제1항제4호에 해당하는 자를 말한다. 이하 같다)의 개인정보를 법 제17조제1항제1호에 따라 제공받은 자(이하 "정보통신서비스 제공자등"이라 한다)는 이용자의 개인정보를 처리하는 경우에는 제30조에도 불구하고 법 제29조에 따라 다음 각 호의 안전성 확보 조치를 해야 한다.

1. 개인정보의 안전한 처리를 위한 다음 각 목의 내용을 포함하는 내부관리 계획의 수립·시행

가. 개인정보 보호책임자의 지정 등 개인정보 보호 조직의 구성·운영에 관한 사항

나. 정보통신서비스 제공자등의 지휘·감독을 받아 이용자의 개인정보를 처리하는 자(이하 이 조에서 "개인정보취급자"라 한다)의 교육에 관한 사항

다. 제2호부터 제6호까지의 규정에 따른 조치를 이행하기 위하여 필요한 세부 사항

2. 개인정보에 대한 불법적인 접근을 차단하기 위한 다음 각 목의 조치

가. 개인정보를 처리할 수 있도록 체계적으로 구성한 데이터베이스시스템

(이하 이 조에서 "개인정보처리시스템"이라 한다)에 대한 접근 권한의 부여·변경·말소 등에 관한 기준의 수립·시행

나. 개인정보처리시스템에 대한 침입차단시스템 및 침입탐지시스템의 설치·운영

다. 개인정보처리시스템에 접속하는 개인정보취급자의 컴퓨터 등에 대한 외부 인터넷망 차단[전년도 말 기준 직전 3개월간 그 개인정보가 저장·관리되고 있는 이용자 수가 일일평균 100만명 이상이거나 정보통신서비스(「정보통신망 이용촉진 및 정보보호 등에 관한 법률」 제2조제1항제2호에 따른 정보통신서비스를 말한다. 이하 같다) 부문 전년도(법인인 경우에는 전 사업연도를 말한다) 매출액이 100억원 이상인 정보통신서비스 제공자등만 해당한다]

라. 비밀번호의 생성 방법 및 변경 주기 등의 기준 설정 및 운영

마. 그 밖에 개인정보에 대한 접근 통제를 위하여 필요한 조치

3. 접속기록의 위조·변조 방지를 위한 다음 각 목의 조치

가. 개인정보취급자가 개인정보처리시스템에 접속하여 개인정보를 처리한 경우 접속일시, 처리내역 등의 저장 및 이의 확인·감독

나. 개인정보처리시스템에 대한 접속기록을 별도의 저장장치에 백업 보관

4. 개인정보가 안전하게 저장·전송될 수 있도록 하기 위한 다음 각 목의 조치

가. 비밀번호의 일방향 암호화 저장

나. 주민등록번호, 계좌정보 및 제18조제3호에 따른 정보 등 보호위원회가 정하여 고시하는 정보의 암호화 저장

다. 정보통신망을 통하여 이용자의 개인정보 및 인증정보를 송신·수신하는 경우 보안서버 구축 등의 조치

라. 그 밖에 암호화 기술을 이용한 보안조치

5. 개인정보처리시스템 및 개인정보취급자가 개인정보 처리에 이용하는 정보기기에 컴퓨터바이러스, 스파이웨어 등 악성프로그램의 침투 여부를 항시 점검·치료할 수 있도록 하기 위한 백신소프트웨어 설치 및 주기적 갱신·점검 조치

6. 그 밖에 개인정보의 안전성 확보를 위하여 필요한 조치

② 보호위원회는 정보통신서비스 제공자등이 제1항에 따른 안전성 확보 조치를 하도록 시스템을 구축하는 등 필요한 지원을 할 수 있다.

③ 제1항에 따른 안전성 확보 조치에 관한 세부 기준은 보호위원회가 정하여 고시한다.

[본조신설 2020.8.4.]
[종전 제48조의2는 제48조의14로 이동 <2020.8.4.>]

제48조의3(법정대리인 동의의 확인방법) ① 정보통신서비스 제공자는 법 제39조의3제4항에 따라 다음 각 호의 어느 하나에 해당하는 방법으로 법정대리인이 동의했는지를 확인해야 한다.

1. 동의 내용을 게재한 인터넷 사이트에 법정대리인이 동의 여부를 표시하도록 하고 정보통신서비스 제공자가 그 동의 표시를 확인했음을 법정대리인의 휴대전화 문자메시지로 알리는 방법

2. 동의 내용을 게재한 인터넷 사이트에 법정대리인이 동의 여부를 표시하도록 하고 법정대리인의 신용카드·직불카드 등의 카드정보를 제공받는 방법

3. 동의 내용을 게재한 인터넷사이트에 법정대리인이 동의 여부를 표시하도록 하고 법정대리인의 휴대전화 본인인증 등을 통하여 본인 여부를 확인하는 방법

4. 동의 내용이 적힌 서면을 법정대리인에게 직접 발급하거나, 우편 또는 팩스를 통하여 전달하고 법정대리인이 동의 내용에 대하여 서명날인 후 제출하도록 하는 방법

5. 동의 내용이 적힌 전자우편을 발송하고 법정대리인으로부터 동의의 의사표시가 적힌 전자우편을 전송받는 방법

6. 전화를 통하여 동의 내용을 법정대리인에게 알리고 동의를 받거나 인터넷주소 등 동의 내용을 확인할 수 있는 방법을 안내하고 재차 전화 통화를 통하여 동의를 받는 방법

7. 그 밖에 제1호부터 제6호까지의 규정에 따른 방법에 준하는 방법으로 법

정대리인에게 동의 내용을 알리고 동의의 의사표시를 확인하는 방법

② 정보통신서비스 제공자는 개인정보 수집 매체의 특성상 동의 내용을 전부 표시하기 어려운 경우 법정대리인에게 동의 내용을 확인할 수 있는 방법(인터넷주소·사업장 전화번호 등)을 안내할 수 있다.

[본조신설 2020.8.4.]

제48조의4(개인정보 유출 등의 통지·신고에 관한 특례) ① 법 제39조의4 제1항 각 호 외의 부분 본문 및 제2항에서 "대통령령으로 정하는 전문기관"이란 한국인터넷진흥원을 말한다.

② 정보통신서비스 제공자등은 개인정보의 분실·도난·유출의 사실을 안 때에는 지체 없이 법 제39조의4제1항 각 호의 모든 사항을 서면등의 방법으로 이용자에게 알리고 보호위원회 또는 한국인터넷진흥원에 신고해야 한다.

③ 정보통신서비스 제공자등은 제2항에 따른 통지·신고를 하려는 경우에는 법 제39조의4제1항제1호 또는 제2호의 사항에 관한 구체적인 내용이 확인되지 않았으면 그때까지 확인된 내용과 같은 항 제3호부터 제5호까지의 사항을 우선 통지·신고한 후 추가로 확인되는 내용에 대해서는 확인되는 즉시 통지·신고해야 한다.

④ 정보통신서비스 제공자등은 법 제39조의4제1항 각 호 외의 부분 단서에 따른 정당한 사유가 있는 경우에는 법 제39조의4제1항 각 호의 사항을 자신의 인터넷 홈페이지에 30일 이상 게시하는 것으로 제2항의 통지를 갈음할 수 있다.

⑤ 천재지변이나 그 밖의 부득이한 사유로 제4항에 따른 홈페이지 게시가 곤란한 경우에는 「신문 등의 진흥에 관한 법률」에 따른 전국을 보급지역으로 하는 둘 이상의 일반일간신문에 1회 이상 공고하는 것으로 제4항에 따른 홈페이지 게시를 갈음할 수 있다.

⑥ 정보통신서비스 제공자등은 법 제39조의4제1항 각 호 외의 부분 본문 및 단서에 따른 정당한 사유를 지체 없이 서면으로 보호위원회에 소명해야 한다.

[본조신설 2020.8.4.]

제48조의5(개인정보의 파기 등에 관한 특례) ① 정보통신서비스 제공자등은 이용자가 정보통신서비스를 법 제39조의6제1항의 기간 동안 이용하지 않는 경우에는 이용자의 개인정보를 해당 기간 경과 후 즉시 파기하거나 다른 이용자의 개인정보와 분리하여 별도로 저장·관리해야 한다. 다만, 법 제39조의6제1항 본문에 따른 기간(법 제39조의6제1항 단서에 따라 이용자의 요청에 따라 달리 정한 경우에는 그 기간을 말한다)이 경과한 경우로서 다른 법령에 따라 이용자의 개인정보를 보존해야 하는 경우에는 다른 법령에서 정한 보존기간이 경과할 때까지 다른 이용자의 개인정보와 분리하여 별도로 저장·관리해야 한다.

② 정보통신서비스 제공자등은 제1항에 따라 개인정보를 별도로 저장·관리하는 경우에는 법 또는 다른 법률에 특별한 규정이 있는 경우를 제외하고는 해당 개인정보를 이용하거나 제공해서는 안 된다.

③ 법 제39조의6제2항에서 "개인정보가 파기되는 사실, 기간 만료일 및 파기되는 개인정보의 항목 등 대통령령으로 정하는 사항"이란 다음 각 호의 사항을 말한다.

1. 개인정보를 파기하는 경우: 개인정보가 파기되는 사실, 기간 만료일 및 파기되는 개인정보의 항목

2. 다른 이용자의 개인정보와 분리하여 개인정보를 저장·관리하는 경우: 개인정보가 분리되어 저장·관리되는 사실, 기간 만료일 및 분리·저장되어 관리되는 개인정보의 항목

④ 법 제39조의6제2항에서 "전자우편 등 대통령령으로 정하는 방법"이란 서면등의 방법을 말한다.

[본조신설 2020.8.4.]

제48조의6(개인정보 이용내역의 통지) ① 법 제39조의8제1항 본문에서 "대통령령으로 정하는 기준에 해당하는 자"란 다음 각 호의 어느 하나에 해당하는 자를 말한다.

1. 정보통신서비스 부문 전년도(법인인 경우에는 전 사업연도를 말한다) 매출액이 100억원 이상인 정보통신서비스 제공자등

2. 전년도 말 기준 직전 3개월간 그 개인정보가 저장·관리되고 있는 이용자 수가 일일평균 100만명 이상인 정보통신서비스 제공자등

② 법 제39조의8제1항에 따라 이용자에게 통지해야 하는 정보의 종류는 다음 각 호와 같다.

1. 개인정보의 수집·이용 목적 및 수집한 개인정보의 항목

2. 개인정보를 제공받은 자와 그 제공 목적 및 제공한 개인정보의 항목. 다만, 「통신비밀보호법」 제13조, 제13조의2, 제13조의4 및 「전기통신사업법」 제83조제3항에 따라 제공한 정보는 제외한다.

③ 법 제39조의8제1항에 따른 통지는 서면등의 방법으로 연 1회 이상 해야 한다.

[본조신설 2020.8.4.]

제48조의7(손해배상책임의 이행을 위한 보험 등 가입 대상자의 범위 및 기준 등) ① 다음 각 호의 요건을 모두 갖춘 정보통신서비스 제공자등(이하 이 조에서 "가입 대상 개인정보처리자"라 한다)은 법 제39조의9제1항에 따라 보험 또는 공제에 가입하거나 준비금을 적립해야 한다.

1. 전년도(법인의 경우에는 전 사업연도를 말한다)의 매출액이 5천만원 이상일 것

2. 전년도 말 기준 직전 3개월간 그 개인정보가 저장·관리되고 있는 이용자 수가 일일평균 1천명 이상일 것

② 가입 대상 개인정보처리자가 보험 또는 공제에 가입하거나 준비금을 적립할 경우 최저가입금액(준비금을 적립하는 경우 최소적립금액을 말한다. 이하 이 조에서 같다)의 기준은 별표 1의4와 같다. 다만, 가입 대상 개인정보처리자가 보험 또는 공제 가입과 준비금 적립을 병행하는 경우에는 보험 또는 공제 가입금액과 준비금 적립금액을 합산한 금액이 별표 1의4에서 정한 최저가입금액의 기준 이상이어야 한다.

③ 가입 대상 개인정보처리자가 다른 법률에 따라 법 제39조 및 제39조의2에 따른 손해배상책임의 이행을 보장하는 보험 또는 공제에 가입하거나 준비금을 적립한 경우에는 법 제39조의9제1항에 따른 보험 또는 공제에 가입하거나 준비금을 적립한 것으로 본다.

[본조신설 2020.8.4.]

제48조의8(노출된 개인정보의 삭제·차단 요청 기관) 법 제39조의10제2항에서 "대통령령으로 지정한 전문기관"이란 한국인터넷진흥원을 말한다.

[본조신설 2020.8.4.]

제48조의9(국내대리인 지정 대상자의 범위) ① 법 제39조의11제1항 각 호 외의 부분에서 "대통령령으로 정하는 기준에 해당하는 자"란 다음 각 호의 어느 하나에 해당하는 자를 말한다.

1. 전년도(법인인 경우에는 전 사업연도를 말한다) 매출액이 1조원 이상인 자

2. 정보통신서비스 부문 전년도(법인인 경우에는 전 사업연도를 말한다) 매출액이 100억원 이상인 자

3. 전년도 말 기준 직전 3개월간 그 개인정보가 저장·관리되고 있는 이용자 수가 일일평균 100만명 이상인 자

4. 이 법을 위반하여 개인정보 침해 사건·사고가 발생하였거나 발생할 가능성이 있는 경우로서 법 제63조제1항에 따라 관계 물품·서류 등 자료의 제출을 요구받은 자

② 제1항제1호 및 제2호에 따른 매출액은 전년도(법인인 경우에는 전 사업연도를 말한다) 평균환율을 적용하여 원화로 환산한 금액을 기준으로 한다.

[본조신설 2020.8.4.]

제48조의10(개인정보 국외 이전 시 보호조치) ① 정보통신서비스 제공자 등이 법 제39조의12제2항 본문에 따라 개인정보를 국외로 이전하는 경우에 같은 조 제4항에 따라 해야 하는 보호조치는 다음 각 호와 같다.

1. 제48조의2제1항에 따른 개인정보 보호를 위한 안전성 확보 조치

2. 개인정보 침해에 대한 고충처리 및 분쟁해결에 관한 조치

3. 그 밖에 이용자의 개인정보 보호를 위하여 필요한 조치

② 정보통신서비스 제공자등이 법 제39조의12제2항 본문에 따라 개인정보를

국외에 이전하려는 경우에는 제1항 각 호의 사항에 관하여 이전받는 자와 미리 협의하고 이를 계약내용 등에 반영해야 한다.

③ 법 제39조의12제2항 단서에서 "전자우편 등 대통령령으로 정하는 방법"이란 서면등의 방법을 말한다.

[본조신설 2020.8.4.]

제48조의11(과징금의 산정기준 등에 관한 특례) ① 법 제39조의15제1항에 따른 매출액은 해당 정보통신서비스 제공자등의 위반행위와 관련된 정보통신서비스의 직전 3개 사업연도의 연평균 매출액으로 한다. 다만, 해당 사업연도 첫날 현재 사업을 개시한지 3년이 되지 않은 경우에는 그 사업개시일부터 직전 사업연도 말일까지의 매출액을 연평균 매출액으로 환산한 금액으로 하며, 해당 사업연도에 사업을 개시한 경우에는 사업개시일부터 위반행위일까지의 매출액을 연매출액으로 환산한 금액으로 한다.

② 법 제39조의15제2항 단서에서 "대통령령으로 정하는 경우"란 다음 각 호의 어느 하나에 해당하는 경우를 말한다.

1. 영업을 개시하지 않았거나 영업을 중단하는 등의 사유로 영업실적이 없는 경우

2. 재해 등으로 인하여 매출액 산정자료가 소멸되거나 훼손되는 등 객관적인 매출액의 산정이 곤란한 경우

③ 보호위원회는 제1항에 따른 매출액 산정을 위하여 재무제표 등 자료가 필요한 경우 20일 이내의 기간을 정하여 해당 정보통신서비스 제공자등에게 관련 자료의 제출을 요청할 수 있다.

④ 법 제39조의15제4항에 따른 과징금의 산정기준과 산정절차는 별표 1의5와 같다.

[본조신설 2020.8.4.]

제48조의12(과징금의 부과 및 납부) ① 보호위원회가 법 제39조의15에 따라 과징금을 부과하려는 경우에는 해당 위반행위를 조사·확인한 후 위반사실·부과금액·이의제기 방법 및 이의제기 기간 등을 서면으로 명시하여 과징

금 부과대상자에게 통지해야 한다.

② 제1항에 따라 통지를 받은 자는 통지를 받은 날부터 30일 이내에 보호위원회가 지정하는 금융기관에 과징금을 납부해야 한다. 다만, 천재지변이나 그 밖의 부득이한 사유로 인하여 그 기간 내에 과징금을 납부할 수 없는 경우에는 그 사유가 없어진 날부터 7일 이내에 납부해야 한다.

③ 제2항에 따라 과징금의 납부를 받은 금융기관은 과징금을 납부한 자에게 영수증을 발급해야 한다.

[본조신설 2020.8.4.]

제48조의13(환급가산금의 이자율) 법 제39조의15제7항에서 "대통령령으로 정하는 이자율"이란 「국세기본법 시행령」 제43조의3제2항 본문에 따른 이자율을 말한다.

[본조신설 2020.8.4.]

제7장 개인정보 분쟁조정

제48조의14(당연직위원) 분쟁조정위원회의 당연직위원은 보호위원회의 고위공무원단에 속하는 일반직공무원으로서 개인정보 보호에 관한 업무를 담당하는 사람 중 보호위원회 위원장이 지명하는 사람으로 한다. <개정 2017.7.26., 2020.8.4.>

[본조신설 2016.7.22.]
[제48조의2에서 이동 <2020.8.4.>]

제49조(조정부의 구성 및 운영) ① 법 제40조제6항에 따른 조정부(이하 "조정부"라 한다)는 분쟁조정위원회 위원장이 지명하는 5명 이내의 위원으로 구성하되, 그 중 1명은 변호사 자격이 있는 위원으로 한다. <개정 2016.7.22.>

② 분쟁조정위원회 위원장은 조정부의 회의를 소집한다.

③ 분쟁조정위원회의 위원장은 조정부의 회의를 소집하려면 회의 날짜ㆍ시

간·장소 및 안건을 정하여 회의 개최 7일 전까지 조정부의 각 위원에게 알려야 한다. 다만, 긴급한 사정이 있는 경우에는 그러하지 아니하다.

④ 조정부의 장은 조정부 위원 중에서 호선(互選)한다.

⑤ 제1항부터 제4항까지의 규정에서 정한 사항 외에 조정부의 구성 및 운영 등에 필요한 사항은 분쟁조정위원회의 의결을 거쳐 분쟁조정위원회의 위원장이 정한다.

제50조(사무기구) ① 법 제40조제8항에 따른 분쟁조정 접수 및 사실 확인 등 분쟁조정에 필요한 사무처리는 보호위원회의 사무기구가 수행한다. <개정 2020.8.4.>

② 사무기구는 분쟁조정 접수·진행 및 당사자 통지 등 분쟁조정에 필요한 사무를 전자적으로 처리하기 위하여 분쟁조정업무시스템을 구축하여 운영할 수 있다. <신설 2020.8.4.>

[전문개정 2016.7.22.]

제51조(분쟁조정위원회 등의 운영) ① 분쟁조정위원회 위원장은 분쟁조정위원회의 회의를 소집하며, 그 의장이 된다.

② 분쟁조정위원회 위원장이 분쟁조정위원회의 회의를 소집하려면 회의 날짜·시간·장소 및 안건을 정하여 회의 개최 7일 전까지 각 위원에게 알려야 한다. 다만, 긴급한 사정이 있는 경우에는 그러하지 아니하다.

③ 분쟁조정위원회 및 조정부의 회의는 공개하지 아니한다. 다만, 필요하다고 인정되는 경우에는 분쟁조정위원회의 의결로 당사자 또는 이해관계인에게 방청을 하게 할 수 있다.

제52조(집단분쟁조정의 신청 대상) 법 제49조제1항에서 "대통령령으로 정하는 사건"이란 다음 각 호의 요건을 모두 갖춘 사건을 말한다.

1. 피해 또는 권리침해를 입은 정보주체의 수가 다음 각 목의 정보주체를 제외하고 50명 이상일 것

가. 개인정보처리자와 분쟁해결이나 피해보상에 관한 합의가 이루어진 정보주체

나. 같은 사안으로 다른 법령에 따라 설치된 분쟁조정기구에서 분쟁조정 절차가 진행 중인 정보주체

다. 해당 개인정보 침해로 인한 피해에 대하여 법원에 소(訴)를 제기한 정보주체

2. 사건의 중요한 쟁점이 사실상 또는 법률상 공통될 것

제53조(집단분쟁조정 절차의 개시) ① 법 제49조제2항 후단에서 "대통령령으로 정하는 기간"이란 14일 이상의 기간을 말한다.

② 법 제49조제2항 후단에 따른 집단분쟁조정 절차의 개시 공고는 분쟁조정위원회의 인터넷 홈페이지 또는 「신문 등의 진흥에 관한 법률」에 따라 전국을 보급지역으로 하는 일반일간신문에 게재하는 방법으로 한다. <개정 2015.12.30.>

제54조(집단분쟁조정 절차에 대한 참가 신청) ① 법 제49조에 따른 집단분쟁조정(이하 "집단분쟁조정"이라 한다)의 당사자가 아닌 정보주체 또는 개인정보처리자가 법 제49조제3항에 따라 추가로 집단분쟁조정의 당사자로 참가하려면 법 제49조제2항 후단의 공고기간에 문서로 참가 신청을 하여야 한다.

② 분쟁조정위원회는 제1항에 따라 집단분쟁조정 당사자 참가 신청을 받으면 제1항의 신청기간이 끝난 후 10일 이내에 참가 인정 여부를 문서로 알려야 한다.

제55조(집단분쟁조정 절차의 진행) ① 집단분쟁조정 절차가 개시된 후 제52조제1호가목부터 다목까지의 어느 하나에 해당하게 된 정보주체는 당사자에서 제외된다.

② 분쟁조정위원회는 제52조 각 호의 요건을 모두 갖춘 사건에 대하여 집단분쟁조정 절차가 개시되고 나면 그 후 집단분쟁조정 당사자 중 일부가 같은 조 제1호가목부터 다목까지의 어느 하나에 해당하게 되어 같은 조

제1호의 요건을 갖추지 못하게 되더라도 집단분쟁조정 절차를 중지하지 아니한다.

제56조(수당과 여비) 분쟁조정위원회 및 조정부의 회의에 출석한 위원 등에게 는 예산의 범위에서 수당과 여비를 지급할 수 있다. 다만, 공무원인 위원이 그 소관 업무와 직접적으로 관련되어 출석하는 경우에는 그러하지 아니하다.

제57조(분쟁조정 세칙) 법 및 이 영에서 규정한 사항 외에 분쟁조정위원회의 운영 및 집단분쟁조정을 위하여 필요한 사항은 분쟁조정위원회의 의결을 거 쳐 분쟁조정위원회의 위원장이 정한다.

제8장 보칙 및 벌칙

제58조(개선권고 및 징계권고) ① 법 제61조제2항·제3항에 따른 개선권고 및 법 제65조제2항·제3항에 따른 징계권고는 권고 사항, 권고 사유 및 조 치 결과 회신기간 등을 분명하게 밝힌 문서로 하여야 한다.

② 제1항에 따른 권고를 받은 자는 권고 내용에 따라 필요한 조치를 하고, 그 결과를 보호위원회 또는 관계 중앙행정기관의 장에게 문서로 통보해야 한다. 다만, 권고 내용대로 조치하기 곤란하다고 판단되는 특별한 사정이 있는 경우에는 그 사유를 통보해야 한다. <개정 2013.3.23., 2014.11.19., 2017.7.26., 2020.8.4.>

제59조(침해 사실의 신고 등) 보호위원회는 법 제62조제2항에 따라 개인정보 에 관한 권리 또는 이익 침해 사실 신고의 접수·처리 등에 관한 업무를 효 율적으로 수행하기 위한 전문기관으로 한국인터넷진흥원을 지정한다. <개정 2013.3.23., 2014.11.19., 2017.7.26., 2020.8.4.>

제60조(자료제출 요구 및 검사) ① 법 제63조제1항제3호에서 "대통령령으로 정하는 경우"란 개인정보 유출 등 정보주체의 개인정보에 관한 권리 또는 이익을 침해하는 사건·사고 등이 발생하였거나 발생할 가능성이 상당히 있

는 경우를 말한다.

② 보호위원회는 법 제63조제1항 및 제2항에 따른 자료의 제출 요구 및 검사 등을 위하여 한국인터넷진흥원의 장에게 기술적인 사항을 자문하는 등 필요한 지원을 요청할 수 있다. <개정 2013.3.23., 2014.11.19., 2015.12.30., 2017.7.26., 2020.8.4.>

③ 보호위원회는 법 제63조제4항 전단에 따라 관계 중앙행정기관의 장(해당 중앙행정기관의 장의 지휘·감독을 받아 검사권한을 수행하는 법인이 있는 경우 그 법인을 말한다. 이하 이 조에서 같다)에게 검사 대상 및 사유를 정하여 개인정보처리자에 대한 검사를 요구할 수 있으며, 필요 시 보호위원회의 소속 공무원을 지정하여 해당 공무원이 검사에 공동으로 참여하도록 요청할 수 있다. <신설 2020.8.4.>

④ 제3항에 따른 요구를 받은 관계 중앙행정기관의 장은 검사 일정, 검사 범위 및 방법 등을 포함한 검사 계획을 수립하여 요구를 받은 날부터 15일 이내에 보호위원회에 통보해야 한다. <신설 2020.8.4.>

⑤ 관계 중앙행정기관의 장은 제4항에 따른 검사 계획을 통보한 날부터 60일 이내에 검사를 완료하고, 검사 결과를 보호위원회에 통보해야 한다. 다만, 검사 기간은 보호위원회와 협의하여 30일 이내의 범위에서 연장할 수 있다. <신설 2020.8.4.>

⑥ 관계 중앙행정기관의 장은 법 제63조제5항에 따라 개인정보처리자에 대한 시정조치를 요청받거나 처분 등에 대한 의견을 제시받은 경우에는 그 내용을 이행하도록 노력해야 한다. <신설 2020.8.4.>

⑦ 보호위원회는 법 제63조제7항에 따라 개인정보 침해사고의 예방과 효과적인 대응이 필요한 경우에는 보호위원회가 정하는 바에 따라 관계 중앙행정기관의 장에게 공동대응을 요청할 수 있다. <신설 2020.8.4.>

제61조(결과의 공표) ① 보호위원회 및 관계 중앙행정기관의 장은 법 제66조제1항 및 제2항에 따라 다음 각 호의 사항을 인터넷 홈페이지 또는 「신문 등의 진흥에 관한 법률」에 따라 전국을 보급지역으로 하는 일반일간신문 등에 게재하여 공표할 수 있다. <개정 2013.3.23., 2014.11.19., 2017.7.26., 2020.8.4.>

1. 위반행위의 내용

2. 위반행위를 한 자

3. 개선권고, 시정조치 명령, 고발, 징계권고 및 과태료 부과의 내용 및 결과

② 보호위원회 및 관계 중앙행정기관의 장은 법 제66조제1항 및 제2항에 따라 제1항 각 호의 사항을 공표하려는 경우에는 위반행위의 내용 및 정도, 위반 기간 및 횟수, 위반행위로 인하여 발생한 피해의 범위 및 결과 등을 고려하여야 한다. <개정 2013.3.23., 2014.11.19., 2017.7.26., 2020.8.4.>

③ 보호위원회 및 관계 중앙행정기관의 장은 보호위원회의 심의·의결 전에 공표대상자에게 공표대상자라는 사실을 알려 소명자료를 제출하거나 의견을 진술할 수 있는 기회를 주어야 한다. <개정 2013.3.23., 2014.11.19., 2017.7.26., 2020.8.4.>

제62조(업무의 위탁) ① 삭제 <2015.12.30.>

② 보호위원회는 법 제68조제1항에 따라 법 제24조의2제4항에 따른 대체가입수단 제공의 지원에 관한 업무를 다음 각 호의 기관에 위탁할 수 있다. <개정 2013.3.23., 2014.11.19., 2015.12.30., 2017.7.26., 2020.8.4., 2022.7.19.>

1. 「전자정부법」 제72조제1항에 따른 한국지역정보개발원

2. 한국인터넷진흥원

3. 대체가입수단의 개발·제공·관리 업무를 안전하게 수행할 수 있는 기술적·재정적 능력과 설비를 보유한 것으로 인정되어 보호위원회가 정하여 고시하는 법인·기관·단체

③ 보호위원회는 법 제68조제1항에 따라 다음 각 호의 사항에 관한 업무를 제4항에 따른 기관에 위탁할 수 있다. <개정 2013.3.23., 2014.11.19., 2015.12.30., 2017.7.26., 2020.8.4., 2022.7.19.>

1. 법 제7조의8제5호에 따른 개인정보 보호를 위한 국제기구와 외국의 개인정보 보호기구와의 교류·협력

2. 법 제7조의8제6호에 따른 개인정보 보호에 관한 법령·정책·제도·실태 등의 조사·연구

3. 법 제7조의8제7호에 따른 개인정보 보호에 관한 기술개발의 지원·보급

4. 법 제13조제1호에 따른 개인정보 보호에 관한 교육·홍보

5. 법 제13조제2호에 따른 개인정보 보호와 관련된 기관·단체의 육성 및 지원

6. 법 제33조제5항에 따른 관계 전문가의 육성 및 영향평가 기준의 개발

7. 법 제35조제2항에 따른 열람 요구의 접수 및 처리

8. 법 제63조에 따른 자료제출 요구 및 검사(법 제62조에 따라 개인정보침해 신고센터에 접수된 신고의 접수·처리 및 상담과 관련된 사항만 해당한다)

9. 제37조제2항에 따른 평가기관 지정신청서의 접수 및 같은 조 제6항에 따른 신고 사항의 접수

④ 보호위원회가 제3항 각 호의 사항에 관한 업무를 위탁할 수 있는 기관은 다음 각 호와 같다. <신설 2022.7.19.>

1. 한국인터넷진흥원

2. 개인정보 보호 분야에 전문성을 갖춘 것으로 인정되어 보호위원회가 정하여 고시하는 법인·기관 또는 단체

⑤ 보호위원회가 제2항부터 제4항까지의 규정에 따라 업무를 위탁하는 경우에는 위탁받는 기관과 위탁업무의 내용을 관보나 보호위원회의 인터넷 홈페이지에 공고해야 한다. <개정 2022.7.19.>

[제목개정 2022.7.19.]

제62조의2(민감정보 및 고유식별정보의 처리) ① 보호위원회(제62조제3항에 따라 보호위원회의 권한을 위탁받은 자를 포함한다)는 다음 각 호의 사무를 수행하기 위하여 불가피한 경우 법 제23조에 따른 민감정보와 제19조에 따른 주민등록번호, 여권번호, 운전면허의 면허번호 또는 외국인등록번호가 포함된 자료를 처리할 수 있다. <개정 2020.8.4.>

1. 법 제7조의9제1항제4호부터 제6호까지의 규정에 따른 사항의 심의·의견에 관한 사무

2. 법 제24조의2제4항에 따른 주민등록번호 대체 방법 제공을 위한 시스템

구축 등 제반조치 마련 및 지원에 관한 사무

3. 법 제28조의6, 제34조의2 및 제39조의15에 따른 과징금의 부과 및 징수에 관한 사무

4. 법 제62조제3항에 따른 개인정보침해 신고센터의 업무에 관한 사무

5. 법 제63조제1항, 제2항 및 제7항에 따른 자료의 제출, 검사 및 점검에 관한 사무

② 분쟁조정위원회는 법 제45조 및 제47조에 따른 개인정보 분쟁 조정에 관한 사무를 수행하기 위하여 불가피한 경우 법 제23조에 따른 민감정보와 제19조에 따른 주민등록번호, 여권번호, 운전면허의 면허번호 또는 외국인등록번호가 포함된 자료를 처리할 수 있다. <개정 2020.8.4.>

[본조신설 2014.8.6.]
[제목개정 2020.8.4.]

제62조의3(규제의 재검토) ① 보호위원회는 다음 각 호의 사항에 대하여 다음 각 호의 기준일을 기준으로 3년마다(매 3년이 되는 해의 기준일과 같은 날 전까지를 말한다) 그 타당성을 검토하여 개선 등의 조치를 해야 한다. <신설 2020.8.4., 2022.3.8.>

1. 제37조에 따른 평가기관의 지정대상, 지정취소 요건 및 변경신고 사유: 2022년 1월 1일

2. 제48조의6에 따른 개인정보 이용내역을 통지해야 하는 자의 범위, 통지해야 하는 정보의 종류 및 통지 주기와 방법: 2020년 8월 5일

3. 제48조의7에 따른 손해배상책임의 이행을 위한 보험 등 가입 대상자의 범위 및 기준: 2020년 8월 5일

② 보호위원회는 다음 각 호의 사항에 대하여 다음 각 호의 기준일을 기준으로 2년마다(매 2년이 되는 해의 기준일과 같은 날 전까지를 말한다) 그 타당성을 검토하여 개선 등의 조치를 해야 한다. <개정 2015.12.30., 2017.7.26., 2018.12.24., 2020.8.4., 2022.3.8.>

1. 제29조의3에 따른 개인정보처리자 간 가명정보의 결합: 2022년 1월 1일

2. 제31조에 따른 개인정보 처리방침의 내용 및 공개방법 등: 2015년 1월 1일

2의2. 삭제 <2022.3.8.>

3. 삭제 <2018.12.24.>

4. 삭제 <2018.12.24.>

5. 삭제 <2018.12.24.>

③ 삭제 <2022.3.8.>

[전문개정 2014.12.9.]

제63조(과태료의 부과기준) 법 제75조제1항부터 제4항까지의 규정에 따른 과태료의 부과기준은 별표 2와 같다. <개정 2020.8.4.>

부　칙 〈대통령령 제31429호, 2021.2.2.〉 (소상공인기본법 시행령)

제1조(시행일) 이 영은 2021년 2월 5일부터 시행한다.

제2조(다른 법령의 개정) ① 개인정보 보호법 시행령 일부를 다음과 같이 개정한다.

　제29조의5제1항제3호 단서 중 "「소상공인 보호 및 지원에 관한 법률」 제2조에 따른 소상공인"을 "「소상공인기본법」 제2조에 따른 소상공인"으로 한다.

　제32조제3항 본문 중 "「소상공인 보호 및 지원에 관한 법률」 제2조에 따른 소상공인"을 "「소상공인기본법」 제2조에 따른 소상공인"으로 한다.

　②부터 ⑭까지 생략

제3조 생략

부 칙 〈대통령령 제32528호, 2022.3.8.〉 (규제 재검토기한 설정 해제 등을 위한 91개 법령의 일부개정에 관한 대통령령)

이 영은 공포한 날부터 시행한다.

부 칙 〈대통령령 제32813호, 2022.7.19.〉

제1조(시행일) 이 영은 공포 후 3개월이 경과한 날부터 시행한다. 다만, 제16조제1항 및 제62조의 개정규정은 공포한 날부터 시행한다.

제2조(과징금의 산정기준에 관한 적용례) 별표 1, 별표 1의3 및 별표 1의5의 개정규정은 이 영 시행 전의 위반행위에 대해서도 적용한다.

개인정보 단체소송규칙

[시행 2011.9.30.] [대법원규칙 제2358호, 2011.9.28., 제정]

제1조(목적) 이 규칙은 「개인정보 보호법」(다음부터 "법"이라고 한다) 제51조에 따라 제기된 금지·중지 청구에 관한 소송(다음부터 '개인정보 단체소송'이라고 한다)의 절차에 관하여 필요한 사항을 정하는 것을 목적으로 한다.

제2조(「민사소송규칙」의 적용) 개인정보 단체소송에 관하여 이 규칙에 특별한 규정이 없는 때에는 「민사소송규칙」을 적용한다.

제3조(소의 제기 및 소송허가신청의 방법) 소장과 소송허가신청서는 별개의 서면으로 작성하여 제출하여야 한다.

제4조(소장의 기재사항) 소장에는 다음 각 호의 사항을 적어야 한다.

1. 원고 및 그 소송대리인

2. 피고

3. 청구의 취지와 원인

제5조(소송허가신청서의 기재사항) 소송허가신청서에는 다음 각 호의 사항을 적어야 한다.

1. 원고 및 그 소송대리인

2. 피고

3. 허가신청의 취지와 원인

4. 정보주체의 침해된 권리의 내용

제6조(소송허가신청서에 붙일 자료) ① 법 제51조제1호에 규정된 단체는 소송허가신청서에 다음 각 호의 자료 등을 붙여야 한다.

1. 단체의 정관

2. 단체의 정회원수가 1천명 이상임을 소명할 수 있는 자료

3. 「소비자기본법」 제29조에 따라 소비자단체로 등록한 사실 및 등록일자를 소명하는 서면

② 법 제51조제2호에 규정된 단체는 소송허가신청서에 다음 각 호의 자료 등을 붙여야 한다.

1. 단체의 정관

2. 개인정보 보호와 관련된 최근 3년간의 활동실적

3. 단체의 상시 구성원수가 5천명 이상임을 소명할 수 있는 자료

4. 중앙행정기관에 등록되어 있음을 소명하는 서면

5. 단체소송의 제기를 요청한 정보주체의 이름·주소와 연락처(전화번호·팩시밀리번호 또는 전자우편주소 등을 말한다.)

6. 제5호의 정보주체들이 단체소송의 제기를 요청한 서면(각 정보주체별 침해의 내용과 서명 또는 날인을 포함하여야 한다)

③ 소제기단체는 소송허가신청서에 법 제54조제2항제2호에 따라 개인정보처리자가 법 제49조에 따른 집단분쟁조정을 거부하거나 집단분쟁조정의 결과를 수락하지 아니하였음을 증명하는 서류를 붙여야 한다.

제7조(소송허가신청서의 심사) ① 소송허가신청서의 기재사항 및 소송허가신청서에 붙일 서류에 흠이 있는 때에는 재판장은 상당한 기간을 정하여 그 기간 이내에 흠을 보정하도록 명하여야 한다.

② 원고가 제1항에 따른 재판장의 명령에도 불구하고 흠을 보정하지 아니한 때에는 법원은 결정으로 단체소송을 불허가한다.

제8조(소송허가신청서 부본의 송달) 소송허가신청서의 부본은 소장부본과 함께 피고에게 송달한다.

제9조(소송허가신청의 심리) 법원은 소송허가 여부를 결정하기 위하여 필요하다고 인정하는 때에는 원고의 대표자, 피용자, 회원 또는 구성원, 피고 및

정보주체 등을 심문할 수 있다.

제10조(소송허가 여부에 대한 결정) ① 소송허가결정서 및 소송불허가결정서에는 다음 각 호의 사항을 기재하고 결정을 한 법관이 기명날인하여야 한다.

1. 원고 및 그 소송대리인

2. 피고

3. 주문

4. 이유

② 소송불허가결정서의 이유에는 흠결이 있는 소송허가요건을 명시하여야 한다.

③ 소송허가결정 및 소송불허가결정은 그 결정등본을 원고와 피고에게 송달하여야 한다.

④ 소송불허가결정이 확정된 때에는 단체소송이 제기되지 아니한 것으로 본다.

제11조(소송대리인의 사임 등) ① 원고의 소송대리인 전원이 사망 또는 사임하거나 해임된 때에는 원고가 새로운 소송대리인을 선임할 때까지 소송절차가 중지된다.

② 제1항에 따라 소송절차가 중지된 경우 법원은 원고에게 1개월 이상의 기간을 정하여 변호사를 선임할 것을 명하여야 한다.

③ 원고가 제2항에 따른 명령을 받고도 정해진 기간 내에 변호사를 선임하지 아니한 때에는 법원은 결정으로 소를 각하하여야 한다.

④ 제3항의 결정에 대하여는 즉시항고를 할 수 있다.

제12조(공동소송참가) ① 법 제51조 각 호의 어느 하나에 해당하는 단체는 법 제55조제1항에 따른 법원의 허가를 받아 다른 단체와 개인정보처리자 사이에 계속 중인 개인정보 단체소송에 「민사소송법」 제83조에 따른 공동소송인으로 참가할 수 있다. 이 때 공동소송참가신청서와 공동소송참가허가신청서는 법 제54조제1항의 소장과 소송허가신청서로 본다.

② 제1항의 경우 법 제54조제2항제2호, 제55조제1항제1호의 규정은 적용하지 아니한다.

제13조(청구의 변경) 원고가 청구의 기초가 바뀌지 아니하는 한도 안에서 청구의 취지 또는 원인을 바꿀 때에는 법 제54조 및 제55조의 규정을 적용하지 아니한다.

제14조(변론의 병합) 동일한 법원에 청구의 기초와 피고인 개인정보처리자가 같은 여러 개의 개인정보 단체소송이 계속 중인 때에는 이를 병합하여 심리하여야 한다. 다만, 심리상황이나 그 밖의 사정을 고려하여 병합심리가 타당하지 아니한 때에는 그러하지 아니하다.

부 칙 〈대법원규칙 제2358호, 2011.9.28.〉

이 규칙은 2011년 9월 30일부터 시행한다.

개인정보 보호위원회 직제

[시행 2022.12.13.] [대통령령 제33066호, 2022.12.13., 일부개정]

제1장 총칙

제1조(목적) 이 영은 「개인정보 보호법」 제7조의2 및 제7조의13에 따라 개인정보 보호위원회의 조직과 직무범위, 그 밖에 필요한 사항을 규정함을 목적으로 한다.

제2장 개인정보 보호위원회

제2조(직무) 개인정보 보호위원회(이하 "위원회"라 한다)는 「개인정보 보호법」 제7조의8에 따른 사무를 관장한다.

제3조(위원회의 구성 등) ① 위원회는 위원장 1명과 부위원장 1명을 포함한 9명의 위원으로 구성한다.

② 위원장과 부위원장은 정무직 공무원으로 보한다.

③ 위원장은 위원회의 사무를 통할하며, 소속 공무원을 지휘·감독한다.

제4조(사무처) ① 위원회의 사무를 처리하기 위하여 위원회에 사무처를 둔다.

② 사무처에 사무처장 1명을 두되, 사무처장은 고위공무원단에 속하는 일반직공무원으로 보한다.

③ 사무처장은 위원장의 명을 받아 사무처의 사무를 처리하며, 소속 공무원을 지휘·감독한다.

제5조(하부조직) ① 사무처에 운영지원과·개인정보정책국·조사조정국을 둔다.

② 위원장 밑에 대변인 1명을 두고, 사무처장 밑에 기획조정관 1명을 둔다.

제6조(대변인) ① 대변인은 고위공무원단에 속하는 일반직공무원으로 보한다.

② 대변인은 다음 사항에 관하여 위원장을 보좌한다.

1. 주요 정책에 관한 대국민 홍보계획의 수립·조정 및 집행

2. 위원회의 정책 홍보와 관련된 각종 정보 및 상황의 관리

3. 위원회 업무의 대외 발표 사항의 관리

4. 언론취재의 지원 및 브리핑에 관한 사항

5. 온라인대변인 지정·운영 등 소셜 미디어 정책소통 총괄·점검 및 평가

6. 위원회 주요 정책에 대한 대국민 디지털소통 콘텐츠 제작 및 관리

7. 위원회 홈페이지 관리 및 운영

8. 개인정보 보호 종합 포털 등 공공기관 개인정보 보호 관련 인터넷 사이트의 홍보 지원

제7조(기획조정관) ① 기획조정관은 고위공무원단에 속하는 일반직공무원으로 보한다.

② 기획조정관은 다음 사항에 관하여 사무처장을 보좌한다. <개정 2021.12.14., 2022.12.13.>

1. 각종 정책과 주요업무계획 수립의 총괄 및 조정

2. 예산의 편성 및 집행의 조정

3. 국회 관련 업무의 총괄

4. 조직과 정원의 관리

5. 업무처리절차 및 조직문화의 개선 등 위원회 내 행정혁신 업무의 총괄·지원

6. 정부혁신 관련 과제의 발굴·선정, 추진상황 확인·점검 및 관리

7. 정부업무평가 및 성과관리에 관한 사항

8. 위원회 업무 관련 통계의 총괄·조정

9. 위원회 규칙의 제정·개정에 관한 사항

10. 위원회·소위원회 구성 및 회의 운영에 관한 사항

11. 위원회 심의·의결 안건에 관한 사항 중 「개인정보 보호법」 제7조의9 제4호부터 제6호까지의 규정에 해당하는 사항

11의2. 위원회 내 민원제도 개선 및 민원업무의 총괄

12. 위원회의 입법계획 수립 및 법령안 검토 등 입법추진 총괄

13. 행정심판 및 행정소송 사무의 총괄

14. 위원회 소관 규제개혁 업무의 총괄

15. 자체감사(일상감사를 포함한다) 및 다른 기관에 의한 위원회 감사 결과의 처리

16. 청렴시책·행동강령의 수립·운영 및 점검

17. 위원회 소속 공무원의 재산등록·선물신고 및 취업제한에 관한 업무

18. 공직기강·직무감찰 업무에 관한 종합계획의 수립·조정 및 추진

19. 진정 및 비위사항의 조사·처리

20. 위원회 소속 공무원에 대한 징계 의결 요구

21. 자체 정보시스템의 보호·관리 등 위원회 내 정보화 사무의 총괄

22. 위원회 내 정보자원·정보보안 및 개인정보 보호에 관한 사항

22의2. 위원회 내 공공데이터의 제공 및 이용 활성화에 관한 사항

22의3. 위원회 내 데이터기반행정 활성화에 관한 사항

23. 위원회 소관 국제협력 업무의 총괄

24. 국외 이전 개인정보의 보호 제도에 관한 사항

25. 해외자료 등의 수집·분석 및 해외홍보 업무 총괄

제8조(운영지원과) ① 운영지원과장은 3급 또는 4급으로 보한다.

② 운영지원과장은 다음 사항을 분장한다.

1. 위원회 소속 공무원의 임용, 복무, 교육훈련, 상훈, 징계, 근무성적평정, 성과상여금, 급여, 연금, 복리후생 및 그 밖의 인사사무

2. 보안 및 당직근무에 관한 사항

3. 위원회 내 공무원단체에 관한 사항

4. 위원회 내 직장예비군 및 민방위대의 관리

5. 위원회의 정보공개제도 운영 및 기록물·관인의 관리

6. 과징금·과태료의 징수 등 세입업무 총괄

7. 자금의 운용·회계 및 결산

8. 물품·용역·공사 등의 계약 및 국유재산·물품의 관리

9. 삭제 <2022.12.13.>

10. 그 밖에 위원회 내 다른 부서의 소관에 속하지 않는 사항

제9조(개인정보정책국) ① 개인정보정책국에 국장 1명을 둔다.

② 국장은 고위공무원단에 속하는 일반직공무원으로 보한다.

③ 국장은 다음 사항을 분장한다.

1. 개인정보 보호 관련 정책의 수립·총괄 및 조정

2. 개인정보 보호 관련 제도 개선 및 법령 해석에 관한 사항

3. 개인정보 보호 기본계획의 수립에 관한 사항

4. 중앙행정기관이 수립한 개인정보 보호 시행계획의 심의·의결에 관한 사항

5. 개인정보 보호시책의 수립 및 시행에 관한 연차보고서 작성 총괄 및 국회 제출

6. 표준 개인정보 보호지침 수립에 관한 사항

7. 개인정보의 안전성 확보 조치에 관한 기준의 제정·개정에 관한 사항

8. 개인정보 보호 관련 정책 협의 등을 위한 개인정보 보호 정책협의회 운영 및 지방자치단체의 개인정보 보호 관계 기관 협의회 지원

9. 개인정보 보호를 위한 정책연구 총괄

10. 개인정보 보호 교육에 관한 사항

11. 인공지능, 사물인터넷, 자율주행 등 신기술·융복합산업 관련 개인정보 보호정책의 수립 및 총괄·조정

12. 개인정보 보호 관련 기술의 개발 지원, 보급 및 전문 인력의 양성에 관한 사항

13. 개인영상정보 보호를 위한 정책 수립 및 기술의 개발·보급 지원에 관한 사항

14. 가명처리 정책 수립·총괄 및 조정

15. 가명정보의 처리 기준에 관한 사항

16. 가명정보 결합 전문기관의 지정 및 관리·감독에 관한 사항

17. 가명정보 처리 관련 안전조치 의무 등에 관한 사항

18. 개인정보처리자의 자율규제 촉진 및 지원에 관한 사항

19. 「개인정보 보호법」 제24조의2에 따른 주민등록번호 암호화 및 주민등록번호 대체수단 이용 활성화에 관한 사항

20. 개인정보 파일의 등록·공개에 관한 사항

21. 개인정보 보호 수준 진단 및 인증제도 운영

22. 개인정보 보호 영향평가 제도의 운영에 관한 사항

제10조(조사조정국) ① 조사조정국에 국장 1명을 둔다.

② 국장은 고위공무원단에 속하는 일반직공무원으로 보한다.

③ 국장은 다음 사항을 분장한다.

1. 개인정보 보호 실태점검 및 침해조사 종합계획 수립·총괄

2. 개인정보 처리 실태점검 및 침해조사에 관한 사항

3. 개인정보 유출 통지 제도 운영에 관한 사항

4. 개인정보 침해신고의 처리 및 피해 구제에 관한 사항

5. 개인정보 침해 모니터링 및 상황관리에 관한 사항

6. 개인정보 침해에 대한 관계 중앙행정기관과의 공동조사에 관한 사항

7. 개인정보 침해사고 공동대응체계 구축 및 운영에 관한 사항

8. 위원회 소관 과태료·과징금 부과 등 행정처분에 관한 사항

9. 글로벌 기업의 개인정보 보호 실태 조사를 위한 계획 수립 및 시행

10. 국외 이전된 개인정보 실태점검 및 침해조사에 관한 사항

11. 국외 이전된 개인정보에 관한 정보통신서비스 제공자의 보호조치에 관한 사항

12. 개인정보 보호 분야 국내대리인 제도의 운영에 관한 사항

13. 개인정보처리자의 손해배상 보장에 관한 운영실태 점검

14. 법령 등의 개인정보 침해요인 평가 및 개선권고, 이행점검에 관한 사항

15. 개인정보에 관한 분쟁조정제도 관련 법령 및 제도의 개선에 관한 사항

16. 개인정보에 관한 분쟁조정위원회 및 조정부의 구성·운영에 관한 사항

17. 개인정보에 관한 분쟁조정에 필요한 사무 처리에 관한 사항

18. 개인정보에 관한 집단분쟁조정에 관한 사항

제11조(위임규정) 「행정기관의 조직과 정원에 관한 통칙」 제12조제3항 및 제14조제4항에 따라 위원회에 두는 보좌기관 또는 보조기관은 위원회에 두는 정원의 범위에서 총리령으로 정한다.

제3장 공무원의 정원

제12조(위원회에 두는 공무원의 정원) ① 위원회에 두는 공무원의 정원(「행정기관의 조직과 정원에 관한 통칙」 제25조제1항에 따른 한시정원은 제외한다. 이하 이 조에서 같다)은 별표 1과 같다. 다만, 필요한 경우에는 「행정기관의 조직과 정원에 관한 통칙」 제29조제2항에 따라 별표 1에 따른 총정원의 7퍼센트를 넘지 않는 범위에서 총리령으로 정원을 따로 정할 수 있다. <개정 2022.12.13.>

② 위원회에 두는 공무원의 직급별 정원은 총리령으로 정한다. 이 경우 4급

공무원의 정원(3급 또는 4급 공무원 정원을 포함한다)은 15명을, 3급 또는 4급 공무원 정원은 4급 공무원 정원(3급 또는 4급 공무원 정원을 포함한다)의 3분의 1을 각각 그 상한으로 하고, 4급 또는 5급 공무원 정원은 5급 공무원 정원(4급 또는 5급 공무원 정원을 포함한다)의 3분의 1을 그 상한으로 한다.

③ 위원회의 정원 중 1명(5급 1명)은 교육부, 1명(5급 1명)은 보건복지부, 2명(5급 2명)은 금융위원회, 1명(경정 1명)은 경찰청 소속 공무원으로 각각 충원해야 한다. 이 경우 위원장은 충원 방법 및 절차 등에 관하여 해당 기관의 장과 미리 협의해야 한다.

제4장 평가대상 조직 및 정원

제13조(평가대상 조직) ① 「행정기관의 조직과 정원에 관한 통칙」 제31조제1항에 따라 위원회에 두는 평가대상 조직은 별표 2와 같다.

② 제1항에 따른 평가대상 조직의 구체적인 사항은 총리령으로 정한다.

제5장 한시정원 〈신설 2022.12.13.〉

제14조(한시정원) ① 인공지능 관련 개인정보보호 정책의 수립을 추진하기 위하여 「행정기관의 조직과 정원에 관한 통칙」 제25조제1항에 따라 2024년 12월 31일까지 별표 3에 따른 한시정원을 위원회에 두되, 별표 3의 정원 1명(5급 1명)은 과학기술정보통신부 소속 공무원으로 충원해야 한다. 이 경우 위원장은 충원 방법 및 절차 등에 관하여 과학기술정보통신부장관과 미리 협의해야 한다

② 개인정보 침해사고 조사 업무를 추진하기 위하여 「행정기관의 조직과 정원에 관한 통칙」 제25조제1항에 따라 2025년 12월 31일까지 별표 3에 따른 한시정원을 위원회에 둔다.

[본조신설 2022.12.13.]

부 칙 〈대통령령 제33066호, 2022.12.13.〉

제1조(시행일) 이 영은 공포한 날부터 시행한다.

제2조(정원에 관한 경과조치) 이 영 시행으로 감축되는 개인정보 보호위원회의 정원 2명(6급 1명, 9급 1명)에 해당하는 초과현원이 있는 경우에는 그 초과된 현원이 이 영에 따른 정원과 일치될 때까지 그에 상응하는 정원이 개인정보 보호위원회에 따로 있는 것으로 본다.

헌법재판소 개인정보 보호 규칙

[시행 2021.6.29.] [헌법재판소규칙 제432호, 2021.6.29., 일부개정]

제1조(목적) 이 규칙은 「개인정보 보호법」에서 위임하고 있는 사항과 그 시행에 필요한 사항을 규정하는 것을 목적으로 한다.

[전문개정 2014.12.16.]

제2조(기본계획의 수립) 헌법재판소사무처장(이하 "사무처장"이라 한다)은 「개인정보 보호법」(이하 "법"이라 한다) 제9조에 따라 3년마다 개인정보 보호 기본계획(이하 "기본계획"이라 한다)을 그 3년이 시작되는 해의 전년도 6월 30일까지 헌법재판소 정보화심의위원회의 심의를 거쳐 수립하여야 한다. <개정 2021.3.22., 2021.6.29.>

제3조(시행계획의 수립) 사무처장은 제2조에 따라 수립된 기본계획에 따라 매년 다음 연도의 시행계획을 그 계획이 시작되는 해의 전년도 12월 31일까지 헌법재판소 정보화심의위원회의 심의를 거쳐 수립하여야 한다. <개정 2021.3.22., 2021.6.29.>

[전문개정 2014.12.16.]

제4조(개인정보의 목적 외 이용 또는 제3자 제공의 관리 등) ① 사무처장은 법 제18조제2항 각 호에 따라 개인정보를 목적 외의 용도로 이용하거나 제3자에게 제공(이하 "목적외이용등"이라 한다)하는 경우에는 다음 각 호의 사항을 별지 제1호서식에 따른 개인정보의 목적 외 이용 및 제3자 제공 대장에 기록하고 이를 관리하여야 한다.

1. 이용하거나 제공하는 개인정보 또는 개인정보파일의 명칭

2. 이용기관 또는 제공받는 기관의 명칭

3. 이용 목적 또는 제공받는 목적

4. 이용 또는 제공의 법적 근거

5. 이용하거나 제공하는 개인정보의 항목

6. 이용 또는 제공의 날짜, 주기 또는 기간

7. 이용하거나 제공하는 형태

8. 법 제18조제5항에 따라 제한을 하거나 필요한 조치를 마련할 것을 요청한 경우에는 그 내용

② 사무처장은 법 제18조제2항제2호부터 제6호까지, 제8호 및 제9호에 따라 목적외이용등을 하는 경우에는 그 이용등을 한 날부터 30일 내에 다음 각 호의 사항을 관보 또는 헌법재판소 홈페이지 등에 게재하여야 한다. 이 경우 헌법재판소 홈페이지에 게재할 때에는 10일 이상 계속 게재하여야 한다.

1. 목적외이용등을 한 날짜

2. 목적외이용등의 법적 근거

3. 목적외이용등의 목적

4. 목적외이용등을 한 개인정보의 항목

제5조(개인정보파일의 등록·공개) ① 사무처장은 개인정보파일을 운용하는 경우 그 운용을 시작한 날부터 60일 내에 법 제32조제1항 각 호에서 정한 사항을 별표 양식에 따라 헌법재판소 홈페이지에 등록·공개하여야 한다.

② 다음 각 호의 어느 하나에 해당하는 개인정보파일에 대하여는 제1항을 적용하지 아니한다. <신설 2021.6.29.>

1. 국가 안전, 외교상 비밀, 그 밖에 국가의 중대한 이익에 관한 사항을 기록한 개인정보파일

2. 헌법재판 사건에 관한 사항을 기록한 개인정보파일

3. 헌법재판소의 내부적 업무처리만을 위하여 사용되는 개인정보파일

4. 다른 법령에 따라 비밀로 분류된 개인정보파일

③ 사무처장은 제1항에 따른 개인정보파일의 등록·공개에 관한 업무를 전자적으로 처리하기 위한 시스템을 구축·운영할 수 있다. <개정 2021.6.29.>

제6조(개인정보의 열람 등 요구) 정보주체는 자신의 개인정보에 대하여 다음 각 호의 어느 하나를 요구하려는 경우에는 별지 제2호서식의 개인정보 열람, 정정·삭제, 처리정지 요구서를 사무처장에게 제출하여야 한다.

1. 법 제35조제1항에 따른 개인정보의 열람

2. 법 제36조제1항에 따른 개인정보의 정정·삭제

3. 법 제37조제1항에 따른 개인정보의 처리정지

제7조(개인정보의 열람 등 요구에 대한 통지) ① 사무처장은 제6조제1호에 따른 개인정보 열람 요구를 받은 날부터 10일 내에 별지 제3호서식의 개인정보 열람 통지서로 그 요구에 대한 조치내용을 해당 정보주체에게 알려야 한다.

② 사무처장은 제6조제2호에 따른 개인정보 정정·삭제 요구 또는 제6조제3호에 따른 개인정보 처리정지 요구를 받은 날부터 10일 내에 별지 제4호서식의 개인정보 정정·삭제, 처리정지 통지서로 그 요구에 대한 조치내용을 해당 정보주체에게 알려야 한다.

③ 개인정보 열람, 정정·삭제, 처리정지 요구의 대상이 다른 개인정보처리자로부터 제공받은 개인정보파일에 해당하는 경우 사무처장은 그 개인정보 요구서를 해당 개인정보를 제공한 개인정보처리자에게 지체 없이 보내어 그 개인정보처리자가 통지하는 내용을 참고하여 필요한 조치를 하여야 한다.

제8조(개인영상정보의 존재확인·열람·삭제 요구) ① 정보주체는 헌법재판소 영상정보처리기기 운영자가 처리하는 개인영상정보에 대하여 개인영상정보의 존재확인·열람·삭제(이하 "존재확인등"이라 한다) 요구를 할 수 있다. 이 경우 존재확인등을 요구할 수 있는 개인영상정보는 정보주체 자신이 촬영되었거나 정보주체의 생명·신체·재산상 이익 등과 관련된 개인영상정보에 한정한다.

② 정보주체가 제1항에 따른 요구를 하려는 경우에는 별지 제5호서식의 개인영상정보 존재확인·열람·삭제 요구서를 사무처장에게 제출하여야 한다.

[전문개정 2014.12.16.]

제9조(개인영상정보의 존재확인등 요구에 대한 통지) ① 사무처장은 제8조 제2항에 따른 개인영상정보의 존재확인·열람·삭제 요구를 받은 날부터 10일 내에 별지 제6호서식의 개인영상정보의 존재확인·열람·삭제 통지서로 그 요구에 대한 조치내용을 해당 정보주체에게 알려야 한다.

② 제1항에서 정보주체의 요구에 대해 거절할 수 있는 사유는 다음 각 호의 어느 하나에 해당하는 경우로 한다.

1. 범죄수사·공소유지·재판수행에 중대한 지장을 주는 경우

2. 개인영상정보가 파기된 경우

3. 그 밖에 정보주체의 요구를 거절할 만한 정당한 사유가 존재하는 경우

[전문개정 2014.12.16.]

제10조(대리인의 범위 등) ① 법 제38조에 따라 정보주체를 대리할 수 있는 자는 다음 각 호와 같다.

1. 정보주체의 법정대리인

2. 정보주체로부터 위임을 받은 자

② 제1항에 따른 대리인이 법 제38조에 따라 정보주체를 대리할 때에는 사무처장에게 별지 제7호서식의 위임장을 제출하여야 한다.

제11조(개인정보 영향평가의 대상) 사무처장은 다음 각 호의 어느 하나에 해당하는 개인정보파일의 운용으로 인하여 정보주체의 개인정보 침해가 우려되는 경우에는 법 제33조제1항에 따라 개인정보 보호위원회가 지정하는 개인정보 영향평가기관(이하 "평가기관"이라 한다) 중에서 이를 선정하여 개인정보 영향평가(이하 "영향평가"라 한다)를 의뢰하여야 한다. <개정 2021.6.29.>

1. 구축·운용 또는 변경하려는 개인정보파일로서 5만 명 이상의 정보주체에 관한 민감정보 또는 고유식별정보의 처리가 수반되는 개인정보파일

2. 구축·운용하고 있는 개인정보파일을 헌법재판소 내부 또는 외부에서 구축·운용하고 있는 다른 개인정보파일과 연계하려는 경우로서 연계 결과 50만 명 이상의 정보주체에 관한 개인정보가 포함되는 개인정보파일

3. 구축·운용 또는 변경하려는 개인정보파일로서 100만 명 이상의 정보주체에 관한 개인정보파일

4. 영향평가를 받은 후에 개인정보 검색체계 등 개인정보파일의 운용체계를 변경하려는 경우 그 개인정보파일. 이 경우 영향평가 대상은 변경된 부분으로 한정한다.

[전문개정 2014.12.16.]

제12조(영향평가의 평가기준 등) ① 법 제33조제7항에 따른 영향평가의 평가기준은 다음 각 호와 같다. <개정 2021.6.29.>

1. 처리하는 개인정보의 종류·성질, 정보주체의 수 및 그에 따른 개인정보 침해의 가능성

2. 법 제24조제3항, 제25조제6항 및 제29조에 따른 안전성 확보 조치의 수준 및 이에 따른 개인정보 침해의 가능성

3. 개인정보 침해의 위험요인별 조치 여부

4. 그 밖에 법 및 이 규칙에 따라 필요한 조치 또는 의무 위반 요소에 관한 사항

② 제11조에 따라 영향평가를 의뢰받은 평가기관은 제1항의 평가기준에 따라 개인정보파일의 운용으로 인한 개인정보 침해의 위험요인을 분석·평가한 후 다음 각 호의 사항이 포함된 평가 결과를 영향평가서로 작성하여 사무처장에게 제출하여야 한다.

1. 개인정보파일 운용과 관련된 사업의 개요 및 개인정보파일 운용의 목적

2. 영향평가 대상 개인정보파일의 개요

3. 평가기준에 따른 개인정보 침해의 위험요인에 대한 분석·평가 및 개선이 필요한 사항

4. 영향평가 수행 인력 및 비용

③ 삭제 <2021.6.29.>

④ 사무처장은 영향평가를 한 개인정보파일을 제5조제1항에 따라 등록할 때에는 영향평가 결과를 함께 첨부하여야 한다.

제13조(헌법재판소지침) 개인정보 보호와 관련하여 필요한 사항 중 이 규칙에서 정하고 있지 아니한 사항은 헌법재판소지침으로 정한다.

부　칙 〈헌법재판소규칙 제429호, 2021.3.22.〉 (헌법재판소 정보화심의 위원회 규칙)

제1조(시행일) 이 규칙은 공포한 날부터 시행한다.

제2조(다른 규칙의 개정) ① 헌법재판소 개인정보 보호 규칙 일부를 다음과 같이 개정한다.

제2조 중 "헌법재판소정보화추진위원회"를 "헌법재판소 정보화심의위원회"로 한다.

제3조 중 "정보화추진위원회"를 "정보화심의위원회"로 한다.

제12조제3항 중 "헌법재판소정보화추진위원회"를 "헌법재판소 정보화심의위원회"로 한다.

② 생략

부　칙 〈헌법재판소규칙 제432호, 2021.6.29.〉

제1조(시행일) 이 규칙은 공포한 날부터 시행한다.

■ 대한법률콘텐츠연구회 ■

◆ 편 저 : 법률용어사전

건설 법전
산재판례 100선
판례 소법전
손해배상과 불법 행위
필수 산업재해 보상법
산업재해 이렇게 해결하라

개인정보 유출·누설 바로 잡아내는 실무지침서

개인정보 유출 고소장 작성·고소방법

2023년 02월 05일 인쇄
2023년 02월 10일 발행

편 저   대한법률콘텐츠연구회
발행인   김현호
발행처   법문북스
공급처   법률미디어

주소   서울 구로구 경인로 54길4(구로동 636-62)
전화   02)2636-2911~2, 팩스 02)2636-3012
홈페이지   www.lawb.co.kr

등록일자   1979년 8월 27일
등록번호   제5-22호

ISBN   979-11-92369-60-0(13360)

정가   24,000원

이 도서의 국립중앙도서관 출판예정도서목록(CIP)은 서지정보유통지원시스템 홈페이지(http://seoji.nl.go.kr)와 국가
자료종합목록 구축시스템(http://kolis-net.nl.go.kr)에서 이용하실 수 있습니다.

개인정보는 개인의 성명, 주민등록번호 등 인적사항에서부터 사회, 경제적
지위와 그 상태, 교육, 건강 및 의료, 재산, 문화 활동 및 정치적 성향과 같은
내면의 비밀에 이르기까지 그 종류가 매우 다양하고 폭이 아주 넓습니다.

또한, 사업자의 서비스에 이용자가 직접 회원으로 가입하거나 등록할 때
사업자에게 제공하는 정보뿐만 아니라, 이용자가 서비스를 이용하는 과정에서
생성되는 통화내역, 로그기록, 구매내역 등도 개인정보가 될 수 있습니다.

개인정보가 누군가에 의하여 악의적인 목적으로 이용되거나 개인정보가
유출될 경우 개인의 사생활에 말로 표현할 수 없을 만큼 큰 피해를 줄 뿐만
아니라 개인의 안정과 그 재산에 막대한 피해를 줄 수 있습니다.

13360

ISBN 979-11-92369-60-0

24,000원